Fondements approfondis des troubles du comportement alimentaire

Johana Monthuy-Blanc et (en ordre alphabétique) :

Maud Bonanséa
Stéphane Bouchard
Marie-Elen Côté
Ameline Dupont
Annie Julien
Maria Grazia Martinoli
Marilou Ouellet
Robert Pauzé
Marie-Josée St-Pierre
Liette St-Pierre
Isabelle Thibault

JFD
Éditions

Fondements approfondis des troubles du comportement alimentaire
Johana Monthuy-Blanc

© 2019 Les Éditions JFD inc.

Catalogage avant publication de Bibliothèque et Archives nationales du Québec et Bibliothèque et Archives Canada

Johana Monthuy-Blanc

Fondements approfondis des troubles du comportement alimentaire

ISBN 978-2-924651-52-0

1. Troubles du comportement alimentaire – Manuels d'enseignement supérieur.

RC552.E18M66 2017   616.85'26   C2017-942196-4

Les Éditions JFD inc.
CP 15 Succ. Rosemont
Montréal (Québec) H1X 3B6
Téléphone : 514-999-4483
Courriel : info@editionsjfd.com
www.editionsjfd.com

ISBN 978-2-924651-52-0

Dépôt légal : 3e trimestre 2019
Bibliothèque et Archives nationales du Québec
Bibliothèque et Archives Canada

Oeuvres de la page couverture : © Marie-Josée Roy

Imprimé au Québec, Canada

Table des matières

Collaborateurs

Maud Bonanséa, doctorante en sciences de l'éducation, Université du Québec à Trois-Rivières.

Stéphane Bouchard (Ph.D.), professeur en psychoéducation et psychologie, Université du Québec en Outaouais.

Marie-Elen Côté, doctorante en psychologie, Université du Québec à Trois-Rivières.

Ameline Dupont (Dp.s.), psychologue.

Annie Julien, doctorante en psychologie, Université du Québec à Trois-Rivières.

Maria Grazia Martinoli (Ph.D.), professeure au département de biologie médicale, Université du Québec à Trois-Rivières.

Marilou Ouellet, doctorante en psychologie, Université du Québec à Trois-Rivières.

Robert Pauzé (Ph.D.), professeur au département de psychoéducation, Université de Sherbrooke.

Marie-Josée St-Pierre (erg.M.Réad), ergothérapeute et doctorante en biologie médicale, Université du Québec à Trois-Rivières.

Liette St-Pierre (Ph.D.), professeure au département des sciences infirmières, Université du Québec à Trois-Rivières.

Isabelle Thibault (Ph.D.), professeure au département de psychoéducation, Université de Sherbrooke.

Remerciements

Les auteurs de ce guide tiennent à adresser leurs remerciements aux chercheurs et cliniciens ayant contribué à ce guide en tant que relecteur ou préfacier :

Michel Probst, kinésithérapeute et professeur titulaire à l'Université de Louvain en Belgique, professeur à la faculté des sciences du mouvement et de la réhabilitation à l'Université de Louvain en Belgique, psychomotricien et responsable pour la réhabilitation au service des troubles du comportement alimentaire de l'unité du centre psychiatrique de Louvain. Le professeur Probst travaille sur les TCA depuis plus de 30 ans et contribue significativement par son apport en psychomotricité tant d'un point de vue scientifique que clinique.

Marie-Pierre Gagnon-Girouard (professeure au département de psychologie à l'UQTR et membre régulière du LoriCorps[1]) et les professionnelles Karine Fortin (nutritionniste pour le programme d'intervention du LoriCorps) et Christina Blier (coordinatrice clinique et travailleuse sociale pour le programme d'intervention du LoriCorps) ainsi que l'ensemble des coauteurs.

Enfin, nous tenons à remercier Cristelle Perron tout particulièrement ainsi que Maud Bonanséa et Marilou Ouellet, toutes les trois successivement coordinatrices scientifiques du LoriCorps, pour leurs idées et leur implication dans le développement des cours en ligne sur lequel cet ouvrage se base.

---

[1] LabOratoire de Recherche Interdisciplinaire sur les troubles du COmportement alimentaire en lien avec la Réalité virtuelle et la Pratique phySique (LoriCorps, www.uqtr.ca/loricorps).

Préface
de Michel Probst

Si les troubles du comportement alimentaire sont extrêmement variés et peuvent prendre différentes formes, ces problématiques sont toutes l'expression d'un mal-être qui, il faut le souligner, dépasse de loin la simple volonté de maigrir ou la difficulté de se restreindre. La littérature scientifique distingue les TCA dits typiques et atypiques. L'anorexie mentale et la boulimie, comme troubles du comportement alimentaire majeurs dits typiques, sont bien connues et répandues. Malheureusement, on parle en général de ces troubles sans nuance et au travers de clichés. Par exemple, l'hyperphagie boulimique, qui est aussi un TCA typique, est beaucoup moins mise sous le feu des projecteurs. Pour leur part, l'orthorexie, la néophobie alimentaire, la rumination alimentaire et plusieurs autres sont des troubles dits atypiques. Ces derniers complètent la liste du spectre des TCA. L'attention des médias pour les TCA a énormément augmenté et a comme grand avantage que les personnes présentant ces troubles sont de moins en moins stigmatisées et se détachent de plus en plus du sensationnalisme lié trop souvent à l'apparence physique. En effet, l'inconvénient de cette attention médiatique est que ces troubles peuvent être réduits à une maladie ordinaire sans connaître le contexte complexe qui entoure ces troubles.

Ce livre intitulé « *Fondements approfondis des troubles du comportement alimentaire* » témoigne de l'ambition des auteurs de présenter les TCA dans un contexte fondamental scientifique et clinique. Ce livre didactique est conçu comme guide pour aider à comprendre les TCA et dresse un panorama clair des éléments essentiels concernant les TCA. Cet ouvrage est mis au point pour mieux comprendre les différents aspects liés aux TCA et pour proposer des pistes d'intervention pour tenter de mieux agir, basées sur les données scientifiques les plus récentes et sur l'expérience clinique des intervenants ayant contribué à l'écriture des parties de cet ouvrage.

Le livre s'organise autour de douze parties principales. Les parties concernent l'approche historique, les définitions et les diagnostics, suivis par les profils cliniques, l'épidémiologie, les populations à risque, l'étiologie et le pronostic, et ont pour but de présenter les TCA de façon approfondie. Le livre se poursuit ensuite par la trajectoire clinique avec une attention toute particulière pour l'interdisciplinarité et les méthodes de mesure et se termine par la problématique préventive et thérapeutique. Cet ouvrage se distingue des autres par sa construction qui reflète un souci pédagogique, son écriture à la fois exquise et claire ainsi que l'exhaustivité de son contenu à des fins de réflexion.

D'une part, ce livre est destiné particulièrement aux futurs professionnels et à tout individu intéressé aux TCA. Cet ouvrage met à jour, d'une façon synthétique, les recherches scientifiques actuelles des TCA et offre des notions incontournables pour les activités cliniques quotidiennes.

D'un autre côté, même si ce n'est pas le but principal des auteurs, la conception du livre et l'attention pédagogique axée sur la vulgarisation des notions complexes rendent ce livre accessible aux individus présentant eux-mêmes des TCA, mais surtout à leur famille et leurs proches. Considérant la détresse psychologique élevée dans laquelle les proches vivent au jour le jour, ce livre offre différents éléments pour mieux comprendre cette détresse. L'impact des TCA sur les familles et les proches n'est pas encore assez mis en relief.

Bonne lecture!

Prof. Dr Michel Probst
KU Leuven, Université Leuven, Belgique

Présentation de l'ouvrage

Contexte d'élaboration de l'ouvrage

L'élaboration de cet ouvrage a émergé d'un constat fait à la fois par l'université et la communauté : l'absence de formation initiale et continue en troubles du comportement alimentaire (TCA) en région Mauricie-et-Centre du Québec (Monthuy-Blanc et Perron, 2013). Fort de ce constat, l'équipe de l'unité de recherche du LoriCorps[1] a choisi de se saisir d'une expertise propre à l'Université du Québec à Trois-Rivières pour développer des cours en ligne spécifiques à cette problématique de santé publique, à la fois accessibles par tous et en tout temps.

En effet, cette modalité pédagogique permet à la fois aux étudiants et aux professionnels de partout au Québec et des autres pays francophones de se former. L'offre de cours depuis plus de quatre ans a permis d'identifier auprès des usagers le souhait de garder une trace de l'expérience pédagogique vécue tout au long d'une session sous forme d'un « objet-livre ». Support de cours pour certains, véritables outils de transfert de connaissances pour d'autres, cet ouvrage se base sur le contenu du cours en ligne de 1er cycle « *Fondements des troubles du comportement alimentaire* » (EDU1031) et celui des 2e et 3e cycles « *Fondements approfondis des troubles du comportement alimentaire* » (PSY6005) proposés à l'Université du Québec à Trois-Rivières.

Ces cours s'inscrivent dans la mission que s'est donnée le LoriCorps (cf. www.uqtr.ca/loricorps), c'est-à-dire mener une Recherche pour l'Intervention par la Formation et font partie intégrante de son programme de formation initiale et continue (cf. www.uqtr.ca/fc.tca). Son contenu découle des plus récentes données probantes issues de la recherche en santé mentale et se destine à toutes disciplines touchant de près ou de loin les TCA (psychologie, ergothérapie, sciences de l'éducation, psychoéducation, sciences infirmières, sciences de l'activité physique, chiropractie, physiothérapie, nutrition, etc.).

Objectifs de l'ouvrage

L'ouvrage vise l'acquisition des connaissances fondamentales approfondies relatives aux psycho-pathologies des TCA comme principalement l'anorexie mentale, la boulimie et l'hyperphagie boulimique. Les 12 parties qui composent l'ouvrage peuvent se répertorier en trois étapes de compréhension des TCA : la définition en présentant l'évolution conceptuelle des troubles du comportement alimentaire et leurs critères diagnostiques; l'explication répondant à la question de l'évaluation pronostique; et l'intervention tant d'un point de vue préventif que clinique.

---

[1] LabOratoire de Recherche Interdisciplinaire sur les troubles du Comportement alimentaire en lien avec la Réalité virtuelle et la Pratique phySique (LoriCorps, www.uqtr.ca/LoriCorps).

Le contenu de ce document s'appuie sur des fondements théoriques tels que les conceptions dimensionnelles et catégorielles en sciences humaines, la psychopathologie développementale et les différentes approches psychothérapeutiques reconnues. Intégrant les données probantes aux meilleures pratiques, cet ouvrage a le mérite d'illustrer clairement la pertinence de l'arrimage entre la théorie et la pratique. Le présent document vise à présenter les modèles théoriques et à restituer les recherches actuelles sur les TCA selon un ancrage historique et dans un souci pédagogique.

Trois objectifs peuvent se décliner :

1. Briser les représentations et les fausses idées relatives aux TCA;

2. Fournir des connaissances fondamentales approfondies dans la compréhension des TCA;

3. Initier une culture des TCA (vocabulaire, modèles théoriques, etc.).

Caractéristiques de l'ouvrage

Au regard du contexte d'utilisation précité, cet ouvrage peut être utilisé indépendamment ou associé aux cours en ligne précités. Dans les deux cas, il se caractérise par un souci pédagogique qui se traduit dans le cours en ligne par une approche expérientielle (cf. nomination du cours EDU1031 au prix du ministre de l'Éducation et de l'Enseignement supérieur de la Recherche). À des fins de structuration optimale, l'ouvrage est construit selon la même structure afin de s'approprier facilement l'utilisation de l'ouvrage et s'y repérer aisément pour augmenter la complexité du contenu. Une structure en 3 (sections) × 3 (parties) × 4 (sous-parties) caractérise ce document. Ainsi, les 12 parties se composent chacune de sous-parties intégratives où les connaissances de chaque sous-partie suivante intègrent celles de chaque sous-partie précédente. À l'image d'une poupée russe, chaque partie présente des parties récurrentes (citation, texte de présentation, conceptualisation, références bibliographiques). De plus, les conceptualisations sous forme de figures et de tableaux récapitulatifs ont été spécialement élaborées à des fins de synthèse et de clarification des notions complexes pour répondre à tout type de lectorat (textuel, imagé, synthétique).

Dans le cas d'une utilisation de l'ouvrage comme support des cours en ligne, le tableau 1 vise à permettre au lecteur de se repérer aisément dans l'un ou l'autre des cours. La première colonne du tableau indique les parties de cet ouvrage. Pour chacun des cours, la partie correspondant à chaque module est indiquée. Le cours de 1er cycle « *Fondements des troubles du comportement alimentaire* » correspond au sigle EDU1031 et le cours des 2e et 3e cycles « *Fondements approfondis des troubles du comportement alimentaire* » correspond au sigle Y6005.

Tableau I	Correspondance entre les cours en ligne et l'ouvrage	
Dans cet ouvrage...	**EDU1031**	**PSY6005**
Partie 1	Module 1	Module 1
Partie 2	Module 2	Module 2
Partie 3	–	Module 3
Partie 4	Module 3	Module 4

Dans cet ouvrage...	EDU1031	PSY6005
Partie 5	Module 4	Module 5
Partie 6	Module 5	Module 6
Partie 7	Module 6	Module 7
Partie 8	–	Module 8
Partie 9	–	Module 9
Partie 10	Module 7	Module 10
Partie 11	Module 8	Module 11
Partie 12	Module 9	–

Notons que la section 12 du PSY6005 ne contient pas le même contenu que la partie 12 de l'ouvrage dans la mesure où le programme d'intervention présenté est actuellement en cours de développement et fait l'objet d'une rédaction en cours.

À qui s'adresse cet ouvrage?

Cet ouvrage est tout particulièrement destiné aux futurs intervenants tels que les psychologues, les ergothérapeutes, les infirmiers, les psychoéducateurs, les enseignants, les éducateurs, les nutritionnistes, les travailleurs sociaux, les physiothérapeutes, les chirothérapeutes, et toute autre personne qui souhaite s'informer et approfondir ses connaissances en troubles du comportement alimentaire pour mieux identifier, expliquer et intervenir. Notons que l'emploi du genre masculin a été utilisé tout au long de ce document, sans aucune discrimination et uniquement dans un but d'alléger le texte.

Quelles sont les considérations éthiques?

Cet ouvrage reste un document visant à enrichir les connaissances et les interventions que tous les professionnels mènent dans le domaine des troubles du comportement alimentaire. Par conséquent, cet ouvrage n'est pas directement destiné aux individus présentant ces troubles ni à leurs proches. En aucun cas, il ne se substitue à une formation permettant d'acquérir une expertise en intervention. Notons que toutes les idées et images contenues dans ce guide respectent les droits d'auteurs.

En espérant que vous « dévorerez » cet ouvrage!

Section 1 : Définition

1 | Approche historique des troubles du comportement alimentaire

Johana Monthuy-Blanc

« Je pense qu'avant de lire ce livre, vous aviez les idées claires.
J'espère maintenant qu'elles sont confuses. Car il faut douter, croyez-moi! »

Boris Cyrulnik

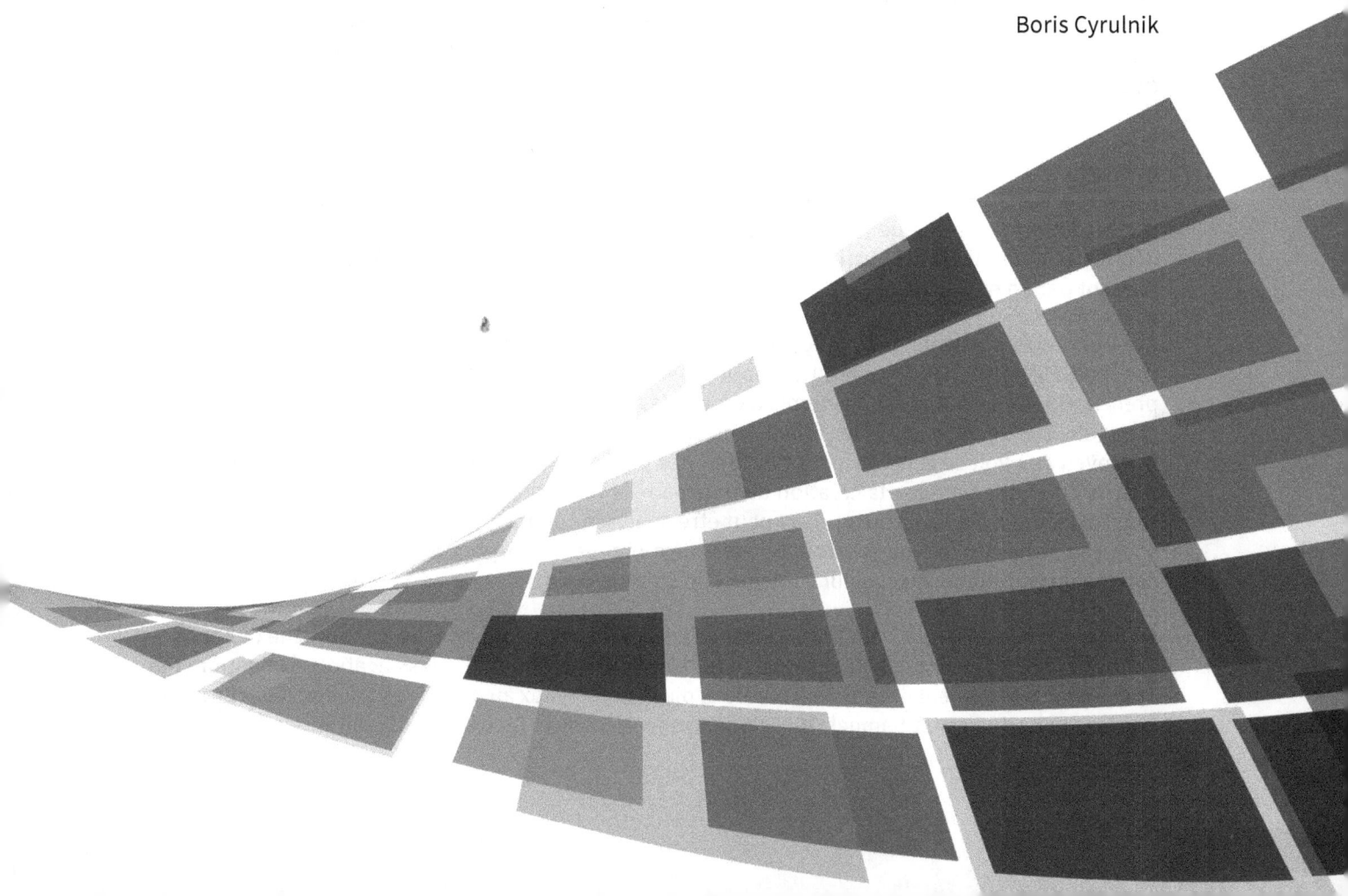

Sous-partie 1a
Catégorie ou dimension : le débat des troubles mentaux

La définition la plus ancienne des TCA et plus précisément de l'anorexie mentale est relatée dans son « *Traité des consomptions* » sous le nom de « consomption nerveuse » (aussi appelée phtisie nerveuse) par Richard Morton en 1689, correspondant à une forme de dépérissement physique d'origine nerveuse. Aujourd'hui, les TCA se déclinent au pluriel et se définissent comme « Perturbation grave et persistante des comportements alimentaires associée à un comportement de contrôle du poids qui dégrade significativement la santé physique et le fonctionnement psychosocial d'une personne. » (Fairburn et Harrison, 2003). Durant toutes ces années, leurs auteurs n'ont eu de cesse de les définir avec le plus de précision possible, en témoignent les trois siècles d'écrits à ce sujet.

Conceptions catégorielles et dimensionnelles

À l'instar des sciences humaines et de la vie, ces écrits mettent en évidence deux façons très différentes de conceptualiser les troubles du comportement alimentaire : la conception catégorielle et la conception dimensionnelle. Certains auteurs (dont traditionnellement, les psychiatres d'approche biologique) adoptent une « perspective pathogène qui demeure sur une logique capturant l'anormalité à l'intérieur de catégories » (McHugh et Slavney, 1998). En revanche, d'autres auteurs (plus majoritairement les psychiatres d'approche psychodynamique) privilégient plutôt une perspective dimensionnelle, dans laquelle les désordres mettent en évidence des vulnérabilités psychologiques et des perturbations environnementales. En psychiatrie biologique, les anormalités varient plutôt qualitativement (c.-à-d. selon le type ou le genre); alors qu'en psychiatrie psychodynamique, les vulnérabilités psychologiques ou les perturbations environnementales diffèrent plutôt quantitativement (c.-à-d. en intensité; Meelh, 1992; Reznek, 1991). En effet, dans les années 1940, le psychologue Donald G. Paterson cité par Meehl (1992), soutient la thèse qu'il n'existe pas de « types » d'individus et que la terminologie catégorielle (p. ex., « introverti », « intelligent », « mince ») est simplement une façon adéquate – voire négligente – de délimiter rigoureusement en régions ce que sont en réalité les traits quantitatifs et les dimensions. Il traduit par « *dimensions d'extraversion-introversion* » ce que Jung nomme la « typologie de l'extraverti et de l'introverti » (Meehl, 1992).

En d'autres termes, la conception catégorielle repose sur un système diagnostique (DSM et CIM) qui tente de regrouper les différents problèmes humains en catégories ou en groupes de comportements « anormaux » distincts en postulant que ces catégories varient qualitativement. À l'opposé, la conception dimensionnelle des TCA s'illustre au travers d'un continuum de degrés de sévérité, décrit par Nylander (1971) variant quantitativement d'un état dit normal à un état chronique en passant par un état subclinique.

Au regard des pigments historiques, il est possible de faire une analogie avec les deux façons de conceptualiser les TCA. En effet, l'utilisation des pigments remonte à la Préhistoire. Les hommes préhistoriques employaient des terres d'ocres, des argiles rouges et jaunes, de l'oxyde de fer, de la craie, etc. Les Égyptiens puis les Phéniciens et les Grecs commencèrent à broyer des pierres dures. Le Moyen Âge voit se généraliser l'utilisation des pigments minéraux. Au XIXe siècle, l'essor de l'industrie chimique entraîne la création de nouveaux et nombreux pigments. Aujourd'hui, la couleur rouge basée sur pigments historiques peut être analysée comme une catégorie caractérisée par des sous-catégories (rouge-marron, rouge-rosé, rouge-orangé) correspondant à des codes de couleur ou comme un continuum de couleur sur lequel on se situe pour déterminer un rouge.

Au cours du siècle dernier, l'approche catégorielle s'est fortement opposée à l'approche dimensionnelle au travers d'une conceptualisation (c.-à-d. définitions, étiologie, classification, évaluation) des TCA fondamentalement différente. Toutefois, plusieurs travaux au début des années 2000 (Brown et Barlow, 2005; Widiger et Samuel, 2005; Williamson Gleaves et Stewart, 2005) ont montré les limites de l'adoption pour l'une ou l'autre des conceptions exclusivement et ont mis en évidence la possibilité d'un « consensus » que la nouvelle classification – DSM-V – des troubles mentaux que nous verrons dans la sous-partie 1c a tenté d'intégrer.

En définitive, si l'approche catégorielle a l'avantage de comparer les TCA entre eux, l'approche dimensionnelle se détache du diagnostic pour saisir l'évolution des TCA dans le temps.

Sous-partie 1b
1916 à 1975 : de l'obscurantisme au tournant

Durant la première période, de 1900 à 1965, l'anorexie mentale et la boulimie semblent avoir évolué relativement séparément, comme deux entités cliniques distinctes.

Avant 1950

Dès le début du 20e siècle (c.-à-d. Simmonds, 1916) et jusqu'en 1937, l'anorexie mentale a été considérée comme une maladie exclusivement endocrinienne – on parle de **cachexie hypophysaire**. C'est la description de Sheehan en 1937 sur la nécrose hypophysaire qui a permis de présenter l'anorexie mentale comme une pathologie d'origine psychique et non endocrinienne (Bochereau, Clervoy, Corcos et Girardon, 1999; Raimbault et Eliacheff, 2001). De 1937 à 1960, les nombreux synonymes de l'anorexie mentale rendent compte d'une étiologie principalement neurologique (Raimbault et Eliacheff, 2001). Durant cette première période, si l'anorexie mentale est successivement définie comme une maladie endocrine, psychique et neurologique, la boulimie qui apparaît sous le nom de conduites boulimiques par Nemiah (1950) est définie comme une forme d'anorexie mentale. Cette définition de 1950 reflétait déjà les prémisses de la conception dimensionnelle expliquée dans la sous-partie 1a. Cette période aurait donc été dominée par une conception catégorielle des TCA.

Le tournant des années 60

Le symposium de Göttinger, sous la direction de Meyer et Feldman (1965), officialise d'une part un tournant conceptuel de l'anorexie mentale comme psychopathologie et d'autre part l'entrée dans une deuxième période, de 1965 à 1980. Lors de cet événement, l'axe de recherche des TCA se déplace des fonctions alimentaires vers les perturbations corporelles et définit l'anorexie mentale comme une psychopathologie à part entière (Raimbault et Eliacheff, 2001). À la même époque, Bruch (1961, 1962, 1973, 1978) fut la première à décrire la distorsion de l'image du corps comme un trouble « perceptuel et cognitif » spécifique à l'anorexie mentale. Cette conception catégorielle est, par la suite, confirmée par Russell (1970) au niveau de la boulimie identifiée comme un syndrome et se distinguant de l'anorexie mentale (Holmgren, 1983). Au même moment et succédant à Nemiah (1950), plusieurs psychologues consultants suggèrent de conceptualiser le spectre des TCA le long d'un continuum de degrés de sévérité (Mintz et Betz, 1988; Ousley, 1986; Scarano et Kalodner-Martin, 1994). Cette approche dimensionnelle est plus connue sous le nom de « *continuum des TCA* » (Hay et Fairburn, 1998; Stice et Agras, 1999). La première conception des troubles du comportement alimentaire le long de ce continuum a été proposée par Nylander en 1971. Selon Mintz, O'Halloran, Mulholland et Schneider (1997) et Robin, Silberstein, et Striegel-Moore (1985), les TCA s'expliquent par une relation continue linéaire entre groupes d'individus asymptomatiques, symptomatiques et cliniques (Tylka et Subich, 2003). Quelques années plus tard, les travaux de Feighner, Robins, Fuze, Woodruff, Winokur et Munoz (1972) annoncent les prémisses de la classification actuelle des TCA.

Feighner propose six critères diagnostiques de l'anorexie mentale :

1. Le trouble doit apparaître avant 25 ans;

2. La personne doit présenter une perte de poids correspondant au minimum à 25 % de son poids initial;

3. La personne montre un comportement dysfonctionnel au niveau de la prise alimentaire, ainsi le rapport à la nourriture et au poids se manifeste par :

    a) Un déni du trouble sans égard pour les besoins nutritionnels non comblés,

    b) Un sentiment de plaisir presque jouissif au niveau du contrôle du poids et de la restriction alimentaire,

    c) Un désir d'atteindre l'idéal corporel d'une extrême maigreur même en cas de pronostic vital engagé dû à la dénutrition,

    d) Un comportement dysfonctionnel relatif au tri et à l'accumulation d'aliments;

4. La personne répond au diagnostic différentiel excluant toute autre maladie pouvant expliquer la perte d'appétit et l'amaigrissement;

5. La personne ne présente pas d'autres troubles psychiatriques que le trouble du comportement alimentaire;

6. La personne remplit au moins deux des manifestations suivantes :

    a) Absence de menstruation,

    b) Présence de duvet de poils fins,

    c) Présence de bradycardie (<60/min),

    d) Présence de périodes d'exercice excessif,

    e) Présence d'accès hyperphagiques,

    f) Présence de comportement compensatoire de type vomissements provoqués.

Morgan et Russell (1975) montrent la nécessité d'inclure deux sous-types d'anorexie mentale : celles où les individus :

1. présentent des accès hyperphagiques suivis de « *comportements compensatoires* »;

2. jeûnent.

Quelques années plus tard, Russell (1979) individualise le premier la « *boulimie nerveuse* » en définissant les troubles du comportement alimentaire au travers de trois critères :

1. Patients souffrant d'envie intense et irrépressible de se suralimenter;

2. Patients cherchant à éviter la prise de poids en provoquant des vomissements et/ou en abusant de laxatifs;

3. Patients éprouvant une peur morbide de devenir gros (Chabrol, 1998).

Cependant, loin d'être une entité pathologique qui pourrait s'apparenter à une catégorie, Russell (1979) considère l'anorexie mentale comme un critère obligatoire du diagnostic de la boulimie (Gleaves, Lowe, Green, Cororve et Williams, 2000). Il est finalement le premier à décrire ce qui a été appelé plus communément les « *variantes* » de l'anorexie mentale, qu'il nomme la boulimie (Gleaves *et al.*, 2000). La boulimie est ainsi tributaire d'un passé anorexique et assimilée à une complication chronique de l'anorexie mentale.

En définitive, les troubles du comportement alimentaire n'ont pas toujours été décrits tels que nous les connaissons aujourd'hui. La compréhension de l'évolution historique des définitions de l'anorexie mentale et de la boulimie est délicate parce qu'elle reflète deux réalités qui sont mouvantes.

Sous-partie 1c
1980 à nos jours : suprématie du DSM

À la fin du vingtième siècle, l'American Psychiatric Association, présidée par Garfinkel, Halmi, Mitchell, Walsh et Wilson (Wilson et Walsh, 1991) édite le DSM-III (1980). Ce système de classification décrit la boulimie comme une catégorie des TCA en excluant toute possibilité de présenter un antécédent d'anorexie mentale (Chabrol, 1998; Holmgren *et al.*, 1983; Stein et Laakso, 1988).

Anorexie mentale dans le DSM-III

Dans le DSM-III (APA, 1980), la définition de **l'anorexie mentale** regroupe cinq critères tels que :

1. La personne a une peur suffisamment intense de prendre du poids qu'elle ne diminue pas avec l'amaigrissement;

2. La perception de son image du corps est déformée par rapport à la réalité;

3. La personne doit présenter une perte de poids correspondant au minimum à 25 % de son poids initial; ou avant 18 ans, cette perte de poids à partir du poids initial additionnée au gain de poids escompté, selon les courbes de croissance, représente un total de 25 %;

4. La personne refuse de maintenir un poids dépassant le poids normal tel que prévu en fonction de son âge et de sa taille;

5. La personne répond au diagnostic différentiel excluant toute autre maladie pouvant expliquer son amaigrissement.

Le diagnostic de **la boulimie** nécessite également la réunion de cinq critères comme :

1. La personne a recours à des accès hyperphagiques (en mangeant en une seule fois l'équivalent d'un apport alimentaire journalier);

2. La personne présente au moins trois des manifestations suivantes :

    a) Préférence pour les aliments qui vont « remplir » rapidement et facilement l'estomac (pâtes très cuites, biscuits, etc.),

    b) Absence d'exposition sociale durant l'accès hyperphagique,

    c) Présence de douleur due à la dilatation de l'estomac ou d'une fatigue postprandiale (suite à l'ingestion alimentaire),

    d) Recours à des comportements compensatoires inappropriés,

    e) Présence d'effet « yoyo » du poids pouvant dépasser les 4,5 kg;

3. La personne souffre de ses comportements alimentaires dysfonctionnels tant au niveau de l'accès hyperphagique que de la perte de contrôle;

4. La personne présente une faible, voire une très faible estime de soi car la honte que génère l'accès hyperphagique la conduit à un état dépressif;

5. La personne répond au diagnostic différentiel excluant toute forme d'anorexie mentale ou toute comorbidité psychiatrique pouvant expliquer les accès hyperphagiques.

Ces critères ont fait l'objet de trois principales critiques en lien avec le débat conceptuel au sujet des TCA. Tout d'abord, le critère d'exclusion constitué par l'anorexie mentale prive de possibilités de reconnaissance les patients affectés par les deux troubles au cours de leur vie. Ensuite, l'absence de critères quantitatifs risque de conduire la boulimie à une grande hétérogénéité de diagnostics qui finit par se diluer dans les comportements normaux.

Enfin, l'étude de Button et Whitehouse (1981) souligne la présence de symptômes anorexiques et boulimiques parmi des populations non cliniques, telles que les étudiantes universitaires et les élèves des grandes écoles de danse et montre tout l'intérêt de prendre en compte la forme symptomatique des TCA, qu'il intitule la forme « *subclinique* ». Notons que cette dernière limite apparaît également à la lecture des critères diagnostiques de boulimie.

En réaction au DSM-III, des partisans de la conception dimensionnelle identifient l'anorexie mentale subclinique permettant de décrire alors des jeunes filles et des femmes qui :

a) sont « *anormalement préoccupées par leur poids* »;

b) présentent plusieurs symptômes comportementaux de l'anorexie mentale (Garner, Garfinkel et Olmsted, 1983).

Une fois de plus, la nécessité de conceptualiser l'anorexie mentale et la boulimie le long d'un continuum dont les troubles présentent une diversité de degrés de sévérité (c.-à-d. sans troubles du comportement alimentaire, de forme subclinique et de forme clinique) apparaît clairement (Robin, Silberstein et Striegel-Moore, 1985).

Au regard de ces critiques, l'APA (1987) au travers de la forme révisée du DSM-III (DSM-III-R) réétudie à la fois :

a) la séparation anorexie mentale-boulimie, qui exclut la différenciation entre syndrome et symptôme des TCA;

b) l'absence de critères quantitatifs.

Concernant l'anorexie mentale, la réduction à quatre critères diagnostiques tient compte des limites du DSM-III (1980). En effet, dans le DSM-II-R (1987), la perte de poids passe des 25 % aux 15 % actuels, le critère C et le critère D d'anorexie mentale sont associés et enfin, le critère E est substitué par la présence d'aménorrhée (APA, 1987).

En Europe, la Classification internationale des troubles mentaux-10 (CIM) publiée par l'Organisation mondiale de la santé (1994) adopte une position semblable au DSM-III-R, concernant la possibilité d'un diagnostic simultané d'anorexie mentale et de boulimie (Chabrol, 1998). Dans cette classification, l'anorexie mentale et la boulimie sont classées dans les « *syndromes comportementaux et troubles mentaux associés à un dérèglement des fonctions physiologiques ou à des perturbations hormonales* ». Concernant l'anorexie mentale, les critères diagnostiques sont sensiblement similaires à ceux du DSM-III-R (APA, 1987). En revanche, trois comportements boulimiques y sont décrits :

1. la « *bulimia nervosa* » où le sujet fixe un seuil de poids très précis, bien au-dessous du poids normal et a souvent des antécédents d'anorexie mentale;

2. la boulimie à poids normal, trouble plus fréquent, mais moins spécifique où les patients ont plus fréquemment un poids normal ou excessif;

3. l'hyperphagie associée à d'autres perturbations psychologiques caractérisées par des excès alimentaires survenant à la suite de stress et entraînant une obésité (APA, 1987).

Si la catégorie « *troubles de l'alimentation non spécifiés* » n'apparaît pas clairement, les formes d'anorexie et de boulimie « *atypiques* », les « *autres troubles de l'alimentation* » ainsi que les « *troubles de l'alimentation sans précision* » l'induisent (Fairburn et Harisson, 2003).

Continuum des TCA

Une fois de plus, au regard de ces limites relatives à la conception catégorielle, Mintz et Betz (1988) ont considérablement popularisé le continuum des troubles du comportement alimentaire auprès des psychologues. D'après ces auteurs, le concept de continuum des troubles du comportement alimentaire présente une extrémité caractérisée par des comportements alimentaires normaux sans préoccupation du poids et la seconde est représentée par le diagnostic d'anorexie mentale ou de boulimie. Les « *intermédiaires* » du continuum regroupent les comportements anormaux, tels que les accès hyperphagiques ou les comportements compensatoires; ainsi que les jeûnes et les régimes chroniques. En s'inspirant des différentes catégories du DSM-III-R, Mintz et Betz (1988) définissent les troubles du comportement alimentaire en six « *catégories* » :

1. Normale

2. Préoccupation pour son poids

3. Régimes chroniques

4. Jeûne

5. Crise de suralimentation

6. Boulimie

afin d'étudier l'étiologie de ces troubles, selon leurs degrés de sévérité.

Les résultats de l'étude de Mintz et Betz (1988) montrent que l'estime de soi, l'image du corps et la prise en compte de la pression socioculturelle perçue (c.-à-d. étiologie des troubles du comportement alimentaire) diffèrent en fréquence et en degré le long du continuum des troubles du comportement alimentaire; mais également qu'elles se retrouvent dans chacune des six « *catégories* » des troubles du comportement alimentaire. En d'autres termes, d'après ces mêmes auteurs, une très faible estime de soi, une image du corps très négative et une très forte prise en compte de la pression socioculturelle perçue caractérisent la boulimie. En revanche, une estime de soi plutôt élevée, une image du corps positive et une faible prise en compte de la pression socioculturelle perçue caractérisent les comportements alimentaires normaux (Mintz et Betz, 1988).

L'étude de Scarano et Kalodner-Martin (1994) confirme celle de Mintz et Betz (1988); mais elle précise également que leur modèle de continuité se focalise exclusivement sur la boulimie. L'anorexie mentale n'a pas, cependant, été discutée en termes de continuum. Certains auteurs (Bruch, 1973; Garner, Olmsted et Garfinkel, 1983; Garner, Olmsted, Polivy et Garfinkel, 1984) montrent à ce sujet que l'anorexie mentale n'est pas caractérisée par les accès hyperphagiques et qu'elle a été décrite comme étant qualitativement différente des autres troubles du comportement alimentaire (p. ex., boulimie, troubles du comportement alimentaire non spécifiés). Il se peut, cependant, qu'un continuum différent, débutant par des comportements normaux et s'achevant par l'anorexie mentale, puisse exister et se croiser avec le continuum de la boulimie décrit précédemment (Scarano et Kalodner-Martin, 1994). En effet, l'étude de Mitchell (1992) montre tout l'intérêt de considérer l'anorexie mentale et la boulimie comme deux syndromes se chevauchant. Cependant, cette question empirique du « *chevauchement des syndromes* » n'a pas encore été élucidée (Scarano et Kalodner-Martin, 1994). En définitive, en s'appuyant sur les six « *catégories* » énoncées par Mintz et Betz (1988),

Scarano et Kalodner-Martin (1994) concluent qu'évaluer et dresser différents niveaux de sévérité des troubles du comportement alimentaire pourrait être utile à l'étude de l'étiologie et du développement des troubles du comportement alimentaire cliniques et subcliniques.

Au regard de l'édition du DSM-IV (APA, 1994) qui renforce le concept catégoriel des troubles du comportement alimentaire et implique par conséquent la disparition du continuum (Mintz, O'Halloran, Mulholland et Schneider, 1997), Tylka et Subich (1999) tentent de valider le continuum des troubles du comportement alimentaire.

En effet, certains psychologues déplorent le manque de validité systématique des recherches privilégiant ce continuum (Mintz *et al.*, 1997).

Tylka et Subich (1999) identifient les degrés de sévérité des troubles du comportement alimentaire en trois groupes, intitulés :

1. asymptomatiques;

2. symptomatiques;

3. troubles du comportement alimentaire le long de dimensions comportementales et psychologiques communes (c.-à-d. régime restrictif, crise de suralimentation, peur de grossir, image du corps négative).

En définitive, en utilisant l'approche multivariée (c.-à-d. analyses discriminantes), Tylka et Subich (1999) réaffirment que malgré des différences qualitatives entre les groupes asymptomatiques, symptomatiques et troubles du comportement alimentaire, les résultats des analyses discriminantes sont plus conformes au modèle de continuité qu'au modèle de discontinuité (Lowe, Gleaves, Di-Simone-Weiss, Furgueson, Gayda, Kolsky, Neal-Walden, Nelsen et McKinney 1996).

L'existence de catégories de troubles du comportement alimentaire (c.-à-d. groupes qualitativement différents) au sein du continuum met en évidence :

a) les limites d'un concept exclusivement dimensionnel concernant les troubles du comportement alimentaire;

b) la possibilité d'un « *consensus* » (Haslam, 2003) entre conceptions dimensionnelles versus catégorielles dans la conceptualisation des troubles du comportement alimentaire.

Meehl (1998) parle alors de catégorie dimensionnelle versus dimension.

Au regard du changement constant des définitions des troubles du comportement alimentaire, la prédominance des systèmes de classification semble intégrer, dans chaque version, la conception dimensionnelle des troubles du comportement alimentaire précédemment décrite (c.-à-d. forme subclinique, diagnostic simultané d'anorexie mentale et de boulimie).

Cependant, ces systèmes de classification reconnaissent exclusivement la conception catégorielle. Ils conceptualisent les troubles du comportement alimentaire comme des catégories et/ou des types distincts, diagnostiqués comme présents ou absents.

Figure 1.1 **Continuum historique des critères diagnostiques des TCA**

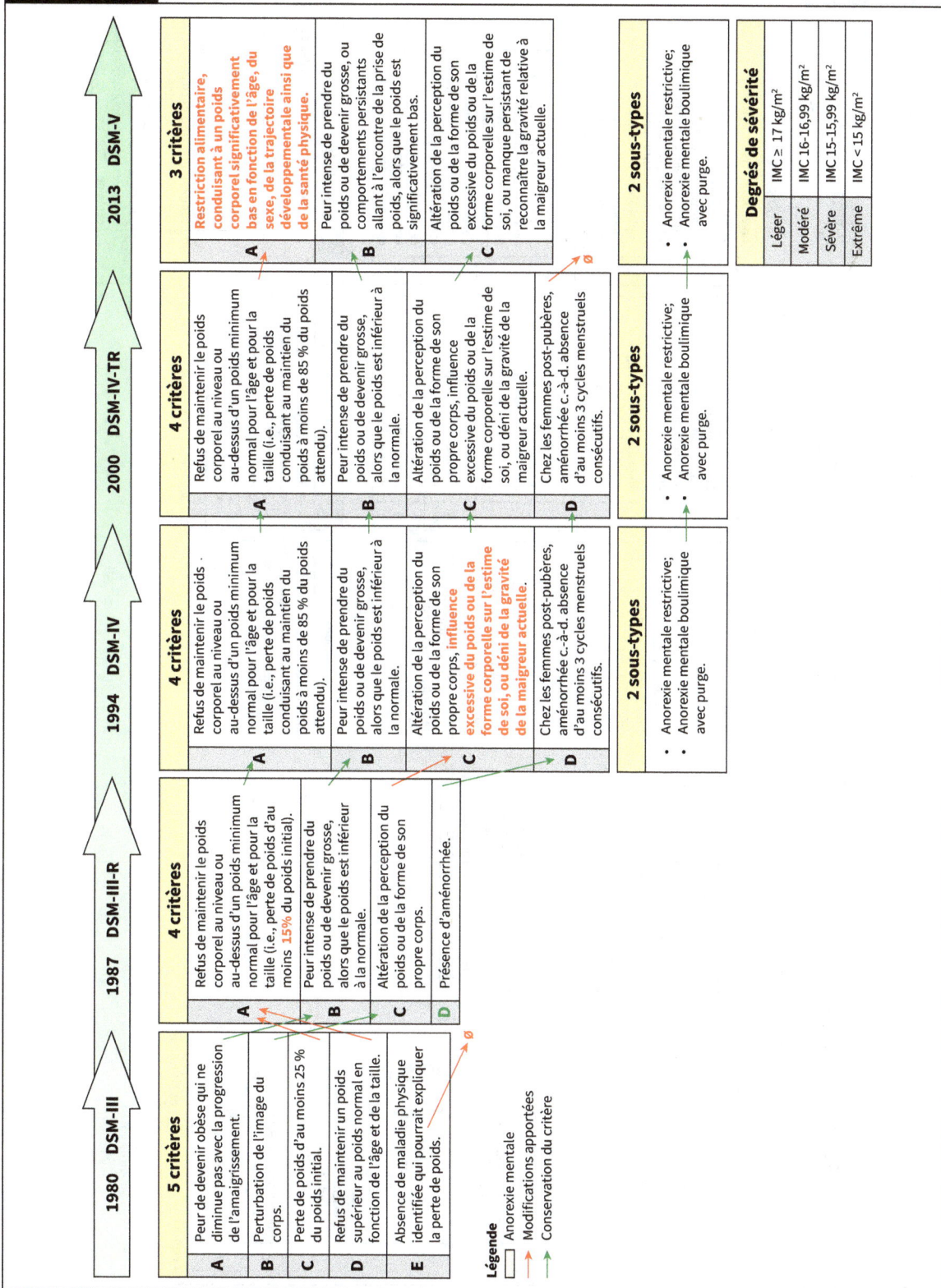

1980 DSM-III — 5 critères

A. Peur de devenir obèse qui ne diminue pas avec la progression de l'amaigrissement.

B. Perturbation de l'image du corps.

C. Perte de poids d'au moins 25 % du poids initial.

D. Refus de maintenir un poids supérieur au poids normal en fonction de l'âge et de la taille.

E. Absence de maladie physique identifiée qui pourrait expliquer la perte de poids.

Ø

1987 DSM-III-R — 4 critères

A. Refus de maintenir le poids corporel au niveau ou au-dessus d'un poids minimum normal pour l'âge et pour la taille (i.e., perte de poids d'au moins **15%** du poids initial).

B. Peur intense de prendre du poids ou de devenir grosse, alors que le poids est inférieur à la normale.

C. Altération de la perception du poids ou de la forme de son propre corps.

D. Présence d'aménorrhée.

1994 DSM-IV — 4 critères

A. Refus de maintenir le poids corporel au niveau ou au-dessus d'un poids minimum normal pour l'âge et pour la taille (i.e., perte de poids conduisant au maintien du poids à moins de 85 % du poids attendu).

B. Peur intense de prendre du poids ou de devenir grosse, alors que le poids est inférieur à la normale.

C. Altération de la perception du poids ou de la forme de son propre corps, **influence excessive du poids ou de la forme corporelle sur l'estime de soi, ou déni de la gravité de la maigreur actuelle.**

D. Chez les femmes post-pubères, aménorrhée c.-à-d. absence d'au moins 3 cycles menstruels consécutifs.

2 sous-types
- Anorexie mentale restrictive;
- Anorexie mentale boulimique avec purge.

2000 DSM-IV-TR — 4 critères

A. Refus de maintenir le poids corporel au niveau ou au-dessus d'un poids minimum normal pour l'âge et pour la taille (i.e., perte de poids conduisant au maintien du poids à moins de 85 % du poids attendu).

B. Peur intense de prendre du poids ou de devenir grosse, alors que le poids est inférieur à la normale.

C. Altération de la perception du poids ou de la forme de son propre corps, influence excessive du poids ou de la forme corporelle sur l'estime de soi, ou déni de la gravité de la maigreur actuelle.

D. Chez les femmes post-pubères, aménorrhée c.-à-d. absence d'au moins 3 cycles menstruels consécutifs.

2 sous-types
- Anorexie mentale restrictive;
- Anorexie mentale boulimique avec purge.

2013 DSM-V — 3 critères

A. **Restriction alimentaire, conduisant à un poids corporel significativement bas en fonction de l'âge, du sexe, de la trajectoire développementale ainsi que de la santé physique.**

B. Peur intense de prendre du poids ou de devenir grosse, ou comportements persistants allant à l'encontre de la prise de poids, alors que le poids est significativement bas.

C. Altération de la perception du poids ou de la forme de son excessive du poids ou de la forme corporelle sur l'estime de soi, ou manque persistant de reconnaître la gravité relative à la maigreur actuelle.

Ø

2 sous-types
- Anorexie mentale restrictive;
- Anorexie mentale boulimique avec purge.

Degrés de sévérité

Léger	IMC ≥ 17 kg/m²
Modéré	IMC 16-16,99 kg/m²
Sévère	IMC 15-15,99 kg/m²
Extrême	IMC < 15 kg/m²

Légende
- ☐ Anorexie mentale
- → Modifications apportées
- → Conservation du critère

Source : DSM-III: American Psychiatric Association (1983). DSM-III: Manuel diagnostique et statistique des troubles mentaux. Paris, FR: Masson. (pages 67 à 69) DSM-III-R: American Psychiatric Association (1987). DSM-III-R: Manuel diagnostique et statistique des troubles mentaux (Rev. 3rd ed.). Paris, FR : Masson. (pages 72 à 74) DSM IV: American Psychiatric Association (1994). DSM-IV: Manuel diagnostique et statistique des troubles mentaux. Paris, FR : Masson. (pages 539 à 545) DSM-IV-R: American Psychiatric Association (2004). DSM-IV-TR: Manuel diagnostique et statistique des troubles mentaux. Paris, FR : Masson. (pages 676 à 682) DSM-V: American Psychiatric Association (2013). DSM-5: Manuel diagnostique et statistique des troubles mentaux (5e éd.). Paris, FR : Masson. (pages 440 à 448)

Figure 1.2 **Continuum historique des critères diagnostiques des TCA**

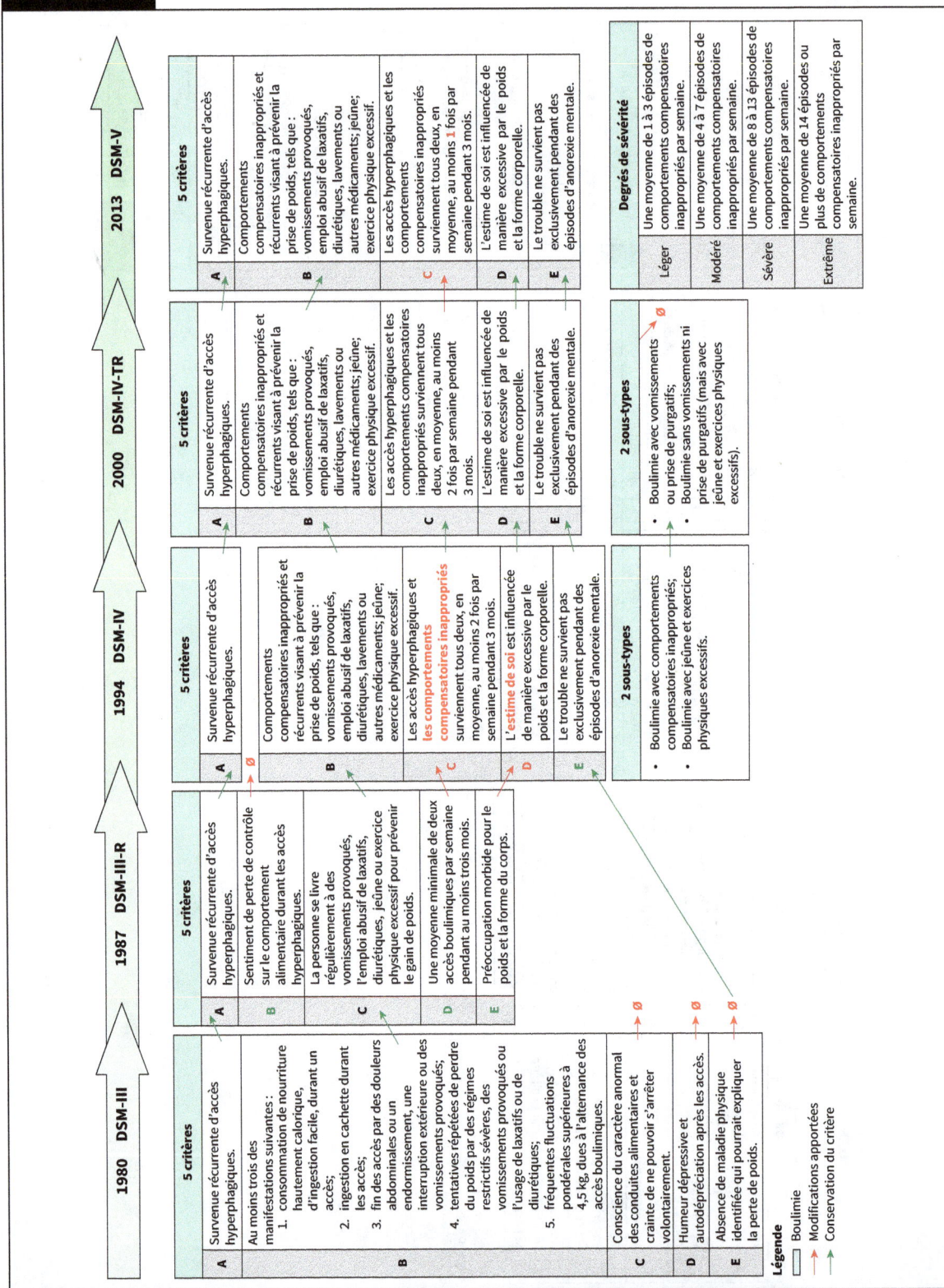

1980 DSM-III — **1987 DSM-III-R** — **1994 DSM-IV** — **2000 DSM-IV-TR** — **2013 DSM-V**

1980 DSM-III — 5 critères

A. Survenue récurrente d'accès hyperphagiques.

B. Au moins trois des manifestations suivantes :
1. consommation de nourriture hautement calorique, d'ingestion facile, durant un accès;
2. ingestion en cachette durant les accès;
3. fin des accès par des douleurs abdominales ou un endormissement, une interruption extérieure ou des vomissements provoqués;
4. tentatives répétées de perdre du poids par des régimes restrictifs sévères, des vomissements provoqués ou l'usage de laxatifs ou de diurétiques;
5. fréquentes fluctuations pondérales supérieures à 4,5 kg, dues à l'alternance des accès boulimiques.

C. Conscience du caractère anormal des conduites alimentaires et crainte de ne pouvoir s'arrêter volontairement.

D. Humeur dépressive et autodépréciation après les accès.

E. Absence de maladie physique identifiée qui pourrait expliquer la perte de poids.

1987 DSM-III-R — 5 critères

A. Survenue récurrente d'accès hyperphagiques.

B. Sentiment de perte de contrôle sur le comportement alimentaire durant les accès hyperphagiques.

C. La personne se livre régulièrement à des vomissements provoqués, emploi abusif de laxatifs, diurétiques, jeûne ou exercice physique excessif pour prévenir le gain de poids.

D. Une moyenne minimale de deux accès boulimiques par semaine pendant au moins trois mois.

E. Préoccupation morbide pour le poids et la forme du corps.

1994 DSM-IV — 5 critères

A. Survenue récurrente d'accès hyperphagiques.

B. Comportements compensatoires inappropriés et récurrents visant à prévenir la prise de poids, tels que : vomissements provoqués, emploi abusif de laxatifs, diurétiques, lavements ou autres médicaments; jeûne; exercice physique excessif.

C. Les accès hyperphagiques et les comportements compensatoires inappropriés surviennent tous deux, en moyenne, au moins 2 fois par semaine pendant 3 mois.

D. L'estime de soi est influencée de manière excessive par le poids et la forme corporelle.

E. Le trouble ne survient pas exclusivement pendant des épisodes d'anorexie mentale.

2 sous-types
- Boulimie avec comportements compensatoires inappropriés;
- Boulimie avec jeûne et exercices physiques excessifs.

2000 DSM-IV-TR — 5 critères

A. Survenue récurrente d'accès hyperphagiques.

B. Comportements compensatoires inappropriés et récurrents visant à prévenir la prise de poids, tels que : vomissements provoqués, emploi abusif de laxatifs, diurétiques, lavements ou autres médicaments; jeûne; exercice physique excessif.

C. Les accès hyperphagiques et les comportements compensatoires inappropriés surviennent tous deux, en moyenne, au moins 2 fois par semaine pendant 3 mois.

D. L'estime de soi est influencée de manière excessive par le poids et la forme corporelle.

E. Le trouble ne survient pas exclusivement pendant des épisodes d'anorexie mentale.

2 sous-types
- Boulimie avec vomissements ou prise de purgatifs;
- Boulimie sans vomissements ni prise de purgatifs (mais avec jeûne et exercices physiques excessifs).

2013 DSM-V — 5 critères

A. Survenue récurrente d'accès hyperphagiques.

B. Comportements compensatoires inappropriés et récurrents visant à prévenir la prise de poids, tels que : vomissements provoqués, emploi abusif de laxatifs, diurétiques, lavements ou autres médicaments; jeûne; exercice physique excessif.

C. Les accès hyperphagiques et les comportements compensatoires inappropriés surviennent tous deux, au moins 1 fois par semaine pendant 3 mois.

D. L'estime de soi est influencée de manière excessive par le poids et la forme corporelle.

E. Le trouble ne survient pas exclusivement pendant des épisodes d'anorexie mentale.

Degrés de sévérité

Léger	Une moyenne de 1 à 3 épisodes de comportements compensatoires inappropriés par semaine.
Modéré	Une moyenne de 4 à 7 épisodes de comportements compensatoires inappropriés par semaine.
Sévère	Une moyenne de 8 à 13 épisodes de comportements compensatoires inappropriés par semaine.
Extrême	Une moyenne de 14 épisodes ou plus de comportements compensatoires inappropriés par semaine.

Légende
- ☐ Boulimie
- ↑ Modifications apportées
- ↑ Conservation du critère

Source : DSM-III: American Psychiatric Association (1983). DSM-III: Manuel diagnostique et statistique des troubles mentaux. Paris, FR: Masson. (pages 69 à 71) DSM-III-R: American Psychiatric Association (1987). DSM-III-R: Manuel diagnostique et statistique des troubles mentaux (Rev. 3rd ed.). Paris, FR : Masson. (pages 74 à 76) DSM IV: American Psychiatric Association (1994). DSM-IV: Manuel diagnostique et statistique des troubles mentaux. Paris, FR : Masson. (pages 545 à 550) DSM-IV-R: American Psychiatric Association (2004). DSM-IV-TR: Manuel diagnostique et statistique des troubles mentaux. Paris, FR : Masson. (pages 682 à 688) DSM-V: American Psychiatric Association (2013). DSM-5: Manuel diagnostique et statistique des troubles mentaux (5e éd.). Paris, FR : Masson. (pages 448 à 454)

Figure 1.3 **Continuum historique des critères diagnostiques des TCA**

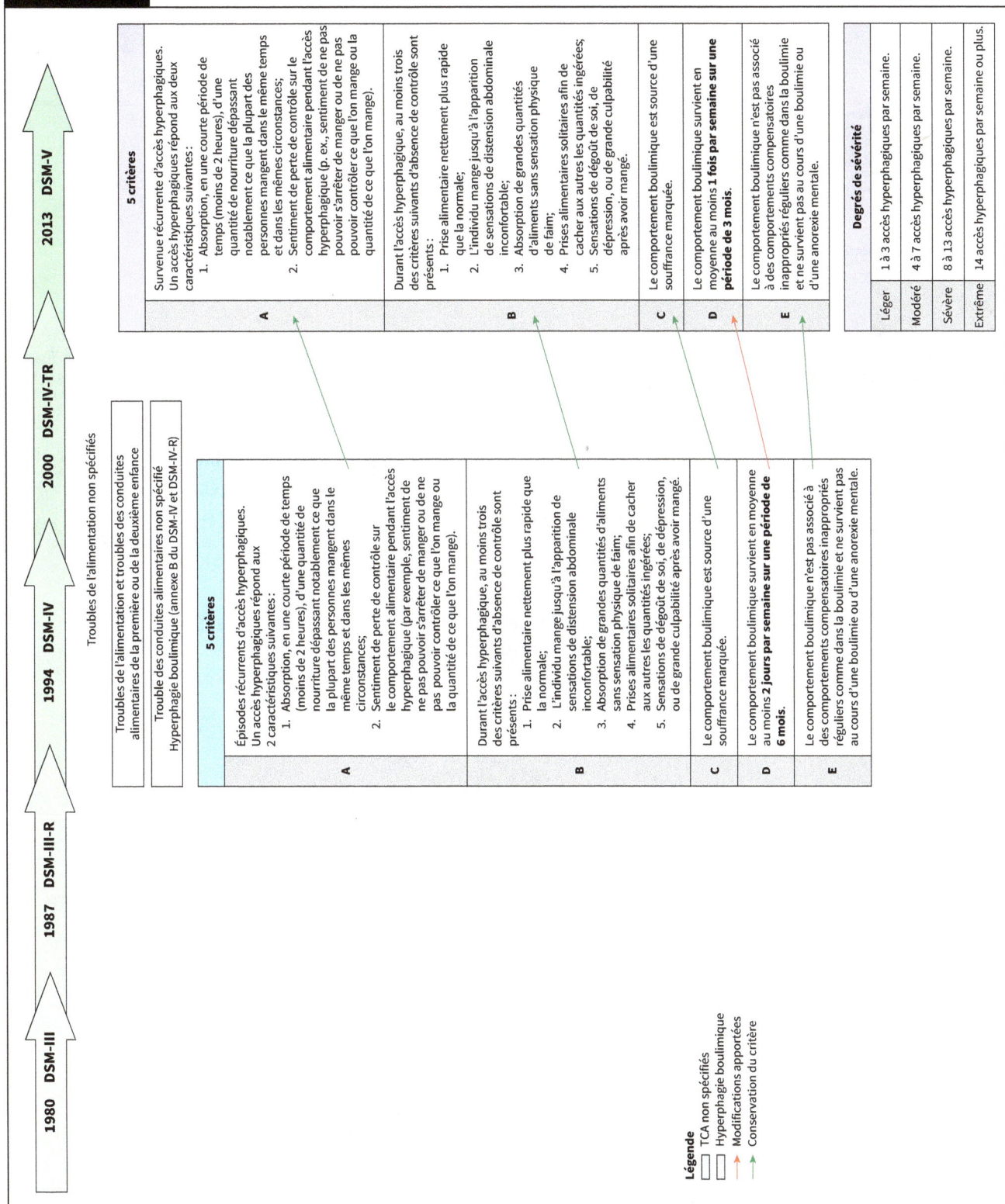

Timeline : 1980 DSM-III | 1987 DSM-III-R | 1994 DSM-IV | 2000 DSM-IV-TR | 2013 DSM-V

Troubles de l'alimentation non spécifiés

Troubles de l'alimentation et troubles des conduites alimentaires de la première ou de la deuxième enfance

Trouble des conduites alimentaires non spécifié
Hyperphagie boulimique (annexe B du DSM-IV et DSM-IV-R)

DSM-IV / DSM-IV-TR — 5 critères

A. Épisodes récurrents d'accès hyperphagiques. Un accès hyperphagiques répond aux 2 caractéristiques suivantes :
1. Absorption, en une courte période de temps (moins de 2 heures), d'une quantité de nourriture dépassant notablement ce que la plupart des personnes mangent dans le même temps et dans les mêmes circonstances;
2. Sentiment de perte de contrôle sur le comportement alimentaire pendant l'accès hyperphagique (par exemple, sentiment de ne pas pouvoir s'arrêter de manger ou de ne pas pouvoir contrôler ce que l'on mange ou la quantité de ce que l'on mange).

B. Durant l'accès hyperphagique, au moins trois des critères suivants d'absence de contrôle sont présents :
1. Prise alimentaire nettement plus rapide que la normale;
2. L'individu mange jusqu'à l'apparition de sensations de distension abdominale inconfortable;
3. Absorption de grandes quantités d'aliments sans sensation physique de faim;
4. Prises alimentaires solitaires afin de cacher aux autres les quantités ingérées;
5. Sensations de dégoût de soi, de dépression, ou de grande culpabilité après avoir mangé.

C. Le comportement boulimique est source d'une souffrance marquée.

D. Le comportement boulimique survient en moyenne au moins **2 jours par semaine sur une période de 6 mois.**

E. Le comportement boulimique n'est pas associé à des comportements compensatoires inappropriés réguliers comme dans la boulimie et ne survient pas au cours d'une boulimie ou d'une anorexie mentale.

DSM-V — 5 critères

A. Survenue récurrente d'accès hyperphagiques. Un accès hyperphagiques répond aux deux caractéristiques suivantes :
1. Absorption, en une courte période de temps (moins de 2 heures), d'une quantité de nourriture dépassant notablement ce que la plupart des personnes mangent dans le même temps et dans les mêmes circonstances;
2. Sentiment de perte de contrôle sur le comportement alimentaire pendant l'accès hyperphagique (p. ex., sentiment de ne pas pouvoir s'arrêter de manger ou de ne pas pouvoir contrôler ce que l'on mange ou la quantité de ce que l'on mange).

B. Durant l'accès hyperphagique, au moins trois des critères suivants d'absence de contrôle sont présents :
1. Prise alimentaire nettement plus rapide que la normale;
2. L'individu mange jusqu'à l'apparition de sensations de distension abdominale inconfortable;
3. Absorption de grandes quantités d'aliments sans sensation physique de faim;
4. Prises alimentaires solitaires afin de cacher aux autres les quantités ingérées;
5. Sensations de dégoût de soi, de dépression, ou de grande culpabilité après avoir mangé.

C. Le comportement boulimique est source d'une souffrance marquée.

D. Le comportement boulimique survient en moyenne au moins **1 fois par semaine sur une période de 3 mois.**

E. Le comportement boulimique n'est pas associé à des comportements compensatoires inappropriés réguliers comme dans la boulimie et ne survient pas au cours d'une boulimie ou d'une anorexie mentale.

Degrés de sévérité

Léger	1 à 3 accès hyperphagiques par semaine.
Modéré	4 à 7 accès hyperphagiques par semaine.
Sévère	8 à 13 accès hyperphagiques par semaine.
Extrême	14 accès hyperphagiques par semaine ou plus.

Légende
- TCA non spécifiés
- Hyperphagie boulimique
- Modifications apportées
- Conservation du critère

Source : DSM-III: American Psychiatric Association (1983). DSM-III: Manuel diagnostique et statistique des troubles mentaux. Paris, FR: Masson. DSM-III-R: American Psychiatric Association (1987). DSM-III-R: Manuel diagnostique et statistique des troubles mentaux (Rev. 3rd ed.). Paris, FR : Masson. DSM IV: American Psychiatric Association (1994). DSM-IV: Manuel diagnostique et statistique des troubles mentaux. Paris, FR : Masson. (page 550) DSM-IV-R: American Psychiatric Association (2004). DSM-IV-TR: Manuel diagnostique et statistique des troubles mentaux. Paris, FR : Masson. (pages 688 à 689) DSM-V: American Psychiatric Association (2013). DSM-5: Manuel diagnostique et statistique des troubles mentaux (5e éd.). Paris, FR : Masson. (pages 454 à 458)

Figure 1.4 Continuum historique des critères diagnostiques des TCA

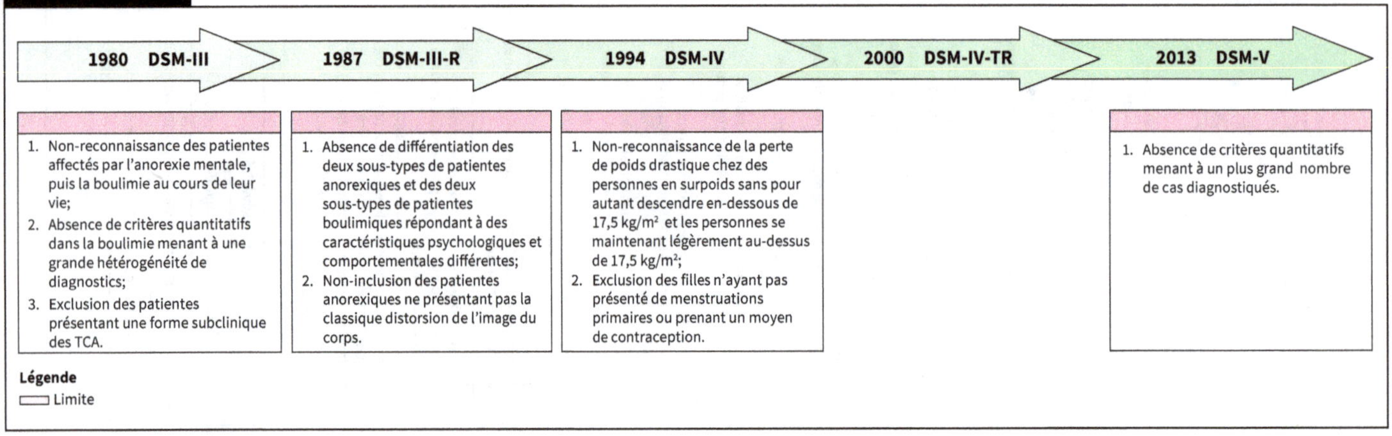
1980 DSM-III
1987 DSM-III-R
1994 DSM-IV
2000 DSM-IV-TR
2013 DSM-V
1. Non-reconnaissance des patientes affectés par l'anorexie mentale, puis la boulimie au cours de leur vie;
2. Absence de critères quantitatifs dans la boulimie menant à une grande hétérogénéité de diagnostics;
3. Exclusion des patientes présentant une forme subclinique des TCA.
1. Absence de différentiation des deux sous-types de patientes anorexiques et des deux sous-types de patientes boulimiques répondant à des caractéristiques psychologiques et comportementales différentes;
2. Non-inclusion des patientes anorexiques ne présentant pas la classique distorsion de l'image du corps.
1. Non-reconnaissance de la perte de poids drastique chez des personnes en surpoids sans pour autant descendre en-dessous de 17,5 kg/m² et les personnes se maintenant légèrement au-dessus de 17,5 kg/m²;
2. Exclusion des filles n'ayant pas présenté de menstruations primaires ou prenant un moyen de contraception.
1. Absence de critères quantitatifs menant à un plus grand nombre de cas diagnostiqués.
Légende
Limite

Source : DSM-IV-R: American Psychiatric Association (2004). DSM-IV-TR: Manuel diagnostique et statistique des troubles mentaux. Paris, FR : Masson. (pages 676 à 682) DSM-V: American Psychiatric Association (2013). DSM-5: Manuel diagnostique et statistique des troubles mentaux (5e éd.). Paris, FR : Masson. (pages 440 à 448)

Pour conclure, au regard du changement constant des définitions des TCA, la prédominance des systèmes de classification semble intégrer dans chaque version la conception dimensionnelle de ces troubles. Cependant, ces systèmes de classification reconnaissent exclusivement la conception catégorielle. Ils conceptualisent les TCA comme des catégories ou des types distincts de diagnostics comme présent ou absent. Cette période qui fait écho à la précédente est teintée par un contraste conceptuel exacerbé.

En effet, à chaque version du DSM qui tente de pallier les limites de la précédente, les partisans de l'approche conceptuelle dimensionnelle réaffirment la nécessité de concevoir les TCA comme un continuum de degrés de sévérité - asymptomatique, symptomatique et clinique - variant selon les caractéristiques étiologiques, individuelles et environnementales.

2 | Définition et diagnostic des troubles du comportement alimentaire

Johana Monthuy-Blanc

« Rien au monde, après l'espérance, n'est plus trompeur que l'apparence. »
Charles Perrault

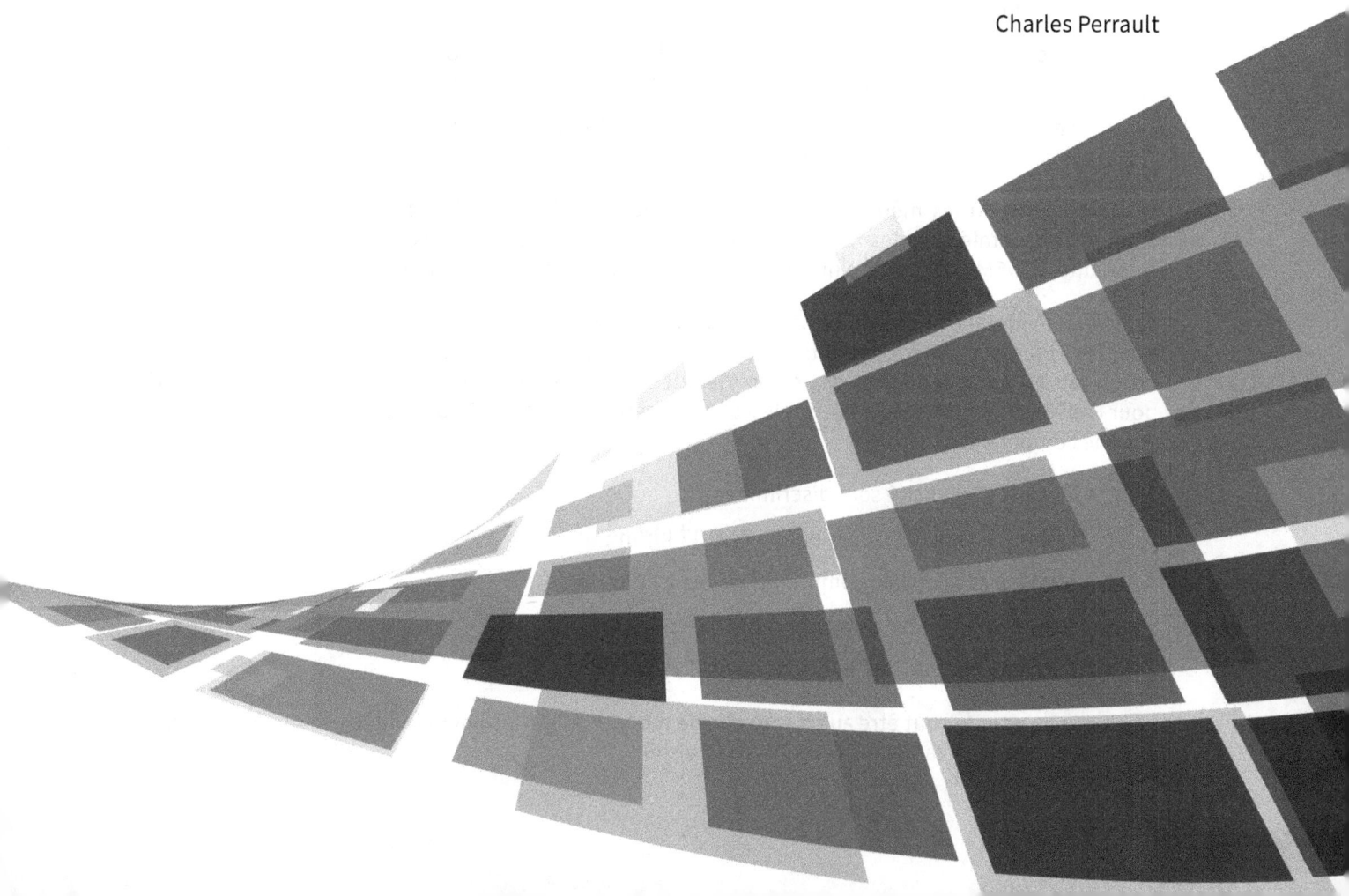

Sous-partie 2a
Anorexie mentale

L'anorexie mentale est répertoriée dans les troubles du comportement alimentaire. Ce trouble est caractérisé par une perturbation de l'image du corps, associée au désir permanent de maigrir et de contrôler son alimentation, aboutissant généralement à une malnutrition sévère (APA, 2013).

Anorexie mentale classique

L'anorexie mentale est définie selon deux sous-types dans le DSM-IV-R et également dans le DSM-V : l'anorexie mentale restrictive et l'anorexie mentale boulimique avec purge. L'anorexie mentale restrictive est définie par un hypercontrôle qui s'opérationnalise au travers de régimes amincissants drastiques et d'exercices physiques excessifs (APA, 2013). Le DSM-V vient d'ajouter récemment que ce sous-type décrit des caractéristiques pour lesquelles la perte de poids est secondaire à un régime amincissant drastique, un jeûne et un exercice physique excessif, exclusivement. À l'inverse, dans le cas de l'anorexie mentale boulimique avec purge, la perte de poids souhaitée impose le recours à des comportements compensatoires inappropriés tels que des vomissements provoqués ainsi que l'utilisation de diurétiques et de laxatifs à cause des accès hyperphagiques.

Selon le DSM-IV-R, quatre critères diagnostiques permettent de vérifier si un individu présente une anorexie mentale :

1. La personne refuse de maintenir un poids, de prendre du poids pour atteindre ou dépasser un poids considéré comme normal pour son âge et pour sa taille, conduisant pour les adultes à un indice de masse corporelle inférieur à 17,5 kg/m² ou pour les enfants à un poids inférieur à 85 % du poids attendu, menant dans les cas sévères à un nanisme;

2. La personne craint intensément la prise de poids même dans le cas d'un pronostic engagé dû à une dénutrition;

3. La personne présente une perception déformée du poids ou de la forme corporelle par rapport à la réalité, influençant directement toutes les composantes de son estime de soi;

4. La femme post-pubère présente une absence d'au moins 3 cycles menstruels consécutifs et l'homme présente une perte de puissance érectile, mais non référencée dans le DSM-IV-R.

Le DSM-V reprend les mêmes critères diagnostiques, mais exclut le dernier critère; la présence d'anorexie mentale chez les hommes. Par ailleurs, dans une perspective d'inclusion de la dimensionnalité, le DSM-V ajoute des niveaux de sévérité qualitativement et quantitativement différents :

Le niveau minimal de sévérité est basé, pour les adultes, sur l'indice de masse corporel (IMC), ou, pour les enfants et les adolescents, sur le percentile de l'IMC. Les niveaux de minceur en dessous du niveau minimal sont tirés des catégories de minceur de l'Organisation mondiale de la santé pour l'adulte. Pour les enfants et adolescents, le percentile de l'IMC correspondant doit être utilisé comme comparaison.

Ainsi, 4 niveaux d'intensité sont discriminés :

1. **Léger** avec un IMC supérieur ou égal 17 kg/m²;

2. **Modéré** avec un IMC compris entre 16 et 17 kg/m²;

3. **Grave** avec un IMC compris entre 15 et 16 kg/m²;

4. **Extrême** avec un IMC inférieur ou égal 15 kg/m².

Le niveau de gravité peut être augmenté afin de refléter les symptômes cliniques, le degré d'incapacité fonctionnelle, et la nécessité d'une supervision.

Il existe deux types de rémission dans le DSM-V : la **rémission partielle et la rémission complète**. Pour un TCA, la rémission partielle indique que l'un des critères diagnostiques est encore présent pour une « longue période de temps » à l'inverse de la rémission complète qui indique la disparition de l'ensemble des critères diagnostiques sur cette même période.

Figure 2.1	Critères diagnostiques de l'anorexie mentale

DSM-IV-TR	DSM-V
4 critères	**3 critères**
A Refus de maintenir le poids corporel au niveau ou au-dessus d'un poids minimum normal pour l'âge et pour la taille (i.e., perte de poids conduisant au maintien du poids à moins de 85 % du poids attendu).	**A** Restriction alimentaire, conduisant à un poids corporel significativement bas en fonction de l'âge, du sexe, de la trajectoire développementale ainsi que de la santé physique.
B Peur intense de prendre du poids ou de devenir grosse, alors que le poids est inférieu à la normale.	**B** Peur intense de prendre du poids ou de devenir grosse, ou comportements persistants allant à l'encontre de la prise de poids, alors que le poids est significativement bas.
C Altération de la perception du poids ou de la forme de son propre corps, influence excessive du poids ou de la forme corporelle sur l'estime de soi, ou déni de la gravité de la maigreur actuelle.	**C** Altération de la perception du poids ou de la forme de son propre corps, influence excessive du poids ou de la forme corporelle sur l'estime de soi, ou manque persistant de reconnaître la gravité relative à la maigreur actuelle.
D Chez les femmes post-pubères, aménorrhée c.-à-d. absence d'au moins 3 cycles menstruels consécutifs.	

2 sous-types	2 sous-types
Anorexie mentale restrictive.	Anorexie mentale restrictive.
Anorexie mentale boulimique avec purge.	Anorexie mentale boulimique avec purge.

En rémission partielle	
En rémission complète	

Degrés de sévérité	
Léger	IMC ≥ 17 kg/m²
Modéré	IMC 16-16,99 kg/m²
Sévère	IMC 15-15,99 kg/m²
Extrême	IMC < 17 kg/m²

Source : DSM-IV-R: American Psychiatric Association (2004). DSM-IV-TR: Manuel diagnostique et statistique des troubles mentaux. Paris, FR : Masson. DSM-V: American Psychiatric Association (2013). (pages 682 à 688) DSM-5: Manuel diagnostique et statistique des troubles mentaux (5e éd.). Paris, FR : Masson. (pages 448 à 454)

Anorexie chez l'enfant

Au-delà du DSM-IV-R, qui répertorie des TCA de l'enfant (cf. intro partie 2) dans une catégorie « sommaire » (Poinso *et al.*, 2006), certains cliniciens spécifient l'existence de l'anorexie précoce aussi nommée anorexie infantile. L'anorexie précoce se différencie de l'anorexie mentale spécifique de l'adolescence par l'absence de stratégies volontaires de perte de poids. L'anorexie précoce regroupe plusieurs formes d'anorexie en fonction des stades de développement de l'enfant. Les plus connues sont :

a) **l'anorexie d'inertie** – apparaissant avant 3 mois – qui est associée à une perte de poids continue en l'absence d'appétit qui met en danger la vie de l'enfant;

b) **l'anorexie d'opposition** (ou de sevrage) – apparaissant entre le 9e et le 18e mois – mauvaise interprétation des pleurs par l'adulte qui mène à un refus de manger chez l'enfant;

c) **l'anorexie infantile** qui est associée à un refus alimentaire, mais sans la présence d'un trouble physiologique, pouvant se manifester différemment d'un enfant à l'autre. Selon la classification de Chatoor *et al.*, (1998), l'anorexie infantile débute entre l'âge de 6 mois et 3 ans, au moment de la période de transition vers l'autonomie alimentaire. Lors de l'établissement de cette classification, Chatoor *et al.*, (1998) ont proposé 5 critères pour établir un diagnostic d'anorexie infantile :

1. L'enfant rejette toute nourriture solide, et ce particulièrement au moment de la transition alimentaire liquide-solide (soit à la fin du lait maternel ou maternisé exclusivement) durant une période de temps qui dépasse 1 mois;

2. L'enfant présente des conséquences de cette diminution d'apport alimentaire au niveau de sa croissance (cf. critères de Waterlow, 1972);

3. Les parents tentent de remédier à la situation en forçant l'enfant ou en le distrayant pendant la prise alimentaire (jeux, repas la nuit, etc.);

4. Le repas devient un moment de conflit ou de distraction entre parent et enfant pour tenter d'assurer une prise alimentaire minimale; loin de toute approche de pleine conscience;

5. L'enfant répond au diagnostic différentiel excluant toute forme d'événement traumatique de l'oropharynx ou du tractus gastro-intestinal ou toute absence de pathologie pouvant expliquer le refus alimentaire.

Autres formes d'anorexie

Certains cliniciens identifient :

a) **l'anorexie mentale prépubère** (Alvin, voir dernière édition) se caractérisant par l'apparition de l'anorexie mentale entre 9 et 11 ans avant même l'apparition des premiers signes pubertaires (cf. phase de latence) pouvant conduire à un retard statural (nanisme) et pubertaire (Agras & Robinson, 2008) et se différenciant de l'anorexie mentale pubère par l'importance accordée aux sensations corporelles de « remplissage » (Doyen *et al.*, 2011);

b) les **épisodes ou mouvements anorexiques** dont l'évolution devient rapidement favorable en quelques mois, avec ou sans suivi médical. Au regard du DSM, ces types d'anorexie mentale pourraient faire partie des troubles du comportement alimentaire non spécifiés présentés ultérieurement;

c) **l'anorexie mentale du garçon** (très similaire au profil clinique des filles) avec une crainte des formes féminines, la recherche d'une musculature virile, mais d'un corps « sec » accompagné d'une disparition de tout désir sexuel et d'une absence d'érection;

d) les **anorexies tardives** (faisant souvent suite à un épisode anorexique passé inaperçu dans l'adolescence) se déclenchant généralement à partir de 40 ans ou après un événement significatif (mariage, naissance, perte d'un proche, etc.) avec des éléments dépressifs plus exacerbés que lors d'anorexie à l'adolescence.

L'anorexie mentale peut également traverser différentes structures psychopathologiques (névrose, psychose, perversion) :

a) certaines anorexies (propres à l'adolescence) peuvent être réactionnelles, secondaires à une agression sexuelle ou à un inceste;

b) d'autres, situées sur un terrain névrotique (hystérique, obsessionnelle) peuvent résulter d'une décompensation sur un mode psychotique (Alvin, 2001).

En conclusion, si l'anorexie mentale peut prendre différentes formes et se décliner en divers troubles (p. ex., spécifique à l'enfance, tardive), ces problématiques partagent la présence de difficultés tant au plan psychologique qu'alimentaire.

Sous-partie 2b
Boulimie

La boulimie est répertoriée dans la deuxième catégorie spécifique des TCA. S'apparentant à un cercle vicieux de perte et de prise de contrôle, ce TCA peut se résumer par des crises de suralimentation caractérisées par l'impulsion et la récurrence associées à des comportements compensatoires inappropriés (vomissements provoqués, prise de laxatifs ou de diurétiques ou d'exercices physiques intensifs) pour éviter la prise de poids. Jusqu'à l'apparition du DSM-V, la boulimie pouvait se décliner en deux sous-types selon le mode de comportements compensatoires inappropriés : la **boulimie avec vomissements provoqués ou prise de purgatifs** (emploi de laxatifs, de diurétiques et/ou lavements) et **la boulimie sans vomissements provoqués ni prise de purgatifs réguliers,** mais caractérisée par d'autres comportements compensatoires inappropriés (jeûne, l'exercice physique excessif, etc.). Depuis 2013, cette typologie difficilement discriminable a été abandonnée supposément suite à l'apparition d'autres comportements identifiés comme compensatoires inappropriés.

Selon le DSM-IV-R et le DSM-V, cinq critères diagnostiques permettant de vérifier si un individu présente une boulimie :

1. Présence de crises de suralimentation associées à une perte de contrôle (compulsion). Les crises de suralimentation sont caractérisées par la grande quantité de nourriture ingérée en une période de temps limitée (équivalant à 3 apports alimentaires en 2 heures) et le sentiment d'une perte de contrôle menant à la crise boulimique ou pendant la crise boulimique;

2. Les crises de suralimentation sont suivies par une volonté de compenser les calories ingérées qui se traduit par des comportements compensatoires inappropriés qui sont utilisés souvent et qui informent du niveau de gravité du trouble (vomissements provoqués, emploi abusif de laxatifs, diurétiques, lavements ou autres médicaments, jeûne, exercice physique excessif);

3. Les cycles « compulsion-compensation » correspondent à une fréquence précise, soit 2 fois par semaine pendant 3 mois, actuellement réduite à 1 fois par semaine dans le DSM-V;

4. La personne présente une perception déformée du poids ou de la forme corporelle par rapport à la réalité, influençant directement toutes les composantes de son estime de soi; tout comme l'anorexie mentale;

5. La présence d'anorexie mentale doit constituer un critère d'exclusion.

Les deux types de rémission s'appliquent de la même façon à la boulimie qu'à l'anorexie mentale. La fréquence du comportement compensatoire inapproprié constitue le critère de sévérité au même titre que l'est l'IMC pour l'anorexie mentale, toujours selon 4 niveaux :

1. **Léger** avec une moyenne de 1 à 3 épisodes de comportements compensatoires inappropriés par semaine;

2. **Moyen** avec une moyenne de 4 à 7 épisodes de comportements compensatoires inappropriés par semaine;

3. **Grave** avec une moyenne de 8 à 13 épisodes de comportements compensatoires inappropriés par semaine;

4. **Extrême** avec une moyenne de 14 épisodes ou plus de comportements compensatoires inappropriés par semaine.

Figure 2.2	Critères diagnostiques de la boulimie

DSM-IV-TR		DSM-V	
5 critères		**5 critères**	
A	Survenue récurrente d'accès hyperphagiques.	A	Survenue récurrente d'accès hyperphagiques.
B	Comportements compensatoires inappropriés et récurrents visant à prévenir la prise de poids, tels que : vomissements provoqués, emploi abusif de laxatifs, diurétiques, lavements ou autres médicaments; jeûne; exercice physique excessif.	B	Comportements compensatoires inappropriés et récurrents visant à prévenir la prise de poids, tels que : vomissements provoqués, emploi abusif de laxatifs, diurétiques, lavements ou autres médicaments; jeûne; exercice physique excessif.
C	Les accès hyperphagiques et les comportements compensatoires inappropriés surviennent tous deux, en moyenne, au moins 2 fois par semaine pendant 3 mois.	C	Les accès hyperphagiques et les comportements compensatoires inappropriés surviennent tous deux, en moyenne, au moins 1 fois par semaine pendant 3 mois.
D	L'estime de soi est influencée de manière excessive par le poids et la forme corporelle.	D	L'estime de soi est influencée de manière excessive par le poids et la forme corporelle.
E	Le trouble ne survient pas exclusivement pendant des épisodes d'anorexie mentale.	E	Le trouble ne survient pas exclusivement pendant des épisodes d'anorexie mentale.

2 sous-types		Degrés de sévérité	
Boulimie avec vomissements ou prise de purgatifs.		Léger	Une moyenne de 1 à 3 épisodes de comportements compensatoires inappropriés par semaine.
Boulimie sans vomissements ni prise de purgatifs (mais avec jeûne et exercices physiques excessifs).		Modéré	Une moyenne de 4 à 7 épisodes de comportements compensatoires inappropriés par semaine.
En rémission partielle		Sévère	Une moyenne de 8 à 13 épisodes de comportements compensatoires inappropriés par semaine.
En rémission complète		Extrême	Une moyenne de 14 épisodes ou plus de comportements compensatoires inappropriés par semaine.

Source : DSM-V: American Psychiatric Association (2013). DSM-5: Manuel diagnostique et statistique des troubles mentaux (5e éd.). Paris, FR : Masson. (pages 454 à 457)

En résumé, la boulimie est un trouble où les compulsions alimentaires et les comportements compensatoires inappropriés s'enchaînent. Si les cycles « compulsion-compensation » peuvent être plus ou moins fréquents, la détresse en lien avec ces crises alimentaires est habituellement bien présente.

Sous-partie 2c
Hyperphagie boulimique et troubles du comportement alimentaire spécifiés et non spécifiés

L'hyperphagie boulimique a longtemps été conceptualisée comme un autre exemple de troubles du comportement alimentaire non spécifiés, caractérisée par des épisodes récurrents d'accès hyperphagiques, en l'absence d'un recours régulier aux comportements compensatoires inappropriés caractéristiques de la boulimie. Dans le DSM-V, ce trouble est considéré comme un syndrome à part entière et fait l'objet de critères diagnostiques précis.

L'hyperphagie boulimique a été décrite pour la première fois chez le sujet obèse par Stunkard en 1959. Elle se caractérise par une consommation très rapide, sans faim, de quantités importantes de nourriture, au-delà de la satiété. Le sujet est le plus souvent conscient du caractère pathologique de ce comportement. La perte de contrôle est précédée par un sentiment de vide. Elle est suivie d'un sentiment de honte et de culpabilité. À la différence de la boulimie, l'hyperphagie boulimique ne présente pas de comportements compensatoires réguliers tels que les vomissements provoqués ou la prise de traitements médicamenteux laxatifs, diurétiques ou hormones thyroïdiennes.

Selon le DSM-V, ce TCA compte 5 critères diagnostiques au même titre que la boulimie :

1. La personne présente des accès hyperphagiques traduisant une perte de contrôle. Les accès boulimiques sont caractérisés par un critère quantifiable : la quantité importante de nourriture dans un laps de temps très court (équivalant à 3 apports alimentaires en 2 heures); et un critère qualifiable : le sentiment d'une perte de contrôle menant à la crise boulimique ou pendant la crise boulimique;

2. Les accès hyperphagiques sont associés à au moins trois des manifestations suivantes :

   a) la vitesse d'ingestion d'aliments rapide,

   b) la présence de sensation de distension abdominale,

   c) l'absence de sensation physique de faim,

   d) le contexte social d'ingestion d'aliments dépourvu de personnes,

   e) la présence de dégoût et de culpabilité;

3. La personne ressent une détresse intense liée au comportement alimentaire;

4. L'accès hyperphagique correspond *à une fréquence précise*, soit 2 fois par semaine pendant 6 mois;

5. La personne ne présente pas de comportements compensatoires inappropriés jugés efficaces pour éviter la prise de poids comme dans le cas de la boulimie.

Les deux types de rémission s'appliquent de la même façon à l'hyperphagie boulimique qu'à l'anorexie mentale. L'inclusion tardive de l'hyperphagie boulimique comme TCA dans le DSM-V illustre le débat entre catégorie et dimension (cf. partie 1). Certains partisans de l'approche catégorielle conceptualisent les TCA à partir d'indicateurs comportementaux. Par exemple, dans ce cas, les accès hyperphagiques peuvent être représentés le long d'un continuum de l'anorexie mentale à l'hyperphagie boulimique en passant par la boulimie (Tylka et Subich, 1999).

Ainsi, dans une perspective d'inclusion de la dimensionnalité, le DSM-V ajoute également 4 niveaux de sévérité dépendant de la fréquence des accès hyperphagiques :

1. **Léger** avec 1 à 3 accès hyperphagiques par semaine;

2. **Moyen** avec 4 à 7 accès hyperphagiques par semaine;

3. **Grave** avec 8 à 13 accès hyperphagiques par semaine;

4. **Extrême** avec 14 accès hyperphagiques ou plus par semaine.

Figure 2.3 **Critères diagnostiques de l'hyperphagie boulimique**

DSM-IV-TR

5 critères

A	Survenue récurrente d'accès hyperphagiques. L'accès hyperphagique répond aux 2 caractéristiques suivantes : 1. absorption, en une période de temps limitée (p. ex., moins de 2 heures), d'une quantité de nourriture largement supérieure à ce que la plupart des personnes absorberaient en une période de temps similaire et dans les mêmes circonstances; 2. sentiment d'une perte de contrôle sur le comportement alimentaire pendant l'accès hyperphagique (p. ex., sentiment de ne pas pouvoir s'arrêter de manger ou de ne pas pouvoir contrôler ce que l'on mange ou la quantité que l'on mange).
B	Les accès hyperphagiques sont associées à trois des caractéristiques suivantes (ou plus) : 1. manger beaucoup plus rapidement que la normale; 2. manger jusqu'à éprouver une sensation pénible de distension abdominale; 3. manger de grandes quantités de nourriture en l'absence d'une sensation physique de faim; 4. manger seule parce que l'on est gênée de la quantité de nourriture que l'on absorbe; 5. se sentir dégoûtée de soi-même, déprimée ou très coupable après avoir trop mangé.
C	Le comportement boulimique est source d'une souffrance marquée.
D	Le comportement boulimique survient, en moyenne, au moins 2 jours par semaine pendant 6 mois.
E	Le comportement boulimique n'est pas associé au recours régulier à des comportements compensatoires inappropriés (p. ex., vomissements ou prise de purgatifs, jeûne, exercice physique excessif) et ne survient pas au cours d'une anorexie mentale ou d'une boulimie.

En rémission partielle
En rémission complète

DSM-V

5 critères

A	Survenue récurrente d'accès hyperphagiques. L'accès hyperphagique répond aux 2 caractéristiques suivantes : 1. absorption, en une période de temps limitée (p. ex., moins de 2 heures), d'une quantité de nourriture largement supérieure à ce que la plupart des personnes absorberaient en une période de temps similaire et dans les mêmes circonstances; 2. sentiment d'une perte de contrôle sur le comportement alimentaire pendant l'accès hyperphagique (p. ex., sentiment de ne pas pouvoir s'arrêter de manger ou de ne pas pouvoir contrôler ce que l'on mange ou la quantité que l'on mange).
B	Les accès hyperphagiques sont associées à trois des caractéristiques suivantes (ou plus) : 1. manger beaucoup plus rapidement que la normale; 2. manger jusqu'à éprouver une sensation pénible de distension abdominale; 3. manger de grandes quantités de nourriture en l'absence d'une sensation physique de faim; 4. manger seule parce que l'on est gênée de la quantité de nourriture que l'on absorbe; 5. se sentir dégoûtée de soi-même, déprimée ou très coupable après avoir trop mangé.
C	Le comportement boulimique est source d'une souffrance marquée.
D	Le comportement boulimique survient, en moyenne, au moins 1 jours par semaine pendant 6 mois.
E	Le comportement boulimique n'est pas associé au recours régulier à des comportements compensatoires inappropriés (p. ex., vomissements ou prise de purgatifs, jeûne, exercice physique excessif) et ne survient pas au cours d'une anorexie mentale ou d'une boulimie.

Degrés de sévérité

Léger	1 à 3 accès hyperphagiques par semaine
Modéré	4 à 7 accès hyperphagiques par semaine
Sévère	8 à 13 accès hyperphagiques par semaine
Extrême	14 accès hyperphagiques ou plus par semaine

D'autres psychopathologies sont définies, par certains auteurs, comme des TCA, sans toutefois faire partie du DSM-IV-R ou V ni du CIM-10. Par exemple, l'orthorexie [du latin *orthos* (correct, droit) et *orexis* (faim, appétit)] se caractérise par une obsession pour les aliments sains et purs pouvant conduire à des restrictions alimentaires importantes par évitement associées à une perte de poids secondaire, des pensées obsédantes pour la santé, une insatisfaction affective et un isolement social (Bratman, 1997; Dunn et Bratman, 2016; Varga *et al.*, 2013). L'orthorexie (orthorexianervosa) à l'inverse de l'anorexie mentale ne s'inscrit pas dans une quête de minceur (Brytek-Matera, 2012; 2015). Les individus présentant une orthorexie priment la qualité à la quantité de l'aliment ingéré (Domini *et al.*, 2004).

Le DSM-V (APA, 2013) mentionne des TCA liés à l'ingestion d'aliments comme le pica, le mérycisme et plus récemment le trouble de restriction ou l'évitement de l'ingestion alimentaire (APA, 2013). Le pica se caractérise par l'ingestion répétée et sans dégoût de substances non nutritives (Sirolli, 2006). Le mérycisme se caractérise par une régurgitation qui ramène la nourriture à la bouche de l'enfant (Sirolli, 2006).

Enfin, le trouble de restriction ou l'évitement de l'ingestion d'aliments revient à éliminer certains aliments de par leurs caractéristiques (par exemple, la texture) ou suite à une expérience négative (par exemple, une intoxication alimentaire). Notons que le point commun entre l'orthorexie et le trouble de restriction ou l'évitement de l'ingestion d'aliments est l'absence de préoccupations à l'égard du poids ou de la forme corporelle (APA, 2013).

Méconnus du grand public dans les années 80, les TCA des sportifs sont de plus en plus médiatisés comme l'anorexie sportive (aussi nommée anorexie athlétique) et l'anorexie inversée (aussi nommée bigorexie). Une partie (cf. partie 6) est notamment entièrement consacrée à ces TCA qui s'inscrivent dans le contexte particulier de la pratique sportive (Gonzales-Marti *et al.*, 2012; Mosley, 2009; Pope *et al.*, 1997).

Pour terminer, d'autres exemples peuvent être nommés, comme la sitiomanie (besoin impérieux, impulsif, d'absorber de très grandes quantités de nourriture), la carpophobie (phobie des fruits), etc., mais ces derniers n'ont pas fait l'objet d'études cliniques et scientifiques précises.

3 | Évolution de la classification des troubles du comportement alimentaire

Johana Monthuy-Blanc

« Rien n'est permanent, sauf le changement. »
Héraclite d'Éphèse

Sous-partie 3a
Anorexie mentale

Anorexie mentale et DSM-III

Feighner, Robins, Fuze, Woodruff, Winokur et Munoz (1972) proposent des critères diagnostiques de l'anorexie mentale dont deux d'entre eux (c.-à-d. « critères C2 : volonté de perdre du poids qui conduit à un refus de manger et C3 : une image du corps d'une extrême minceur fortement désirée ») seront repris en 1980, par le principal système de classification catégorielle des troubles psychiatriques : le DSM-III (Askevold, 1983; Pike, 1998), édité par l'American Psychiatric Association, présidée par Garfinkel, Halmi, Mitchell, Walsh et Wilson (Wilson et Walsh, 1991). La définition de l'**anorexie mentale** regroupe cinq critères tels que :

1. crainte excessive de prendre du poids qui n'est pas freinée par la perte de poids;
2. perception physique altérée;
3. poids réduit de 25 % du poids initial;
4. ne pas vouloir conserver un poids normal pour l'âge et la taille;
5. la perte de poids n'est pas mieux expliquée par un autre trouble.

Critiques

Ces critères ont fait l'objet de trois principales critiques en lien avec le débat conceptuel au sujet des TCA (Beaumont, Garner et Touyz, 1994; Chabrol, 1998; Garner, Olmsted et Garfinkel, 1983). L'une de ces critiques concerne l'anorexie mentale. En effet, le critère d'exclusion constitué par l'anorexie mentale prive de possibilités de reconnaissance les patients affectés par l'anorexie mentale et la boulimie au cours de leur vie (cf. Pour aller plus loin).

Au regard de ces critiques, l'APA (1987) au travers de la forme révisée du DSM-III (DSM-III-R) réétudie la séparation anorexie mentale-boulimie, qui exclut la différenciation entre syndrome et symptôme des TCA. Concernant l'anorexie mentale, la réduction à quatre critères diagnostiques tient compte des limites du DSM-III (1980). En effet, dans le DSM-II-R (1987), la perte de poids passe des 25 % aux 15 % actuels, le critère C et le critère D d'anorexie mentale sont associés et enfin, le critère E est substitué par la présence d'aménorrhée (APA, 1987).

Entre 1987 et 1994, l'équipe de travail qui préside à l'APA constate l'émergence, sur le plan clinique :

a) de deux types de patientes anorexiques (Wilson et Walsh, 1991) répondant à des caractéristiques psychologiques et comportementales différentes (Decosta et Halmi, 1990; Lowe et Eldredge, 1993);

b) de patientes anorexiques ne présentant pas la classique distorsion d'image du corps.

Ces constatations cliniques confirmées par de nombreux auteurs (Bunnell, Shenker, Nussbaum, Jacobson et Cooper 1990; Garner, Garner et Rosen, 1993; Wilfley, Agras, Telch, Rossiter, Schneider, Cole, Sifford et Raeburn, 1993; Wilson, 1991) sont identifiées comme des limites du DSM-III-R (1987), tant au niveau des catégories des TCA qu'au niveau de l'explicitation de certains critères diagnostiques.

Anorexie mentale et DSM-IV

Dans la quatrième version du DSM-IV (1994), qui individualise les TCA au chapitre des « *désordres alimentaires* », l'anorexie mentale est divisée en deux sous-types : anorexie restrictive et anorexie boulimique avec purge. Sur le plan psychopathologique, le critère C d'anorexie mentale du DSM-IV inclut le concept d'estime de soi à la place de l'image du corps présentée dans le DSM-III-R.

Il est intéressant de noter que, lors de la révision du DSM-IV, aucun des critères diagnostiques de l'anorexie mentale n'a été modifié.

Anorexie mentale et DSM-V

L'attente fut longue (plus de 10 ans) avant la parution du DSM-V. Ce dernier apporte des modifications dans la définition des troubles du comportement alimentaire pour souligner qu'ils peuvent se développer à l'âge adulte. De plus, le DSM-V intègre l'approche dimensionnelle en spécifiant les degrés de sévérité de chaque trouble.

Concernant l'anorexie mentale, le critère A ne quantifie plus la perte de poids et le critère D relatif à la présence d'aménorrhée disparaît. Le DSM-V permet de pallier deux limites principales pour l'anorexie mentale :

1. la perte de poids drastique chez des individus en surpoids sans pour autant descendre en dessous de 17,5 kg/m² et les individus se maintenant légèrement au-dessus de 17,5 kg/m²;

2. l'exclusion des filles n'ayant pas présenté de menstruations primaires ou prenant un moyen de contraception.

Pour conclure, au regard des modifications sur le plan du diagnostic de l'anorexie mentale au cours des différentes versions du DSM, il importe de garder en tête que les critères diagnostiques actuels risquent de changer à nouveau dans la prochaine version de ce manuel. Ainsi, plusieurs auteurs s'affairent à une réflexion constante sur la pertinence d'ajouter, modifier ou retirer certains critères.

Sous-partie 3b
Boulimie

Boulimie et DSM-III

À la fin du vingtième siècle, l'American Psychiatric Association (APA), présidée par Garfinkel, Halmi, Mitchell, Walsh et Wilson (Wilson et Walsh, 1991) édite le DSM-III (1980). Ce système de classification décrit la boulimie comme une catégorie des TCA en excluant toute possibilité de présenter un antécédent d'anorexie mentale (Chabrol, 1998; Holmgren *et al.*, 1983; Stein et Laakso, 1988). Le diagnostic de la boulimie nécessite la réunion de cinq critères comme :

1. Les épisodes répétés des crises alimentaires (c.-à-d. une grande quantité de nourriture ingérée en une période de temps limitée, équivalant à 3 apports alimentaires en 2 heures);

2. Au moins trois des signes suivants :

    a) Consommation de nourriture hautement calorique, d'ingestion facile, durant une crise,

    b) Ingestion en cachette durant une crise,

    c) La sensation d'être rempli jusqu'à avoir mal au niveau de l'estomac ou sensation de fatigue contrée par un comportement compensatoire inapproprié,

    d) Utilisation de comportements compensatoires inappropriés,

    e) Le poids fluctue souvent d'environ 4,5 kg en fonction de la fréquence des crises alimentaires;

3. Être conscient que la conduite n'est pas normale et avoir peur de ne pas pouvoir s'arrêter;

4. Présence d'un sentiment de détresse;

5. Cette conduite n'est pas mieux expliquée par un autre trouble du comportement alimentaire (APA, 1980).

Ces critères ont fait l'objet de trois principales critiques en lien avec le débat conceptuel au sujet des TCA (Beaumont, Garner et Touyz, 1994; Chabrol, 1998; Garner, Olmsted et Garfinkel, 1983). L'une de ces critiques concernait l'anorexie mentale (cf. partie 3a). Concernant la boulimie, cette même critique s'applique. En effet, le critère d'exclusion constitué par l'anorexie mentale prive de possibilités de reconnaissance les patients affectés par l'anorexie mentale et la boulimie au cours de leur vie. La deuxième critique concerne l'absence de critères quantitatifs risquant de conduire la boulimie à une grande hétérogénéité de diagnostics qui finit par se diluer dans les comportements normaux.

Au regard de ces critiques, l'APA (1987) au travers de la forme révisée du DSM-III (DSM-III-R) réétudie à la fois :

a) la séparation anorexie mentale-boulimie, qui exclut la différenciation entre syndrome et symptôme des TCA;

b) l'absence de critères quantitatifs.

Concernant la boulimie, des critères plus stricts permettent de préciser l'élément quantitatif (c.-à-d. deux accès boulimiques par semaine durant au moins trois mois) et psychopathologique (c.-à-d. préoccupation morbide pour le poids et la forme du corps). Les critères d'anorexie mentale et de boulimie autorisent ainsi un diagnostic simultané d'anorexie mentale (APA, 1987).

Entre 1987 et 1994, l'équipe de travail qui préside à l'APA constate l'émergence, sur le plan clinique, de deux types de patientes boulimiques (Wilson et Walsh, 1991) répondant à des caractéristiques psychologiques et comportementales différentes (Decosta et Halmi, 1990; Lowe et Eldredge, 1993). Ces constatations cliniques confirmées par de nombreux auteurs (Bunnell, Shenker, Nussbaum, Jacobson et Cooper 1990; Garner, Garner et Rosen, 1993; Wilfley, Agras, Telch, Rossiter, Schneider, Cole, Sifford et Raeburn, 1993; Wilson, 1991) sont identifiées comme des limites du DSM-III-R (1987), tant au niveau des catégories des TCA qu'au niveau de l'explicitation de certains critères diagnostiques.

Boulimie et DSM-IV

Dans la quatrième version du DSM-IV (1994), qui individualise les TCA au chapitre des « *désordres alimentaires* », la boulimie est divisée en deux sous-types : boulimie avec comportements compensatoires et boulimie avec jeûne et exercices excessifs (APA, 1994). Sur le plan psychopathologique, le critère D de boulimie du DSM-IV précise également l'influence des formes corporelles et du poids sur le concept d'estime de soi (Chabrol, 1998; Walsh, 1991; Wilson et Walsh, 1991).

Il est intéressant de noter que, lors de la révision du DSM-IV, aucun des critères diagnostiques de la boulimie n'a été modifié.

Boulimie et DSM-V

L'attente fut longue (plus de 10 ans) avant la parution du DSM-V. Ce dernier apporte des modifications dans la définition des troubles du comportement alimentaire pour souligner qu'ils peuvent se développer à l'âge adulte. De plus, le DSM-V intègre l'approche dimensionnelle en spécifiant les degrés de sévérité de chaque trouble.

Concernant la boulimie, le critère C a été modifié dans la fréquence de la survenue des accès hyperphagiques et des comportements compensatoires inappropriés, passant de 2 fois par semaine à 1 fois par semaine pendant 3 mois.

La boulimie, auparavant considérée comme une forme d'anorexie mentale, a vu ses critères s'affiner au cours du temps. Aujourd'hui, la boulimie peut être catégorisée selon un degré de sévérité, permettant ainsi de mesurer de façon plus nuancée l'état de l'individu et ainsi orienter le type de prise en charge requis.

Sous-partie 3c
Hyperphagie boulimique et troubles du comportement alimentaire spécifiés et non spécifiés

Dans la version du DSM-III, les critères diagnostiques de l'anorexie mentale et de la boulimie ont fait l'objet de trois principales critiques en lien avec le débat conceptuel au sujet des TCA (cf. partie 3ab : critiques 1 et 2) (Beaumont, Garner et Touyz, 1994; Chabrol, 1998; Garner, Olmsted et Garfinkel, 1983). Concernant la troisième critique, l'étude de Button et Whitehouse (1981) souligne la présence de symptômes anorexiques et boulimiques parmi des populations non cliniques, telles que les étudiantes universitaires et les élèves des grandes écoles de danse et montre tout l'intérêt de prendre en compte la forme symptomatique des TCA, qu'il intitule la forme « *subclinique* ».

TCA non spécifiés

Au regard de cette dernière critique, l'APA (1987), au travers de la forme révisée du DSM-III (DSM-III-R) fait naître une nouvelle catégorie intitulée « *Troubles de l'alimentation non spécifiés* » permettant de voir apparaître la forme subclinique d'anorexie et de boulimie (Chabrol, 1998). Comme dans tous les troubles mentaux, il s'agit d'une catégorie « non spécifiée » du trouble, dite résiduelle, permettant de regrouper des profils d'individus fréquemment rencontrés. Par conséquent, cette catégorie ne répond pas à des critères diagnostiques au sens strict du terme, mais à des « exemples » regroupant certaines caractéristiques cliniques. Le DSM-V présente cinq exemples pour qualifier les TCANS comme la « noctophagie ». Certains auteurs, déterminés à limiter l'exhaustivité des exemples dans une perspective scientifique, ont identifié des critères dits de recherche. Ainsi, Treasure *et al.*, (2005) parlent du critère positif correspondant à la présence d'un TCA clinique sévère et un critère négatif correspondant à l'absence d'anorexie mentale ou de boulimie. Au regard de l'évolution du DSM, il est intéressant de noter que certains exemples des TCANS, communément rencontrés, peuvent être extraits de cette catégorie résiduelle et faire l'objet d'un TCA spécifié à part entière. C'est le cas de l'hyperphagie boulimique qui s'apparente à un exemple dans le DSM-IV, mais qui est considéré comme un TCA au même titre que l'anorexie et la boulimie dans le DSM-V.

Troubles de l'alimentation et troubles des conduites alimentaires de la première ou de la deuxième enfance et DSM-IV

Le DSM-IV propose pour la 1re fois une catégorie sommaire, mais spécifique, « *troubles de l'alimentation et troubles des conduites alimentaires de la première ou de la deuxième enfance* » permettant de différencier les TA/TCA en fonction de la classe d'âge (cf. partie 2).

Hyperphagie boulimique et DSM-V

Après une longue attente de plus de 10 ans avant la parution du DSM-V – qualifiant les troubles du comportement alimentaire de troubles des conduites alimentaires – un nouveau TCA, celui d'hyperphagie boulimique, anciennement classé dans les troubles du comportement alimentaire non spécifiés, est ajouté au même titre que l'anorexie mentale ou la boulimie. Le critère D a été modifié dans la fréquence et la durée de la survenue du comportement boulimique, passant de 2 fois par semaine pendant 6 mois à 1 fois par semaine pendant 3 mois.

Autres TCA et DSM-V

Le DSM-V distingue les troubles de l'alimentation et troubles des conduites alimentaires de la première ou de la deuxième enfance des troubles « classiques » de l'adolescence et de l'âge adulte. Ces troubles de la première et de la deuxième enfance regroupent : le pica, le mérycisme, le trouble de l'alimentation de la première ou de la deuxième enfance et les coliques idiopathiques (crises paroxystiques). La distinction précitée est vite apparue comme une limite à laquelle le DSM-V a répondu en présentant le pica et le mérycisme à la fois chez les enfants et les adultes (le plus souvent en comorbidité par exemple avec la déficience intellectuelle).

En effet, le Pica (présenté dans les connaissances initiales de la sous-partie 2a) se caractérise par l'ingestion répétée et sans dégoût de substances non nutritives (Sirolli, 2006). Le DSM-V identifie quatre critères :

1. Absorption de matières n'étant pas destinées à être ingurgitées, durant au moins 1 mois;

2. Absorption de matières n'étant pas destinées à être ingurgitées, n'a pas de lien avec l'âge;

3. Cette conduite n'a pas de lien avec une pratique reliée à une culture;

4. Si cette conduite a lieu seulement lors d'un autre trouble mental (p. ex., retard mental, trouble envahissant du développement, schizophrénie), elle est assez importante pour qu'un examen clinique soit effectué.

Le Mérycisme (présenté dans les connaissances initiales de la sous-partie 2a) se caractérise par une régurgitation qui ramène la nourriture à la bouche de l'enfant (Sirolli, 2006). Le DSM-V énonce quatre critères :

1. La nourriture est (partiellement) avalée puis ramenée à la bouche, durant une période d'au moins un mois;

2. Ce comportement n'est pas causé par un trouble physique;

3. Cette conduite n'apparaît pas seulement lors d'un autre trouble du comportement alimentaire;

4. Si cette conduite a lieu seulement lors d'un autre trouble mental (p. ex., Retard mental, Trouble envahissant du développement, Schizophrénie), elle est assez importante pour qu'un examen clinique soit effectué.

Le DSM-V (APA, 2013) inclut également le trouble de restriction ou l'évitement de l'ingestion d'aliments. Comme présenté brièvement dans la partie 2c, ce trouble, par son évitement de certains aliments, est associé à une carence alimentaire conduisant le plus souvent à une perte de poids significative (ou d'un ralentissement de la croissance attendue).

Par ailleurs, concernant exclusivement les enfants en bas âge, le trouble de l'alimentation de la première ou de la deuxième enfance se manifeste par une incapacité persistante du nourrisson ou de l'enfant à manger de façon appropriée entre 0-1 an. Le DSM-V énonce quatre critères émergents :

1. Problèmes à s'alimenter, en lien avec une difficulté continue du bébé ou de l'enfant à s'alimenter comme il est attendu, qui interfère avec le gain de poids ou mène à une perte de poids, durant une période d'au moins un mois;

2. Ce comportement n'est pas causé par un trouble physique;

3. Cette conduite ne peut pas être mieux comprise par une autre psychopathologie ni par des causes environnementales (p. ex., manque de nourriture);

4. Cette conduite doit avoir lieu avant l'âge de 6 ans.

Enfin, les coliques idiopathiques (crises paroxystiques) s'apparentent à des douleurs vives au niveau des viscères abdominaux, d'origines psychologiques, entre 0-4 mois.

En conclusion, les TCA non spécifiés constituent des syndromes subcliniques dont il importe de tenir compte, puisque même s'ils constituent des formes atténuées de TCA, ils peuvent déboucher sur des formes cliniques et graves.

4 | Profil clinique des troubles du comportement alimentaire

Johana Monthuy-Blanc et Maria Grazia Martinoli

*« Notre corps, l'environnement le plus près de nous,
mais si difficile à posséder, à explorer et à aimer. »*

Paul Villeneuve

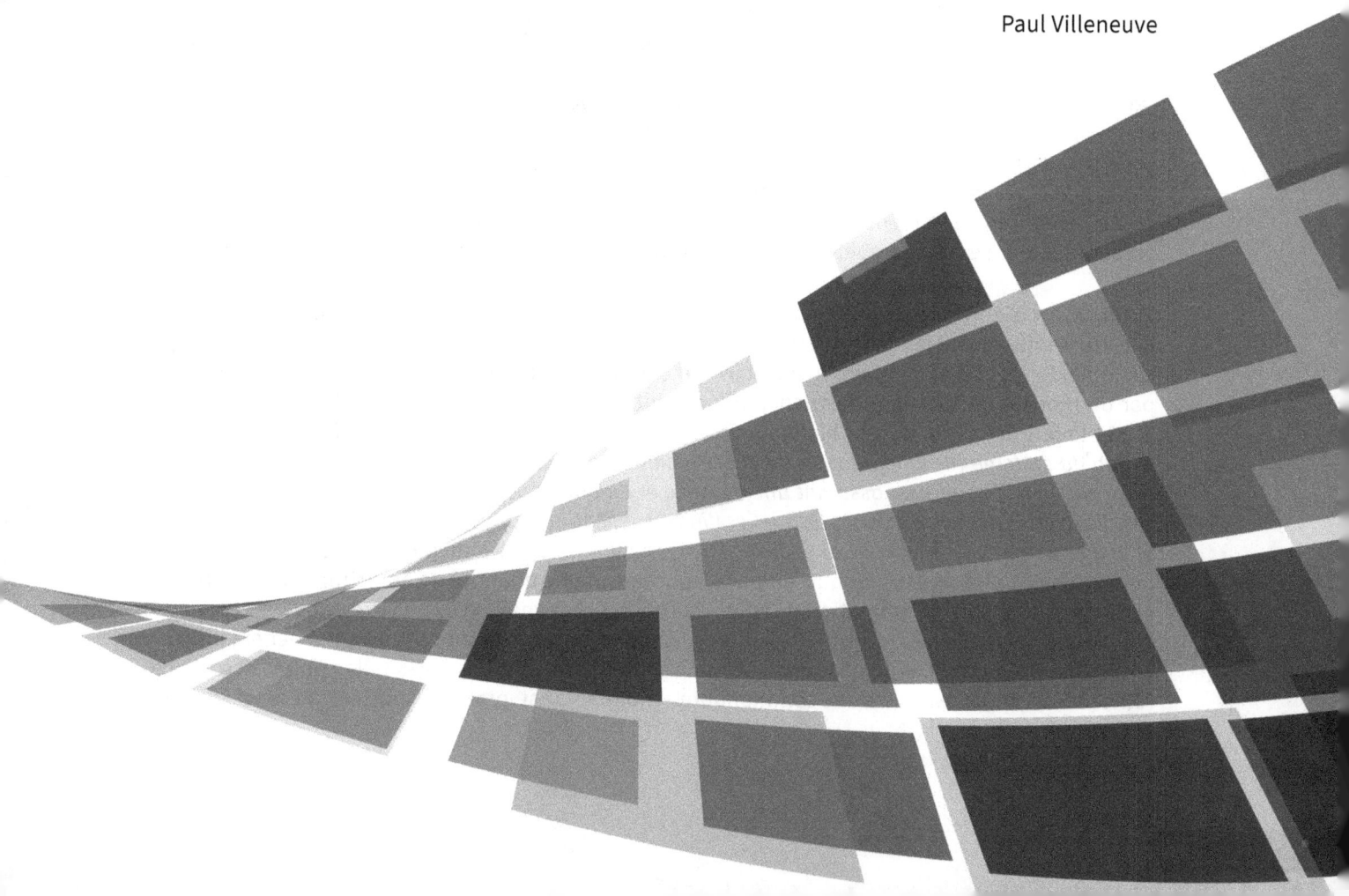

Sous-partie 4a
Manger : un comportement alimentaire simple et complexe

Faim

Concernant la **faim**, différents signaux indiquent à l'individu qu'il doit manger au moment opportun. Premièrement, il importe de saisir les mécanismes biologiques menant à la faim. Afin de fonctionner, le corps a besoin d'énergie qu'il puise dans les aliments sous forme de calories. Ce besoin correspond à la dépense énergétique totale (DET) qui détermine la quantité d'énergie nécessaire au bon fonctionnement du corps quotidiennement. Cette dépense est divisée en trois composantes, soit le métabolisme de base (60-75 %), la thermorégulation du corps (7-10 %) et l'activité physique (15-30 %). Dépendamment du poids, de la taille, de l'âge, du sexe et du niveau d'activité physique, la quantité d'énergie nécessaire se situe entre 1 625 et 2 769 calories pour les femmes et 1 848 et 3 200 calories pour les hommes (Dubost, 2006).

Concernant le premier signal, lorsque l'estomac est « vide », suite à la vidange gastrique, la muqueuse de ce dernier sécrète l'hormone appelée ghréline qui à son tour, stimule la faim en envoyant des signaux au centre cérébral de la faim nommé noyau arqué de l'hypothalamus. Ces signaux sont transmis à l'aide d'un neurotransmetteur, la sérotonine. Concernant le second signal en parallèle, la baisse de la glycémie (quantité de sucre dans le sang) entraînée par la sécrétion d'insuline stimule des senseurs dans l'hypothalamus qui déclenchent la sensation de faim (Perelló & Zigman, 2012; Menzie, 2012). Si les mécanismes sont invariants d'un individu à l'autre, ce sont les seuils de déclenchement de chaque stimulus qui peuvent varier; pouvant ainsi faire apparaître la faim plus précocement ou non.

Deuxièmement, bien que le besoin vital de se nourrir puisse activer à lui seul l'appétit, le facteur psychocomportemental intervient dans le mécanisme de régulation de la faim. La perception, les envies et les sensations hédoniques face à la nourriture influencent le comportement et les choix alimentaires. Ces facteurs peuvent amener l'individu à manger, sans qu'il y ait un besoin métabolique. Par exemple, à la vue d'une friandise, des signaux précités peuvent être transmis à l'hypothalamus par la dopamine, un neurotransmetteur impliqué dans la sensation de plaisir et de récompense. Dans un autre cas, un individu pourrait choisir de se priver de manger en suivant un régime hypocalorique alors qu'il éprouve une sensation de faim imposée par les mécanismes biologiques. Dans le cas de TCA comme l'anorexie mentale, l'envie de manger est présente, mais l'absence de comportement alimentaire dictée par une quête de la minceur ne permet pas d'assouvir cette envie (Rigaud, 2003).

Enfin, un troisième facteur entre en ligne de compte, le facteur socioculturel. En effet, la société et la culture influencent la réponse à la sensation de faim en ayant une action sur l'hypothalamus. Par exemple, le régime alimentaire hypocalorique cité plus haut a de fortes chances d'avoir été dicté par un modèle de société industrielle, influençant directement le facteur psychocomportemental et par le fait même, le facteur biologique. Par ailleurs, comme le dit Lequet (2008) : « *La sophistication du système [de la régulation de la prise alimentaire], qui a été jusqu'à aujourd'hui un garant de la survie de l'espèce en assurant une balance énergétique positive, se trouve être maintenant un handicap dans des sociétés dans lesquelles l'industrialisation a apporté une abondance de nourriture et la diminution progressive de la dépense énergétique* » (p. 52). L'individu est ainsi amené à ingérer implicitement plus de calories que souhaité pour une même quantité de nourriture. Ce phénomène est appelé une surconsommation passive (Fairburn & Brownell, 2002). Outre les caractéristiques alimentaires des sociétés industrielles, une multitude d'autres situations pouvant amener l'individu à modifier volontairement son comportement alimentaire sont possibles telles que les croyances religieuses, l'appartenance à une communauté – mannequinat, pratique sportive, etc. – (cf. partie 6) et d'autres encore.

Satiété

Concernant la **satiété**, ce mécanisme survient lorsque le corps réagit convenablement au stimulus auquel il a été soumis. Différents signaux, aussi nommés rétroactions négatives, entrent en jeu pour atteindre une sensation de satiété. Concernant le premier signal, en réponse à la charge calorique, le tissu adipeux et l'estomac sécrètent une hormone, la leptine, qui à son tour, inhibe la sensation de faim par l'hypothalamus, entraînant par le fait même la sensation de satiété. Concernant le deuxième signal en réponse à la distension de l'estomac (suite à l'ingestion de nutriments), la muqueuse duodénale sécrète la cholécystokinine (CCK) qui participera à l'effet de satiété. La CCK est particulièrement sécrétée lors d'un repas riche en protéines. Concernant le troisième signal, il faut aussi considérer que l'hormone glucagon, antagoniste de l'insuline, fait augmenter la glycémie et ainsi inhibe des senseurs dans l'hypothalamus qui déclenchent la sensation de satiété. En temps normal, ces signaux permettent donc au corps de gérer l'apport calorique désiré sans excédent.

Bien sûr, il existe une variation biologique chez chaque individu dans la sensation de satiété, en plus d'une « dépendance alimentaire » augmentant le risque de gain de poids. En effet, les recherches récentes mettent en évidence que les gras, surtout saturés, agissent au niveau de l'hypothalamus pour amplifier la sensation de faim et donner une accoutumance. En fait, « plus on mange gras, plus on en veut » (Apfeldorfer, 1993; Luquet *et al.*, 2008).

Lorsque ces deux mécanismes de faim et de satiété sont perturbés, l'absence d'homéostasie énergétique participe au développement et au maintien de TCA (perturbation de la sensation de faim). Dans le cas de comportements compensatoires inappropriés comme la restriction alimentaire, la réduction drastique d'apport calorique et nutritionnel provoque plusieurs dysfonctionnements métaboliques. Plus précisément, chez les individus présentant une anorexie mentale, une résistance active, métabolique, à l'augmentation de la ghréline (signal de la faim) explique que la sensation de la faim n'augmente pas proportionnellement au taux de ghréline libéré dans le sang. Par ailleurs, la concentration de sérotonine, quant à elle, est plus élevée qu'à la normale. Ceci engendre donc une hyperactivité physique et mentale contribuant à la réduction calorique (perturbation de la sensation de satiété). Finalement, le jeûne entraîne une élévation dix fois plus importante de la concentration sanguine de β-endorphine (une endomorphine), qui s'abaisse suite au repas (Rigaud). De plus, la sécrétion de β-endorphine par le cerveau fait baisser l'anxiété et augmenter l'état d'apaisement qui contribue au jeûne. Cette boucle représente un mécanisme d'adaptation homéostatique pour pallier au manque de nourriture (Yasmine, 2004).

Enfin, chez certains individus, le jeûne augmente considérablement la sensation de faim, ce qui entraîne une sensation d'épuisement et de frustration, et crée une pensée obsédante de la nourriture. Cet état d'être cause une prise alimentaire compulsive où l'ingestion de calories est importante. Face à ce comportement compulsif, deux réactions sont observées. La première est d'utiliser un comportement compensatoire (inapproprié) pour éviter un gain de poids, et de renforcer la volonté de maigrir.

Ceci a pour effet d'augmenter les situations de jeûne et par le fait même, les prises alimentaires compulsives (boulimie). La deuxième réaction est une tolérance à l'idée d'un gain de poids. Ainsi, il n'y a pas de comportement compensatoire pour contrer la prise alimentaire. Donc, les prises alimentaires compulsives amènent un apport calorique important sans qu'il y ait de comportement compensatoire, ce qui provoque un gain de poids (Rigaud, 2003). Outre les accès hyperphagiques non compensés augmentant l'apport calorique, les individus présentant une hyperphagie boulimique avec un surpoids vont doublement subir les méfaits de cet apport calorique en présentant au fil de l'augmentation pondérale une résistance à l'action de la leptine (une leptino-résistance), perturbant ainsi le seuil de satiété.

Figure 4.1 Régulation de l'appétit

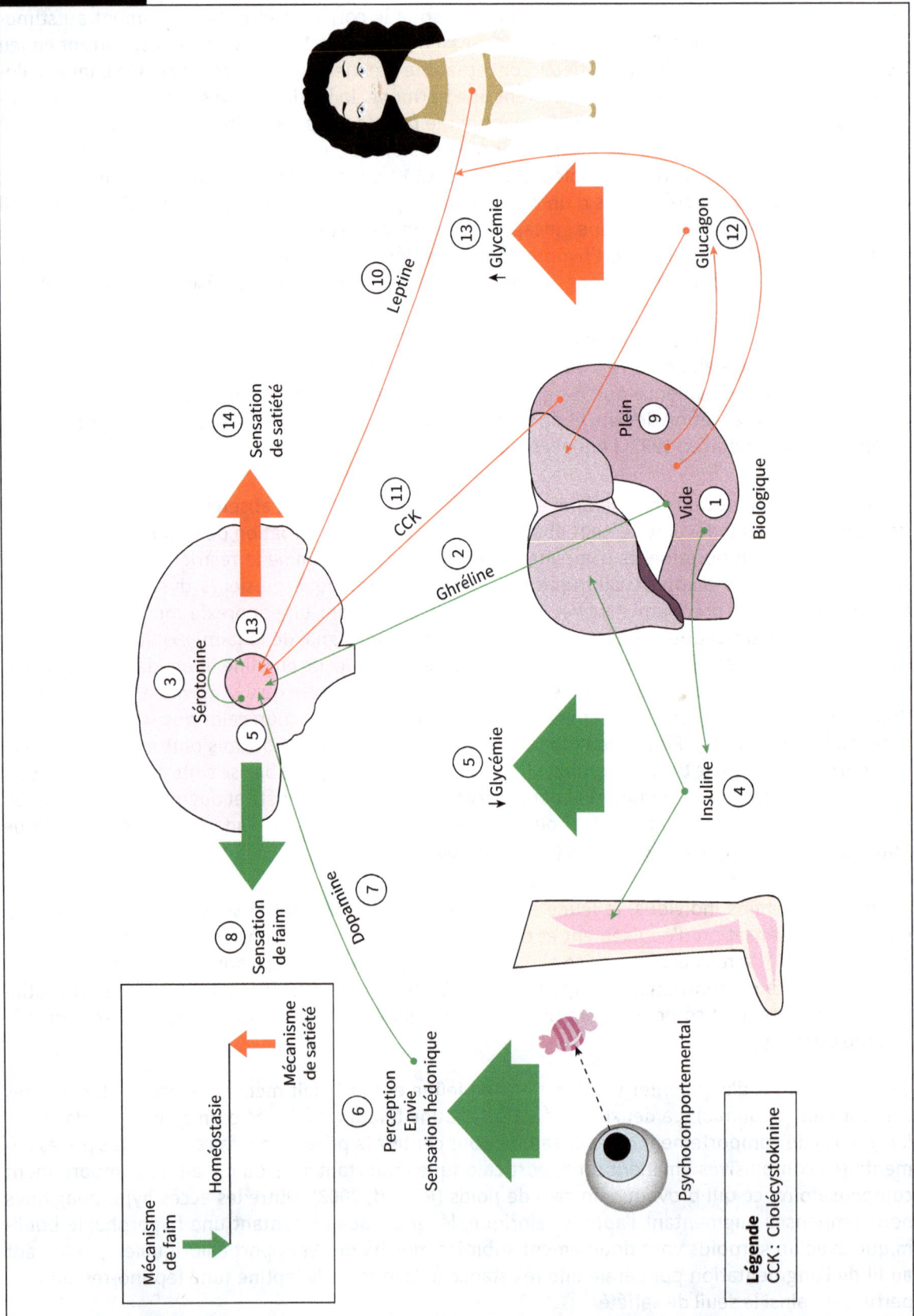

Figure 4.1 **Régulation de l'appétit (suite)**

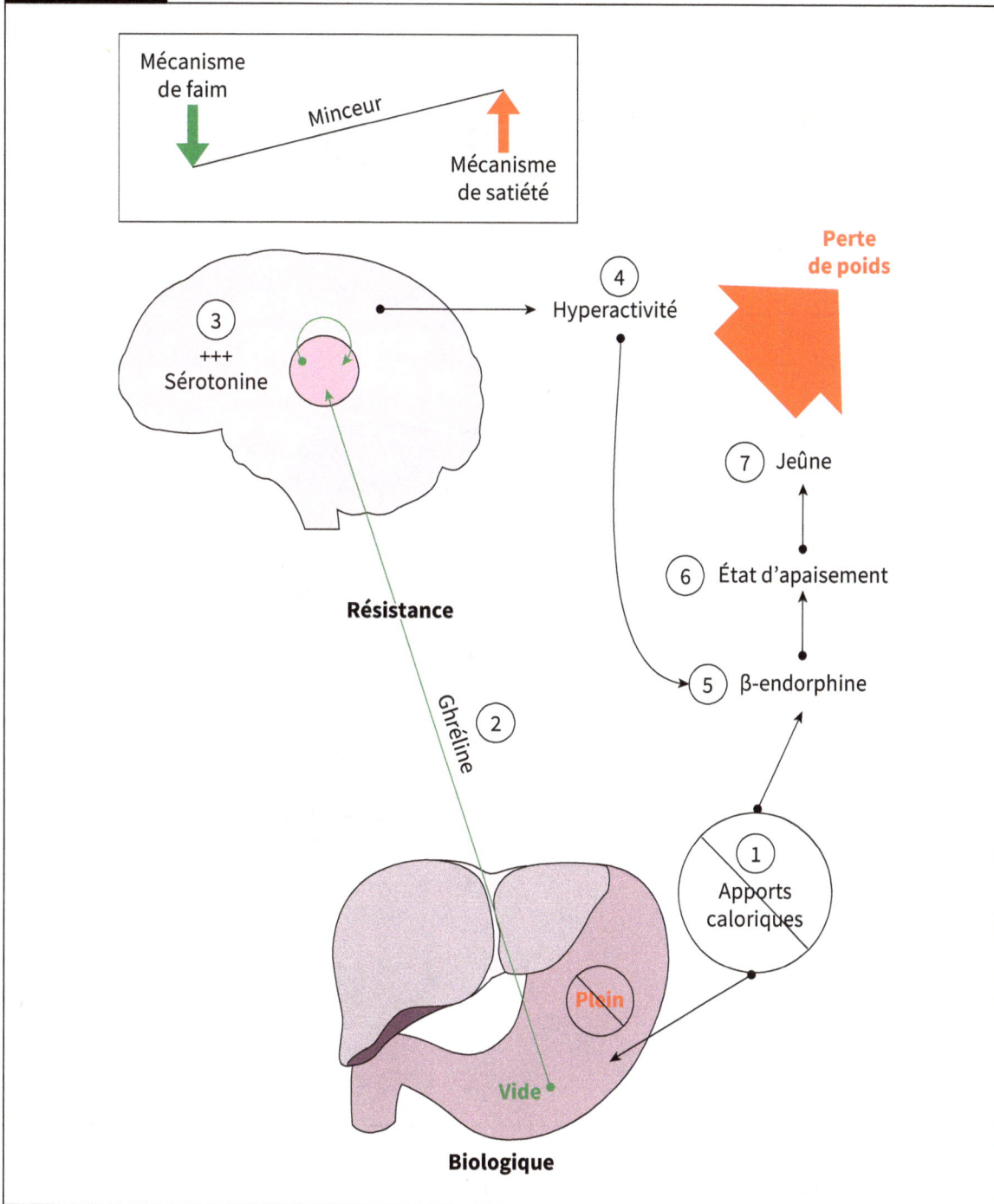

Figure 4.1 **Régulation de l'appétit (suite)**

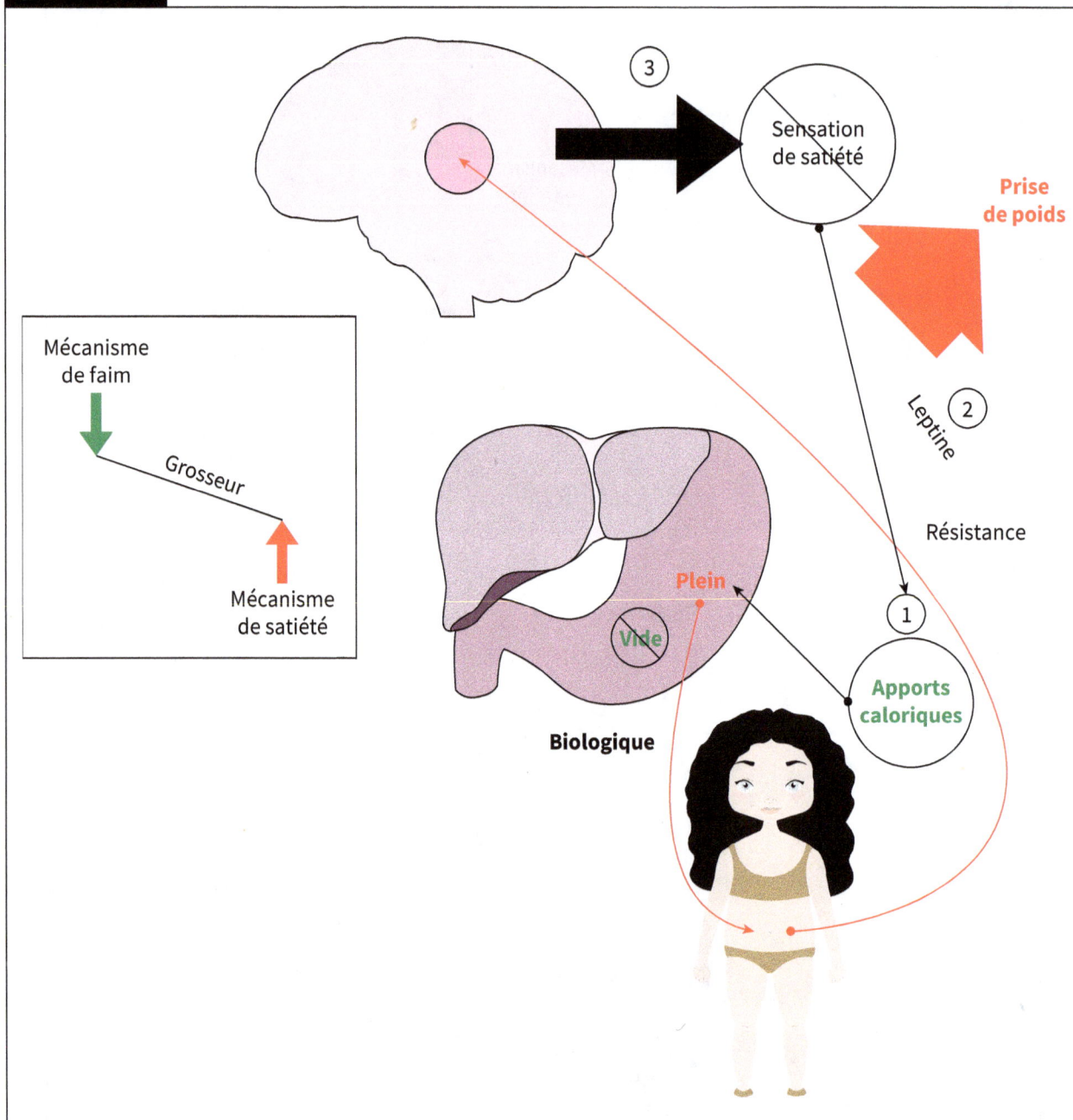

En définitive, au regard de la complexité du patron de fonctionnement biopsychosocial du « comportement alimentaire », l'importance que revêt l'action de manger guidée par la faim et la satiété, ses multiples significations sociales et culturelles, peuvent difficilement se réduire à une simple ingestion de nutriments destinés à servir de « carburant » à notre organisme et au plaisir que la plupart du temps nous y prenons (Apfeldorfer, 1993).

L'absence d'homéostasie énergétique est importante à considérer lors du traitement des TCA puisqu'elle laisse des séquelles à long terme sur la régulation de l'appétit, mais tout en reconnectant l'individu à ses sensations de faim et de satiété à travers la composante hédoniste.

Sous-partie 4b
Anorexie mentale et boulimie : un couple paradoxal

L'anorexie mentale et la boulimie décrites au travers de l'oxymore du « couple paradoxal » traduit aisément à la fois l'intérêt de considérer le continuum pondéral (cf. partie 1) et la nécessité de les diagnostiquer en remplissant les derniers critères de la boulimie (« Le trouble ne survient pas exclusivement pendant des épisodes d'anorexie mentale »).

Outre leurs différences présentées dans cette section, ces deux TCA, qualifiés de troubles égosyntones, illustrent parfaitement l'importance excessive accordée à l'image du corps au détriment de toutes les autres composantes de la personne. Ce surinvestissement corporel conduit à la fois à une fluctuation et à un faible niveau de l'estime de soi dans la majorité des cas.

Parmi les émotions suscitées par les comportements de contrôle alimentaire et pondéral (restriction alimentaire, comportement compensatoire inapproprié, etc.), le sentiment de culpabilité est celui qui caractérise le plus ces TCA; pouvant se traduire par une tentative de suicide ou de mutilation. Pour faire face au contrôle pondéral et alimentaire, une rigidité cognitive se traduit par des pensées dichotomiques et obsessionnelles en lien avec l'alimentation. Parallèlement, une rigidité alimentaire devient génératrice d'échecs réels (crise de boulimie) ou perçus (absorption d'un aliment « interdit ») qui conduisent à des stratégies de dissimulation avec une tendance à la mythomanie.

Profil clinique : Anorexie mentale

« Certains mangent pour vivre, d'autres vivent pour manger ». Cet adage bien connu résume à lui seul l'importance/dépendance de la nourriture pour l'Homme et l'énoncé paradoxal exprimé par l'anorexique qui se résume à « ne pas manger pour vivre » (Alvin, 2001; Guillemot et Laxenaire, 1997).

Caractéristiques psychosociales et cognitives. Les individus présentant une anorexie mentale sont caractérisés par une peur obsessionnelle et omniprésente de la prise de poids (APA, 2013). Cette phobie se traduit par une poursuite de la minceur aveugle (déni) et sans limites en refusant de se nourrir tout en luttant contre la faim (Jeammet, 2004). Le plaisir associé au jeûne est notamment expliqué par l'élévation β-endorphine dans le sang, l'excitation procurée par la capacité de se restreindre et la valorisation de l'estime de soi (Rigaud, 2003). Par sa caractéristique ascétique, l'anorexie mentale est le TCA où le perfectionnisme (négatif ou névrosé) et la quête anxieuse d'excellence s'expriment particulièrement.

Ces traits de personnalité contribuent à exacerber le « fond de fragilité narcissique » propre à l'anorexie mentale (Corcos, 2005). L'insatisfaction corporelle (part affective de l'image du corps) et la distorsion cognitive à l'égard des formes corporelles (part perceptuelle de l'image du corps) sont également des caractéristiques qui sont centrales dans l'anorexie mentale; souvent de façon simultanée et parfois uniquement en ce qui concerne l'insatisfaction. De personnalité à la fois sensée et brillante, mais également réservée, sombre et introvertie, les individus avec une anorexie mentale limitent les relations interpersonnelles et ignorent les relations sexuelles dont la satisfaction « est perçue comme un repas dégoûtant » (p. 4 Brusset, 1998).

Pourtant, ces individus démontrent une dépendance affective en cherchant à plaire à tous comme pour fuir la quête d'autonomie affective propre à l'adolescence (Corcos, Jeammet, Alvin). Avare de mots, notamment dans la verbalisation des émotions, les individus présentant une anorexie mentale souffrent d'alexithymie. Cette limitation d'expression, de verbalisation et de reconnaissance des émotions fait également écho à une difficulté de conscience intéroceptive; véritables obstacles dans le processus de mentalisation si important dans l'intervention psychosociale des TCA.

Caractéristiques comportementales. Selon les critères de sévérité du DSM-V, les comportements de restriction alimentaire menant à une insuffisance pondérale notamment caractérisent l'anorexie mentale. Cette restriction alimentaire concerne à la fois la quantité (nombre de calories) et la qualité (valeur nutritive) de l'aliment (APA, 2013). Le contrôle alimentaire est le premier symptôme au niveau du développement de l'anorexie mentale et se généralise à différentes sphères de la personne (émotionnelle, physique, sociale, etc.) comme une absence de lâcher-prise.

En effet, la sensation enivrante de pouvoir contrôler et se contrôler, généralement encouragée par l'entourage, conduit à une rigidité et à un sentiment de fierté qui vont s'autonourrir. Cette valorisation sociale contribue à démultiplier les comportements de contrôle.

Ainsi, l'hyperactivité physique et scolaire/professionnelle, le recours à des vomissements provoqués, la réduction du temps de sommeil, les rituels obsessionnels (repas, travail, etc.) visent à maintenir une activité constante de pensée particulièrement pour le type restrictif. L'ensemble de ces comportements vise une perte de poids rapide allant jusqu'à un poids pouvant atteindre, dans les cas les plus sévères, 50 % du poids initial et conduisant le plus souvent à une aménorrhée (dernier symptôme à disparaître lors du rétablissement).

D'autres comportements comme la potomanie sont utilisés pour tenter de vaincre la sensation de faim ou pour exacerber des comportements compensatoires inappropriés comme les lavages d'estomac ou encore pour entretenir une croyance dysfonctionnelle d'éliminer les calories et de « se purifier ». On retrouve également une tendance à la mythomanie pour dissimuler les comportements pathogènes et plus rarement dans les cas d'anorexie mentale boulimique à la cleptomanie (surtout d'aliments) et à l'accumulation pour se cacher des crises de suralimentation. Dans les cas chroniques ou associés à un trouble de personnalité limite, il n'est pas rare de relever des comportements de mutilation et tentatives de suicide; faisant de l'anorexie mentale le trouble mental avec le taux de mortalité le plus élevé.

Profil clinique : boulimie

L'espèce humaine tend à produire et à consommer des aliments de plus en plus abondants, de plus en plus variés et si possible de plus en plus goûteux, une humanité dont le rêve serait « de s'en mettre jusque-là » (Apfeldorfer, 1993). Loin d'être un rêve, c'est ce que la boulimique ne peut s'empêcher de faire en engloutissant l'autre vivant « *pour faire corps avec ce vivant au plus profond de soi* » (p.5, Combe, 2004). Par ailleurs, si « manger, c'est parler avec les autres » (Brillat-Savarin dans Alvin, 2005), voilà bien ce que dément la boulimique qui, honteusement, s'adonne à des gavages ritualisés qui la coupent à la fois d'elle-même et des autres (tiré et adapté d'Alvin, 2001, p.71).

Caractéristiques psychosociales et cognitives. À la différence des personnes présentant une anorexie mentale, la peur obsessionnelle et omniprésente des personnes présentant une boulimie se situe au niveau de l'évitement de la prise de poids à cause de la présence des crises de boulimie. La boulimie se caractérise par une envie intense et irrépressible (telle une pulsion) de se suralimenter liée à une sensation de faim excessive dictée par un trop-plein d'émotions le plus souvent négatives.

À l'inverse de l'anorexie mentale, le plaisir est procuré lors de l'ingestion de tous les aliments pendant la crise de suralimentation; contribuant à diminuer, pour un temps, ces émotions négatives. Mais les accès hyperphagiques créent indubitablement et rapidement un sentiment de honte, de dégoût, de remords et de culpabilité diminuant significativement l'estime de soi de ces personnes.

Même si la traduction comportementale diffère, la boulimie comme l'anorexie mentale est un trouble de l'image du corps qui se caractérise principalement par une insatisfaction corporelle dans le cas de la boulimie. Cette insatisfaction corporelle est souvent associée à une anxiété chronique avec des épisodes d'angoisse aiguë liée au sentiment de perte de contrôle au moment de la crise de suralimentation. Les pensées obsédantes pour la nourriture et l'instabilité de l'humeur fluctuante d'un état de maniaque à dépressif s'illustrent pour certains auteurs comme « une fatigue d'être soi » chez les individus présentant une boulimie (Ehrenberg dans Alvin, 2001).

Le plus souvent de personnalité charmante, vive, séductrice, hypersensible et créative, les personnes avec une boulimie sont affables et ressentent une certaine complaisance à être écoutées parler. Selon la théorie psychodynamique, les boulimiques ont souvent eu une intense relation ambivalente avec leur père, qui a été un sujet d'admiration pour leur fille et a fixé la barre très haute en matière de réussite intellectuelle ou professionnelle. Notons qu'en comparaison avec l'anorexie mentale, la relation à la féminité en niant le corps et son développement est moins prononcée dans la boulimie.

Caractéristiques comportementales. La boulimie est le plus souvent représentée par un cercle vicieux spiralé correspondant à des cycles de comportements compensatoires inappropriés relatifs à une prise de contrôle et des crises de suralimentation relatives à une perte de contrôle sur l'alimentation. Les restrictions alimentaires créent un manque physiologique et psychologique induisant une crise de boulimie qui à son tour crée une souffrance psychologique conduisant à compenser et à se restreindre; réduisant chaque fois le laps de temps entre chaque cycle « crise-compensation » (Stice, 2001).

Cette ingestion/rejet alimentaire conduit la plupart du temps à un poids légèrement en dessous de la moyenne, voire un poids normal. La crise de suralimentation (ou crise de boulimie) en tant que telle correspond à l'ingestion rapide (moins d'une heure) d'une grande quantité d'aliments [pouvant aller jusqu'à 2 000 kcal (soit l'apport journalier de 3 repas)] quels que soient leur cuisson, leur température, leur ordre, leur goût. Fischler parle « de perte des valeurs concernant l'alimentation ». La fréquence des crises peut aller jusqu'à 15 fois par jour, définissant ce que certains auteurs qualifient de « état de mal boulimique ».

Les comportements compensatoires inappropriés sont variés tels que les vomissements provoqués, l'utilisation de laxatifs, purgatifs, coupe-faim, lavements, hyperactivité, jeûne. Si leur combinaison est perçue par la personne comme un gage d'efficacité dans l'évitement de la prise de poids, le recours à différents comportements compensatoires inappropriés n'en reste pas moins un facteur significatif d'un pronostic défavorable.

Dans les cas chroniques, les personnes s'adonnent à une ritualisation des accès hyperphagiques en sélectionnant les aliments en fonction de leur richesse calorique et de leur caractère bourratif. La tendance à la mythomanie et à la cleptomanie avec accumulation alimentaire est plus prononcée dans les cas de boulimie que dans les cas d'anorexie mentale boulimique; pouvant conduire ces personnes à des démêlés avec la justice.

Figure 4.2 **Anorexie mentale et boulimie : un couple paradoxal**

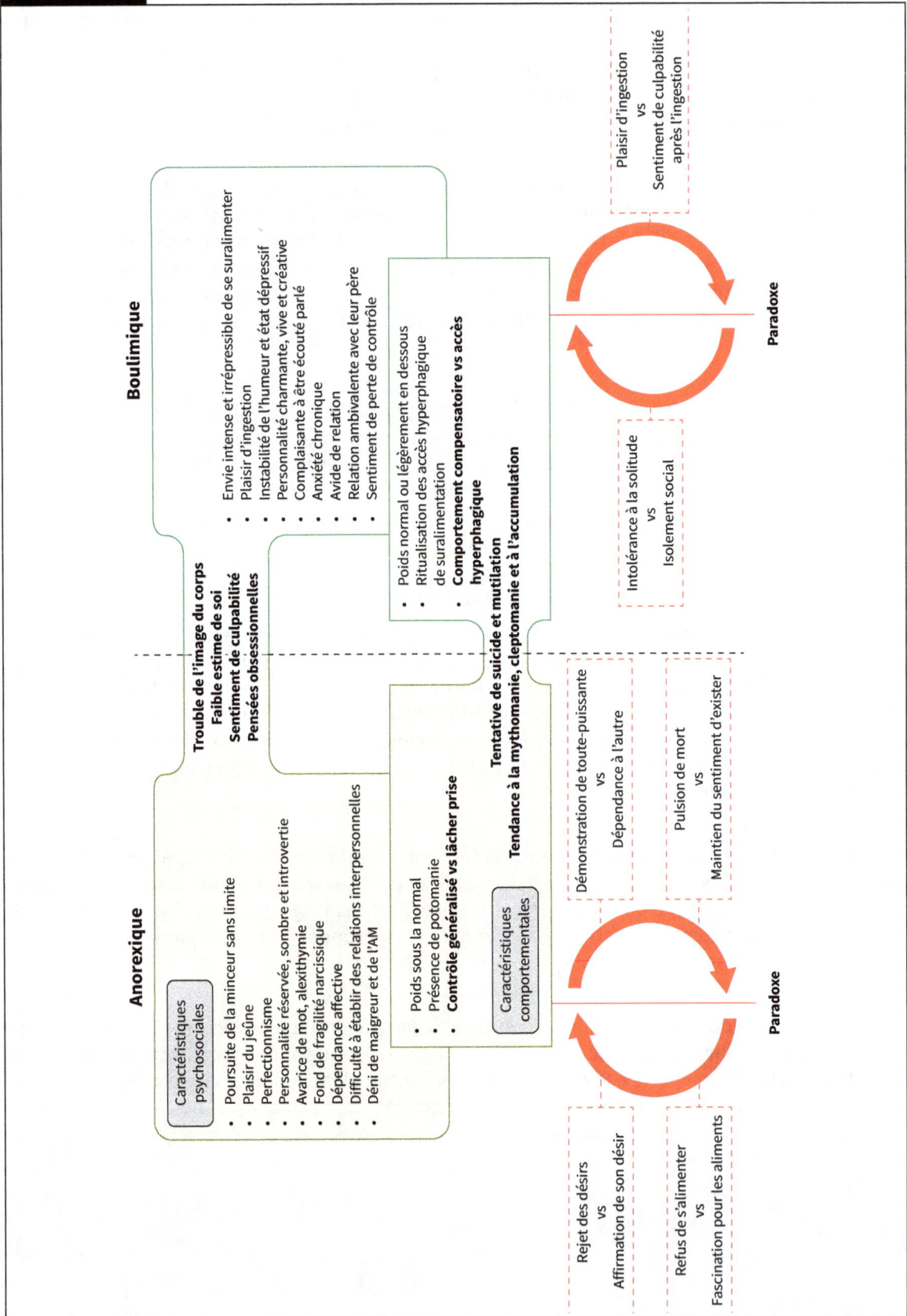

Anorexique

Caractéristiques psychosociales

- Poursuite de la minceur sans limite
- Plaisir du jeûne
- Perfectionnisme
- Personnalité réservée, sombre et introvertie
- Avarice de mot, alexithymie
- Fond de fragilité narcissique
- Dépendance affective
- Difficulté à établir des relations interpersonnelles
- Déni de maigreur et de l'AM

- Poids sous la normal
- Présence de potomanie
- **Contrôle généralisé vs lâcher prise**

Caractéristiques comportementales

Tentative de suicide et mutilation
Tendance à la mythomanie, cleptomanie et à l'accumulation

Trouble de l'image du corps
Faible estime de soi
Sentiment de culpabilité
Pensées obsessionnelles

Boulimique

- Envie intense et irrépressible de se suralimenter
- Plaisir d'ingestion
- Instabilité de l'humeur et état dépressif
- Personnalité charmante, vive et créative
- Complaisante à être écouté parlé
- Anxiété chronique
- Avide de relation
- Relation ambivalente avec leur père
- Sentiment de perte de contrôle

- Poids normal ou légèrement en dessous
- Ritualisation des accès hyperphagique de suralimentation
- **Comportement compensatoire vs accès hyperphagique**

Paradoxe

Rejet des désirs
vs
Affirmation de son désir

Refus de s'alimenter
vs
Fascination pour les aliments

Démonstration de toute-puissante
vs
Dépendance à l'autre

Pulsion de mort
vs
Maintien du sentiment d'exister

Paradoxe

Intolérance à la solitude
vs
Isolement social

Plaisir d'ingestion
vs
Sentiment de culpabilité après l'ingestion

En conclusion, l'anorexie mentale, tout comme la boulimie, offre son lot de paradoxes avec une personne qui :

- rejette les besoins pour contrer les désirs perçus comme trop dangereux, et en même temps tenter d'affirmer le sien;

- se veut toute-puissante pour lutter contre sa profonde dépendance à l'autre;

- risque sa vie pour maintenir le sentiment d'exister (p.61, Alvin, 2001);

- refuse de manger tout en étant fascinée par l'acte de manger comme en témoignent les rites qui entourent l'ingestion d'aliments (Jeammet);

- ne tolère pas la solitude tout en s'isolant au moment et après les repas.

Sous-partie 4c
Hyperphagie boulimique

L'hyperphagie boulimique partage des caractéristiques psychosociales et comportementales avec l'obésité et la boulimie, plaçant au premier plan la pertinence du continuum des accès hyperphagiques ou des crises de suralimentation (voir partie 1). Néanmoins, des caractéristiques cliniques spécifiques à l'hyperphagie boulimique peuvent être soulevées. À l'inverse de la suralimentation, l'hyperphagie boulimique correspond à la présence de crises boulimiques définies dans le temps – au moins une fois par semaine pendant 3 mois – auprès de personnes pouvant être à poids normal (cas des enfants et des adolescents lors de poussée de croissance ou cas d'adultes au métabolisme particulier ou dans le début du trouble). À l'inverse de la boulimie, l'hyperphagie boulimique n'est pas associée à des comportements compensatoires inappropriés dits efficaces; notamment la restriction alimentaire est moins soutenue et son apparition est généralement précédée de l'occurrence des crises boulimiques (Masheb & Grilo, 2002; White *et al.*, 2009). Notons également que les individus présentant une hyperphagie boulimique ont tendance à être plus âgés avec une durée plus longue de leur psychopathologie. Rappelons en définitive que l'hyperphagie boulimique se caractérise par une consommation très rapide, sans faim, de quantités importantes de nourriture, au-delà de la satiété, lors d'épisodes qui constituent des accès hyperphagiques aussi nommés crises de boulimie ou crises de suralimentation (APA, 2013).

Caractéristiques psychosociales et cognitives. Généralement sensibles à la récompense au sens neuropsychologique du terme, les individus avec hyperphagie boulimique sont pris d'envies intenses et irrépressibles, telle une pulsion, de se suralimenter, liées à une sensation de faim excessive. Cette impulsivité pour la nourriture, c'est-à-dire cette tendance à céder à une crise boulimique qui apporte une satisfaction à très court terme, même si elle est associée à une détresse psychologique à plus long terme, est caractéristique des individus souffrant d'hyperphagie boulimique (Galanti, Gluck & Geliebter, 2007; Steiger & Bruce, 2007; Vassileva *et al.*, 2007; Verderejo-Garcia *et al.*, 2007). Cette impulsivité devient plus présente dans un contexte de stimulations variées à l'image de nos sociétés industrielles de surconsommation. Au même titre que l'anorexie mentale ou la boulimie, les individus avec hyperphagie boulimique présentent une **alexithymie** et une absence de **conscience intéroceptive**. En d'autres termes, ces individus ne perçoivent pas, ou de façon limitée, leurs émotions. Cette difficulté émotionnelle est également associée à un manque de précision, de sensibilité et de conscience intéroceptive conduisant à une difficulté de mentalisation qui s'avère être un défi lors d'intervention thérapeutique. Les perceptions du soi physique sont une nouvelle fois centrales pour ce TCA. En effet, les individus avec hyperphagie boulimique et surpoids sont confrontés à un double défi en termes d'image corporelle (Gagnon-Girouard *et al.*, 2017). L'importance accordée de façon excessive à leur apparence physique au détriment des autres composantes de perceptions de soi (soi familial, soi professionnel, etc.) les conduit inévitablement à un effondrement de leur estime de soi (Goldschmidt *et al.*, 2010). Cette dévalorisation d'eux-mêmes encore plus grande que dans le cas de la boulimie se révèle dans la honte de ne pas arriver à contrôler leur alimentation ni leur poids (Gagnon-Girouard *et al.*, 2017).

Alors que certains d'entre eux s'engagent dans des tentatives répétées pour contrôler leur alimentation (p. ex., des régimes amincissants à répétition), d'autres adoptent plutôt une attitude de désinvestissement de soi (Gagnon-Girouard *et al.*, 2017). C'est ce « laisser-aller » qui est souvent retenu par la société et associé à un manque de volonté, à de la paresse ou à un autre défaut personnel. En effet, de par sa confusion fréquente avec la **suralimentation** ou l'obésité, l'hyperphagie boulimique « souffre » de préjugés relatifs à son caractère faussement « hédonique » (Lowe & Butryn, 2007) : « le surpoids est dû à un manque de volonté. »

Au même titre que la boulimie, les sentiments de honte, de dégoût, de remords et de culpabilité relatifs à la perte de contrôle alimentaire et pondéral, stigmatisée par la société, sont particulièrement puissants en hyperphagie boulimique. Un cercle vicieux s'instaure puisque l'individu avec hyperphagie boulimique en vient à tenter de réguler ses émotions suscitées par l'alimentation et le poids, à travers l'alimentation elle-même, générant à son tour les émotions ressenties (Gagnon-Girouard *et al.*, 2017). Cette complexité émotionnelle induit une restriction cognitive qui se traduit par une pensée dichotomique appliquée aux réalités de l'hyperphagie boulimique.

En d'autres termes, l'individu avec hyperphagie boulimique, obsédé par l'acte de manger, tente de se convaincre de limiter ses apports alimentaires ou d'éviter certains aliments comme l'anorexie mentale ou la boulimie, mais… sans jamais y parvenir. Une pensée dichotomique relative à l'échec du contrôle alimentaire ou pondéral perçu entraîne un échec réel qui amplifie à son tour la restriction cognitive. Plus précisément, l'individu avec hyperphagie boulimique qui pense que l'absence de contrôle du poids est synonyme d'échec se décourage, abandonne tout changement de comportement relatif au contrôle alimentaire et pondéral et au final, se trouve en échec objectivable avec un retour des crises boulimiques et du gain pondéral.

Caractéristiques comportementales. Comme précisé en introduction, les crises boulimiques répondent à des critères précis qui différencient l'hyperphagie boulimique de la suralimentation et de la boulimie (APA, 2013). Dans le cas où les trois critères – durée, perte de contrôle et souffrance – ne sont pas réunis, la consommation alimentaire s'apparente à une suralimentation dite hédonique et non une crise de boulimie au sens pathogène du terme (DSM). Notons que ces crises peuvent être entrecoupées de périodes de restriction alimentaire, d'alimentation normale ou de suralimentation générale (Masheb & Grilo, 2002; White, Masheb, & Grilo, 2009).

À cause de l'association fréquente à un surpoids, voire à une obésité particulièrement, l'individu avec hyperphagie boulimique a recours à des stratégies de perte de poids; ce qui est habituellement encouragé par les proches ou même par certains professionnels de la santé (Gagnon-Girourard *et al.*, 2017). Toutefois, au même titre que la restriction cognitive, « la restriction alimentaire amène une exacerbation des crises de boulimie et parfois une transition vers un diagnostic de boulimie comme tel, puisque l'adoption de comportements compensatoires inappropriés par la restriction engendre une évolution transdiagnostique vers un diagnostic de boulimie, tel que discuté antérieurement » (Gagnon-Girouard *et al.*, 2017).

Ainsi, les individus avec hyperphagie boulimique sont caractérisés par une fluctuation pondérale actuelle ou passée avec une ingestion d'une quantité de nourriture élevée (plus importante que dans le cas de la boulimie) en dehors des périodes de suralimentation associées à des comportements compensatoires inappropriés absents ou peu fréquents dits inefficaces.

Figure 4.3 **Hyperphagie boulimique : méconnaissance de sa complexité**

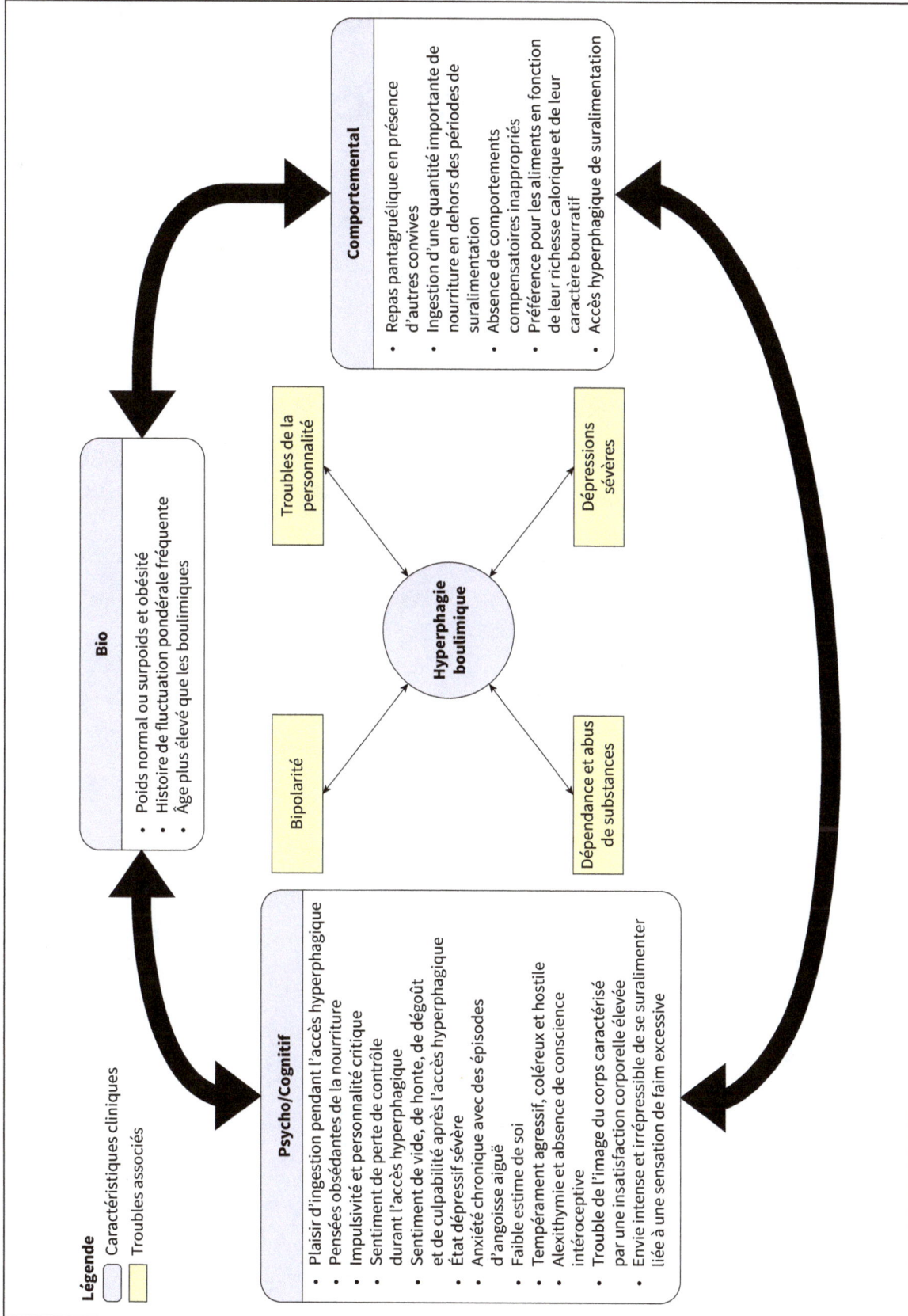

Comportemental

- Repas pantagruélique en présence d'autres convives
- Ingestion d'une quantité importante de nourriture en dehors des périodes de suralimentation
- Sentiment de perte de contrôle durant l'accès hyperphagique
- Absence de comportements compensatoires inappropriés
- Préférence pour les aliments en fonction de leur richesse calorique et de leur caractère bourratif
- Accès hyperphagique de suralimentation

Bio

- Poids normal ou surpoids et obésité
- Histoire de fluctuation pondérale fréquente
- Âge plus élevé que les boulimiques

Troubles de la personnalité

Dépressions sévères

Hyperphagie boulimique

Bipolarité

Dépendance et abus de substances

Psycho/Cognitif

- Plaisir d'ingestion pendant l'accès hyperphagique
- Pensées obsédantes de la nourriture
- Impulsivité et personnalité critique
- Sentiment de perte de contrôle durant l'accès hyperphagique
- Sentiment de vide, de honte, de dégoût et de culpabilité après l'accès hyperphagique
- État dépressif sévère
- Anxiété chronique avec des épisodes d'angoisse aiguë
- Faible estime de soi
- Tempérament agressif, coléreux et hostile
- Alexithymie et absence de conscience intéroceptive
- Trouble de l'image du corps caractérisé par une insatisfaction corporelle élevée
- Envie intense et irrépressible de se suralimenter liée à une sensation de faim excessive

Légende

- Caractéristiques cliniques
- Troubles associés

Section 2 : Explication

5 | Épidémiologie des troubles du comportement alimentaire

Johana Monthuy-Blanc et Marie-Elen Côté

« Il y a quelque chose de plus difficile encore que de s'astreindre à un régime, c'est de ne pas l'imposer aux autres. »

Marcel Proust

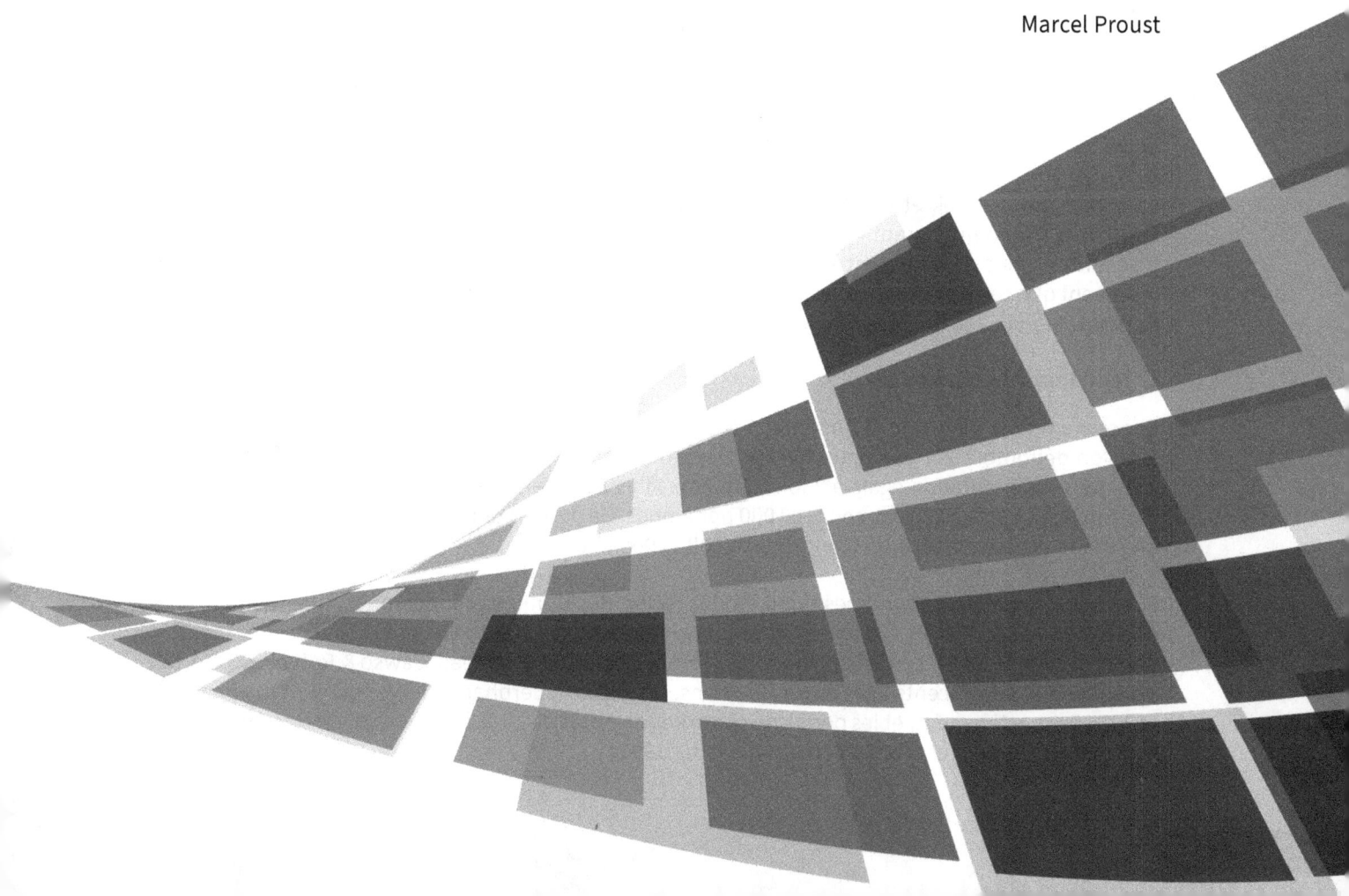

Sous-partie 5a
Risque de troubles du comportement alimentaire

Dans cette sous-partie, les risques de TCA sont présentés en fonction du taux d'apparition de certains facteurs de risque et des psychopathologies des TCA. À ce sujet, notons que, de par son histoire ancienne, l'anorexie mentale a fait l'objet de données épidémiologiques plus exhaustives que la boulimie ou l'hyperphagie boulimique. Par ailleurs, un intérêt est tout particulièrement porté à l'image corporelle puisqu'elle joue un rôle central pour toutes les psychopathologies des TCA, et aux populations à risque.

Épidémiologie générale des TCA subcliniques

a) Tendance des TCA

Des études plus récentes mettent en évidence que 11,4 % des filles et 4,6 % des garçons adolescents aux États-Unis souffrent de TCA subclinique. Plus précisément, chez les enfants de 6 à 12 ans, entre 40 % et 50 % des fillettes désirent être plus minces. Chez les 9-12 ans, 60 % des jeunes filles et 30 % des garçons ont essayé de perdre du poids alors qu'ils ne présentaient pas de surpoids. La tendance de l'incidence des TCA, c'est-à-dire son évolution au cours du temps fait l'objet de résultats divergents : certaines études suggèrent que cette incidence augmente (Eagles, Johnston, Hunter, Lobban & Millar, 1995; Lucas, Beard, O'Fallon & Kurland, 1988; Milos, Spindler, Schnyder, Martz, Hoek & Willi, 2004) alors que d'autres rapportent des taux relativement stables (Hoek *et al.*, 1995; Nielsen, 1990). Selon une étude américaine récente (McVey *et al.*, 2004), 6,5 % des filles de 10 ans présentent une symptomatologie et 30,8 % de ces filles ont essayé de perdre du poids volontairement.

b) Tendance à l'anorexie mentale

Concernant l'incidence de l'anorexie mentale, la recension de van Hoeken *et al.* (2003) révèle que la plus récente étude dénombre 4,2 cas en moyenne pour 100 000 personnes en 1993 et 1995 (Turnbull, Ward, Treasure, Jick & Derby, 1996).

L'âge moyen de début de l'anorexie mentale se situe vers 17 ans. Elle commence le plus souvent entre 15 et 19 ans.

La recension de Hoek et van Hoeken (2003) indique que l'évolution de l'incidence de l'anorexie mentale a augmenté durant le dernier siècle jusqu'en 1970, représentant un seuil de stabilisation. Certaines études s'intéressant aux données épidémiologiques de l'anorexie mentale subclinique indiquent que cette prévalence est comprise entre 1,09 % et 4,2 % (Szumska, Tury, Csoboth, Réthelyi, Purebl & Hajnal, 2005).

c) Tendance à la boulimie

Concernant l'incidence de la boulimie, l'étude de Keski-Rahkonen et coll. (2009) met en évidence que l'on dénombre 200 cas pour 100 000 personnes entre 16-20 ans présentant une fréquence de crise de suralimentation égale à 2 fois/semaine. Mais au regard du DSM-V (1 fois/semaine), ce taux d'incidence s'élève à 300 cas pour 100 000 personnes. Ce dernier taux est identique en Europe, selon une étude espagnole récente (Lahortiga et coll., 2005).

Si on s'intéresse aux symptômes boulimiques, selon des données canadiennes, une étude met en évidence que 8,2 % des 1 739 jeunes filles ontariennes entre 12 et 18 ans ont recours à des vomissements provoqués pour contrôler leur poids (Jones, Bennett, Olmestead, Lawso & Robin, 2001). Chez les enfants et adolescents âgés entre 10-19 ans, les accès hyperphagiques concernent jusqu'à 28 % et 20 % (respectivement) et les pertes de contrôles de poids de 19 % et 8 % (respectivement) Kendler *et al.*, 1991; Flament *et al.*, 1995 et Zittoun *et al.*, 1992.

d) Tendance à l'hyperphagie boulimique

Selon Smink *et al.*, 2012, seule une étude américaine rapporte l'incidence de l'hyperphagie boulimique et dénombre en 2008, 1 010 cas pour 100 000 filles et 660 cas pour 100 000 garçons (adolescents de l'âge supérieur à 14 ans). En 2009, une étude européenne auprès de 6 pays européens (Espagne, France, Italie, Belgique, Allemagne, Hollande) montre un taux de BED subclinique s'élevant à 0,72 %. Par ailleurs, la proportion d'enfants ou d'adolescents rapportant des symptômes d'hyperphagie boulimique varie de 15 à 35 % selon les cas, allant jusqu'à 57 % chez des adolescents ayant une obésité très sévère (Britz *et al.*, 2000). Toujours chez les enfants obèses, Marcus (2003) précise que 33,1 % rapportent des accès hyperphagiques avec perte de contrôle.

Image du corps

Les troubles de l'image du corps chez les populations à risque de développer des TCA concernent principalement les composantes perceptuelles (apparence physique perçue ou la distorsion corporelle) et cognitives-affectives (insatisfaction corporelle). Le niveau de satisfaction corporelle peut être conceptualisé sur un continuum entre un pôle positif et un pôle négatif (Bell et Rushforth, 2008).

En considérant cette représentation, les individus se situant au pôle positif sont ceux qui sont satisfaits de leur image corporelle, tandis que ceux se retrouvant au pôle négatif présentent une insatisfaction marquée. Plus précisément, l'insatisfaction corporelle correspond au degré d'acceptation d'une personne vis-à-vis de la taille et de la forme de son corps. Généralement, ce degré d'acceptation se mesure en calculant l'écart entre le corps perçu et ce corps désiré parmi un continuum de silhouettes (Cash *et al.*, 2002; Bell et Rushforth, 2008).

Cette insatisfaction peut être liée à une distorsion corporelle définie comme l'incapacité à percevoir la taille et la forme de son corps (Thompson *et al.*, 1995). Il est empiriquement démontré que l'insatisfaction corporelle participe à l'apparition et au maintien de TCA (Farrel *et al.*, 2006). Une étude effectuée sur une population d'adolescents révèle d'ailleurs que les individus de sexe féminin tendent vers une plus importante insatisfaction de leur image corporelle que les garçons (Davison et McCabe, 2006).

D'ailleurs, tout en étant un symptôme et l'un des critères diagnostics des TCA, les troubles de l'image du corps sont également un facteur de risque de l'anorexie mentale et de la boulimie (Thompson *et al.,* 1995; Farrell *et al.*, 2006) (cf. partie 5). D'après une étude réalisée en 2012, les anorexiques dont le trouble est apparu précocement, c'est-à-dire à moins de 14 ans (cf. anorexie précoce partie 1b) sont davantage à risque de présenter une forte distorsion de leur image corporelle que ceux dont le trouble apparaît plus tardivement (Vellisca González *et al.*, 2012).

En 2011, Ahrberg *et al.* a effectué une recension des écrits scientifiques concernant la distorsion corporelle chez les individus hyperphagiques. Si les résultats des études rétrospectives indiquent la présence de la distorsion corporelle parmi les symptômes, le rôle qu'elle joue dans l'apparition et le maintien du trouble est à déterminer (Ahrberg *et al.*, 2011).

Autres populations à risque

L'une des populations qui est socialement reconnues pour présenter une forte incidence de TCA est celle des mannequins. Selon Preti *et al.* (2008), comparativement à un groupe contrôle, les mannequins présentent significativement plus de symptômes de TCA et de TCA subcliniques. Cela vient appuyer la croyance populaire concernant le risque élevé de TCA chez les mannequins, particulièrement en ce qui concerne l'anorexie mentale.

Un autre type de population particulièrement à risque d'être touchée par des TCA est celle des sportifs (cf. partie 6). Lorsque l'on s'intéresse aux troubles subcliniques, l'incidence varie entre 15 % et 65 % chez les filles et 5 % et 33 % chez les garçons (Puper Ouakil *et al.*, 2002; Bonci *et al.*, 2008). L'étude de Rosendahl montre que le désir de perdre du poids concerne 50 % des sportives contre 10,1 % des sportifs. À l'inverse, 19,6 % des garçons désiraient gagner du poids contre 3,4 % des femmes.

Outre les mannequins et les sportifs, les hommes homosexuels font également partie de la population à risque de développer un TCA (Shannon, 2004). L'isolement social, l'inactivité sexuelle et les perturbations de l'identité sexuelle seraient des facteurs contribuant à leur vulnérabilité (Shannon, 2004).

Finalement, les individus ayant subi des abus sexuels, particulièrement lorsque le traumatisme s'est produit lors de la période prépubère, seraient également à risque de développer un TCA (Villarroel *et al.*, 2011).

Cependant, certains chercheurs soulignent qu'il faudrait considérer l'abus sexuel comme un facteur de risque non spécifique au développement de TCA, c'est-à-dire qu'il augmente la vulnérabilité au développement de divers types de psychopathologies (Maniglio, 2009; Hund et Espelage, 2006).

Ethnie et culture

Aux États-Unis, les perturbations alimentaires ainsi que le niveau d'insatisfaction de l'image corporelle des enfants et des adolescents sont relativement les mêmes chez les quatre groupes ethniques majoritaires, soit les Afro-Américains, les Latinos, les Asiatiques et les Indiens (George & Franko, 2010). Des différences émergent cependant lorsque l'on compare un groupe d'Américaines (n = 102), âgées entre 18 et 24 ans, avec des Brésiliennes (n = 81) et des Argentines (n = 118) du même âge et résidant toujours dans leur pays natal (Forbes *et al.*, 2012).

Effectivement, même si l'insatisfaction corporelle est un problème significatif dans ces trois populations, on dénote un plus important désir de minceur et davantage d'internalisation de l'idéal de minceur chez les Américaines (Forbes *et al.*, 2012). Dans la Chine moderne, les TCA sont devenus des préoccupations majeures et l'incidence tend vers l'augmentation (Chen *et al.*, 1992, Chen et Jackson, 2008).

Pour conclure, si les données épidémiologiques sont contestables et très souvent contestées, elles s'avèrent hétérogènes en fonction des psychopathologies et des symptômes sous-jacents.

Sous-partie 5b
Anorexie mentale et boulimie

Dans cette sous-partie 5b, il sera possible de prendre connaissance de la prévalence de l'anorexie mentale et de la boulimie, de la trajectoire psychopathologique de ces troubles (comme les taux de rechute, d'abandon, de rémission, de mortalité), des comportements compensatoires inappropriés communs à ces troubles et leur comorbidité.

Anorexie mentale (Population-cible)

Environ 0,2 à 1 % de la population adolescente et des jeunes femmes présenteraient une anorexie mentale. L'anorexie mentale suivrait une évolution chronique dans 20 % à 40 % des cas ou entrecoupée de rechutes dans 10 % à 50 % des cas. L'anorexie mentale en particulier présente le taux de mortalité le plus élevé parmi les troubles psychiatriques, se situant entre 0,1 % et 21 % avec une moyenne de 7 %. Plus récemment, selon une importante revue de la littérature menée par Arcelus *et al.* (2011), le taux de **mortalité** annuel dans la population anorexique est de 5,9 %. Notons que la mort par suicide représente entre 20 à 30 % des décès chez les individus présentant une anorexie mentale.

Dans un contexte thérapeutique, d'après la recension des écrits de Pike (1998), la rémission est comprise entre 35 % et 76 % des cas selon les critères de rémission considérés. Plus précisément, les différentes recensions d'études de suivi présentent des conclusions générales similaires : 50 % des patientes anorexiques guérissent, 30 % s'améliorent et 20 % ne changent pas.

Enfin, certaines études indiquent que le taux élevé d'abandon de la thérapie, se situant entre 40 % et 46 %, est un problème majeur chez les patientes anorexiques et tout particulièrement chez les patientes adultes. Plus récemment, environ 1 patient sur 5 présentant une anorexie mentale est à risque d'abandonner son traitement.

L'anorexie mentale est un trouble présent de façon prédominante chez les individus de sexe féminin. En effet, Crisp (2006) relève que seulement 5 à 10 % des cas d'anorexie mentale sont des jeunes garçons, avec un sex-ratio d'un homme pour neuf femmes. Même si les **hommes** anorexiques sont minoritaires, il est pertinent de s'intéresser aux éléments qui les distinguent de leurs homologues féminins. D'après une étude menée auprès de patients en traitement pour anorexie mentale à l'hôpital Sainte-Anne à Paris, les hommes sont généralement plus vieux que leurs consœurs lors de l'apparition du trouble (20,8 ans vs 18,1 ans) et ils sont plus nombreux à présenter un passé de surpoids.

Boulimie (Population-cible)

La boulimie est présente chez environ 1 à 10 % des adolescents. Toutefois plus modérée que les patients présentant une anorexie mentale, il existe également une prédominance féminine chez les boulimiques, celle-ci étant de 5 à 7 filles pour 1 garçon. C'est approximativement 2 % de la population féminine occidentale qui est touchée par ce trouble et 0,5 % pour la population masculine. Le trouble apparaît généralement entre les âges de 16 à 30 ans avec un pic de prévalence se situant à 17-18 ans.

Récemment, selon une importante revue de la littérature menée par Arcelus *et al.* (2011), le taux de **mortalité** annuel dans la population boulimique est de 1,8 %. Concernant le contexte thérapeutique, des chercheurs ont observé les six années post-rémission suite à un traitement pour la boulimie. Le risque de rechute lors d'événements aversifs (perte d'un proche, échec à des études, séparation conjugale, etc.) s'élève à 46 %. Une autre étude révèle qu'environ 2 à 3 patients sur 55 présentant une boulimie sont à risque d'abandonner son traitement.

Comportements compensatoires inappropriés chez les individus présentant une AN et BN

Comme indiqué dans la partie 2, les comportements compensatoires inappropriés sont utilisés par les individus présentant une anorexie mentale ou une boulimie dans le but d'éviter toute prise de poids suite à la consommation d'aliments (même en infime quantité) et d'atténuer la culpabilité associée à l'ingestion de nourriture. L'un des comportements compensatoires très fréquents est l'exercice physique intense plus connu sous le nom d'hyperactivité.

Les données concernant la prévalence d'individus ayant un TCA et utilisant l'hyperactivité physique comme comportement compensatoire inapproprié sont plutôt limitées, mais les résultats actuellement disponibles spécifient qu'elle affecte de 40 à 50 % des patients anorexiques et de 20 à 24 % des patients boulimiques. Ce symptôme est d'ailleurs l'un des plus durables, ce qui requiert généralement une hospitalisation plus longue des individus y ayant recours. Un autre comportement compensatoire inapproprié fréquemment rencontré chez les patients présentant un TCA est l'ingestion de laxatifs et/ou de diurétiques. En considérant tous les types de TCA, les individus abusant des laxatifs font généralement partie d'un sous-groupe de patients ayant une psychopathologie plus prononcée.

À l'instar de l'hyperactivité physique, qui est plus fréquemment rencontrée chez les individus présentant une anorexie mentale, l'utilisation de ces produits est surreprésentée chez les boulimiques. Environ 34 % de ces derniers font usage de diurétiques dans une optique de contrôle pondéral, alors qu'approximativement 61 % de cette même population abuse des laxatifs. D'ailleurs, cette pratique est plus répandue chez les adultes que chez les adolescents. Un autre type de comportement compensatoire inapproprié visant le contrôle pondéral chez les individus présentant un TCA est le vomissement provoqué, mais les prévalences sont faiblement documentées concernant ce comportement.

Troubles associés

Lorsque l'on s'intéresse à l'épidémiologie des TCA, on ne peut passer outre le nombre important de comorbidités existantes. Depuis plusieurs années, un lien a été établi entre les **troubles anxieux** et les TCA. Citons en exemple Bulik *et al.* qui en avaient déjà fait écho dans une étude datant de 1995. Une étude plus récente de Swinbourne *et al.* (2012) souligne d'ailleurs que parmi les 100 femmes atteintes d'un trouble du comportement alimentaire qui ont participé à leur étude, 65 % d'entre elles présentaient au moins un trouble anxieux. D'ailleurs, plus de la moitié de ces femmes ont précisé que leur trouble anxieux a précédé le développement d'un TCA.

Parmi les troubles anxieux présents en comorbidité, on retrouvait d'abord, en ordre d'importance, la phobie sociale, l'état de stress post-traumatique, l'anxiété généralisée, le trouble obsessionnel-compulsif, le trouble panique avec agoraphobie et la phobie spécifique. Avec les troubles anxieux, les **troubles dépressifs** sont ceux qui présentent le plus haut taux de prévalence en comorbidité avec l'anorexie mentale.

En 2006, Blinder *et al.* a effectué une importante étude sur une population de 2 436 femmes hospitalisées pour des TCA, dont l'anorexie mentale et la boulimie faisaient partie. Sur l'ensemble de l'échantillon, 99 % des patientes présentaient des comorbidités. De plus, les troubles de l'humeur étaient présents chez 94 % de ces patientes.

Ainsi, tout comme pour les troubles anxieux, les troubles de l'humeur doivent être pris en considération dans le traitement des TCA, car ces derniers peuvent compliquer le processus thérapeutique. Également, chez les individus atteints de boulimie, l'un des troubles fréquemment rencontrés en comorbidité est **l'abus de substances**. L'une des explications de ce phénomène est qu'il existerait des prédispositions communes au développement de ces deux troubles, par exemple le trait de personnalité impulsif.

D'ailleurs, le trouble boulimique précéderait la consommation de substances chez la majorité des boulimiques. On peut souligner que cette chronologie diffère de ce qui est rapporté chez la majorité des patientes atteintes d'anorexie, à savoir que leur consommation de substances précède souvent leur trouble.

Enfin, il est important de noter que les patients boulimiques sont plus enclins à faire usage de substances telles que l'alcool, les amphétamines, les barbituriques, le cannabis, les tranquillisants ou la cocaïne que les patients atteints d'anorexie mentale. Encore une fois, on attribue cette particularité à l'impulsivité marquée des individus atteints de boulimie.

Sous-partie 5c
Hyperphagie boulimique et troubles du comportement alimentaire non spécifiés

Cette sous-partie présente les taux de prévalence des TCA non spécifiés en plus de l'hyperphagie boulimique pour ensuite s'attarder aux données épidémiologiques concernant des variables plus précises auprès de populations cliniques telles que le genre, l'âge, l'ethnie, certains symptômes (la compulsion alimentaire, le surpoids ou l'obésité, etc.) et les troubles associés.

Prévalence générale

Une récente étude auprès d'une population issue de 6 pays européens (Espagne, France, Italie, Belgique, Allemagne, Hollande) estime les taux de prévalence des TCA non spécifiés à 2,5 % et de l'hyperphagie boulimique à 1,12 % (Perti *et al.*, 2009). Le taux de prévalence de l'hyperphagie boulimique serait plus élevé en Amérique et se situe à 2,8 % parmi la population américaine (Hudson *et al.*, 2007). Toujours chez la population générale mais auprès d'individus investis dans une démarche de perte de poids (tous poids confondus), la prévalence de l'hyperphagie boulimique passe à 15 % (Basdevant, Poullon, Lahlou *et al.*, 1985).

a) Âge

Contrairement à l'anorexie mentale et à la boulimie dont le pic de prévalence est à l'adolescence, l'apparition de l'hyperphagie boulimique se situe entre 19 et 25 ans (Durand et Barlow, 2002). Il est intéressant de noter que dans le cas des individus qui présentent une hyperphagie boulimique, les individus en demande d'aide sont généralement âgés autour de 30 à 40 ans, ce qui suggère qu'elles attendraient donc plus longtemps pour demander de l'aide que dans les cas d'anorexie mentale ou de boulimie.

b) Genre

Comparativement à l'anorexie mentale et la boulimie, la différence de prévalence de l'HB entre les hommes et les femmes est moins prononcée, passant d'un sex-ratio de 1H/9F à celui de 2H/3F (Hudson *et al.*, 2007). Plus précisément, l'hyperphagie boulimique se déclare chez 2,5 % et 31,9 % des femmes et chez 1,1 % et 20,8 % des hommes. Bien que la prédominance féminine soit toujours évidente, ces taux de prévalence indiquent que l'HB est le TCA le plus fréquemment rencontré chez les hommes parmi tous les TCA. (Durand et Barlow, 2002; Regan et Cachelin, 2002).

c) Ethnie

Aux États-Unis, les taux de prévalence d'hyperphagie boulimique sont similaires entre les différents groupes ethniques minoritaires (les latinos, les non-latinos blancs, les Asiatiques et les Africains) (Marques *et al.*, 2011). Il est cependant essentiel de mentionner que l'échantillon de cette étude ne comprenait que des individus présentant une hyperphagie boulimique ayant recours à un traitement pour leur trouble, ce qui peut faire varier considérablement les taux de prévalence réels. Malgré cette lacune, il semblerait que ce résultat corrobore les données recueillies par Crago et Shisslak dans leur recension de la littérature datant de 2003. Selon ces auteurs, parmi les 28 études recensées, la majorité d'entre elles ne dénotaient aucune disparité quant à la prévalence d'hyperphagie boulimique chez différents groupes ethniques auprès de populations de sexe féminin).

d) Symptômes

Parmi les symptômes, on retrouve la compulsion alimentaire, composante menant davantage à la boulimie et l'hyperphagie boulimique. L'une des particularités rencontrées chez les individus présentant des troubles boulimiques ou hyperphagiques est la compulsion alimentaire pouvant mener au surpoids et à l'obésité. On remarque une prise de poids plus marquée chez les individus souffrant d'hyperphagie boulimique que chez les individus avec boulimie, car elles ont moins recours aux diètes restrictives que les boulimiques et n'utilisent pas de moyens compensatoires pour limiter la prise de poids (Hay et Fairburn, 1998). Les problèmes interpersonnels et les affects dépressifs/négatifs générés influencent significativement l'apparition d'épisodes de compulsion alimentaire en favorisant l'émergence du sentiment de perte de contrôle (Ansell *et al.*, 2012; Goldschmitd *et al.*, 2012).

e) Surpoids et obésité

Concernant la symptomatologie reliée au surpoids et à l'obésité. Comparativement aux patients présentant une boulimie, les hyperphagiques ont plus souvent une histoire d'obésité individuelle ou familiale (Núñez-Navarro *et al.*, 2011).

De plus, si environ 2 % des individus présentent un diagnostic d'hyperphagie boulimique dans la population générale (cf. mod02), ce taux s'élève à 10 à 30 % dans la population obèse (Marcus *et al.*, 1992; Filaire, Rouveix et Bouget, 2008) et culmine à plus de 30 % chez des individus obèses, investis dans une stratégie de perte de poids (Spitzer, Devlin, Walsh, 1991).

D'un point de vue de l'épidémiologie évolutive de l'obésité, Carrard *et al.* (2012) a récemment évalué le taux d'obèses à 40 % parmi la population d'hyperphagie boulimique, alors qu'en 1999, ce taux ne dépassait pas 12 % (Kinzl *et al.*). Somme toute, les TCA chez les sujets obèses, en particulier concernant l'hyperphagie boulimique, sont sous-estimés dans leur fréquence, leur gravité et leurs répercussions sur les possibilités thérapeutiques. Comme il est rare que le motif de consultation des sujets obèses soit d'emblée le TCA, il est nécessaire d'évaluer leur comportement alimentaire dès les premières consultations (cf. partie 12b, nutritionniste).

En effet, si le TCA n'est pas détecté, il n'est pas rare que les individus obèses reçoivent plutôt des soins visant la perte de poids, ce qui peut contribuer au maintien ou à l'aggravation des symptômes d'un trouble alimentaire non-diagnostiqué.

f) Comorbidités

Tout comme pour la boulimie, l'hyperphagie est souvent présente en comorbidité avec d'autres psychopathologies tels les troubles anxieux, l'abus de substances et les troubles de l'humeur comme la dépression (Guerdjikova, McElroy, Kotwal, *et al.*, 2007; Hudson, Hiripi, Pope, *et al.*, 2007; Stunkard, 2002; Stunkard & Allison, 2003; Wilfey, Friedman, Dounchis, *et al.*, 2000).

Sur un échantillon de 404 patients présentant un trouble d'hyperphagie boulimique, Grilo *et al.* (2009) dénote que la majorité des patients (54,2 %) ont présenté un trouble de l'humeur au moins une fois dans leur vie. Un historique de troubles anxieux était également présent chez 37,1 % des patients alors que les troubles d'abus de substances étaient également fréquents (24,8 %).

En définitive, cette sous-partie présente la prévalence des TCA non spécifiés et de l'hyperphagie boulimique. Les données épidémiologiques distinguent l'hyperphagie boulimique de l'anorexie mentale, et la boulimie concernant l'âge d'apparition plus tardif et la prédominance plus masculine. Si la fréquence d'apparition de ces troubles a été présentée, ainsi que la prévalence relative au genre, à l'âge, à l'ethnie et aux comorbidités, les données en lien avec les trajectoires psychopathologiques comme les taux de rechute et l'abandon ont été omises par manque de données épidémiologiques.

6 | Étiologie et pronostic des troubles du comportement alimentaire

Johana Monthuy-Blanc et Robert Pauzé

« Ça n'est pas ta faute, c'est ton héritage.
Ça n'est pas ta faute, c'est ta chair, ton sang. Il va falloir faire avec ou plutôt sans. »

Benjamin Biolay

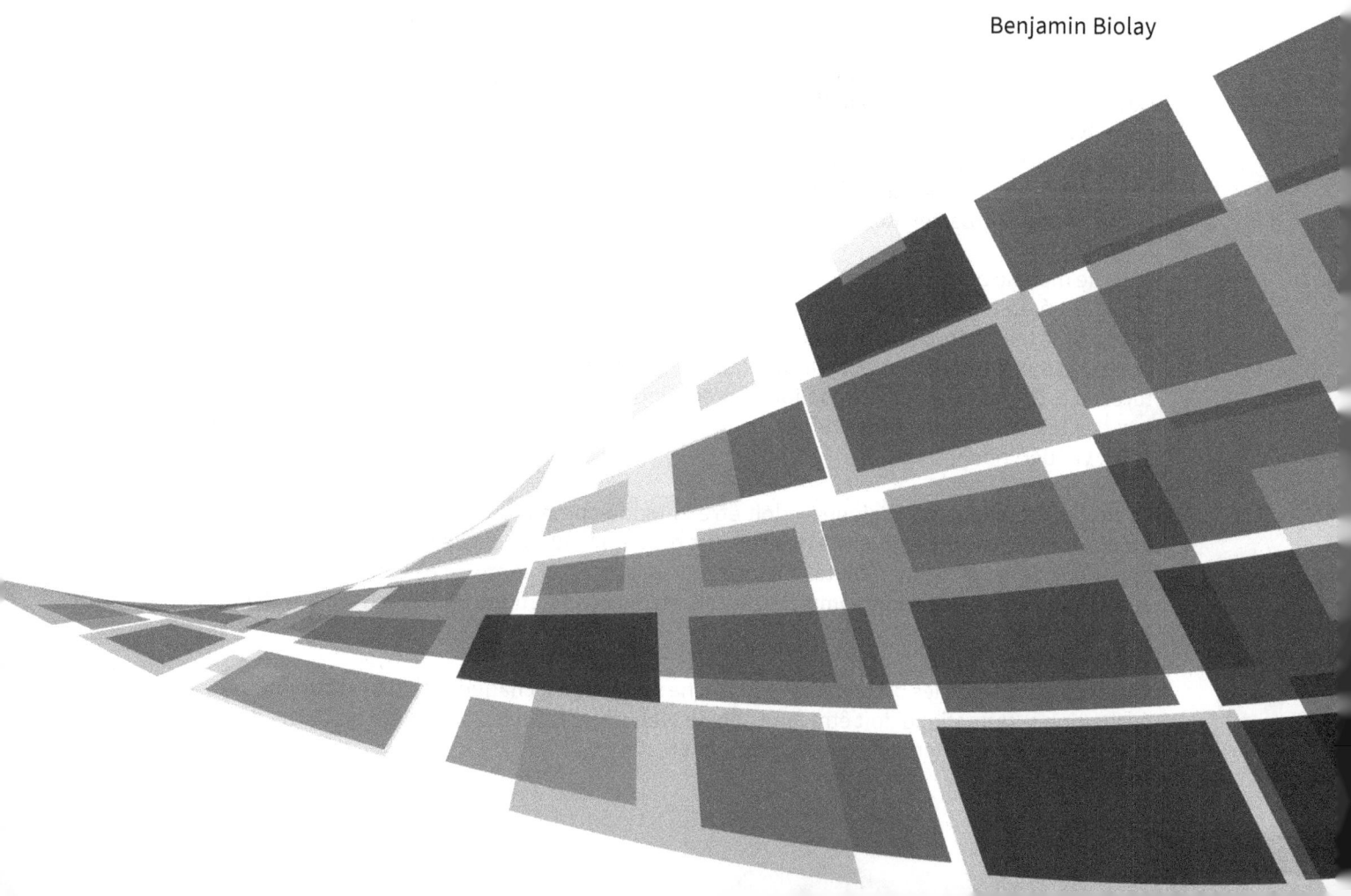

Sous-partie 6a
Modèle : systémique, biopsychosocial et écologique

Dans le cas des psychopathologies comme les TCA, la théorie générale des systèmes propose a) d'analyser les systèmes comme un tout plutôt que comme une agrégation de parties; b) de ne plus isoler les phénomènes étudiés de leur contexte; et c) de ne plus décortiquer les interactions avant de les examiner (Cicchetti, 1984; von Bertalanffy, 1976).

Les modèles étiologiques

Trois principaux modèles émergent de cette théorie : systémique (Cicchetti, 1984; von Bertalanffy, 1976), biopsychosocial (Engel, 1980; Vannotti, 2002), écologique (Bronfenbrenner, 1979, 1986), qui s'orientent respectivement sur :

1. le fonctionnement des systèmes (interactions entre les composantes d'un système);

2. la convergence entre les facteurs biologiques, psychologiques et sociaux;

3. l'interaction d'un individu avec plusieurs niveaux environnementaux.

Les TCA – principalement l'anorexie mentale et la boulimie – débutent au cours de la période péripubertaire et résultent d'un processus multifactoriel. Au regard de ces trois modèles théoriques multifactoriels, les auteurs qui conçoivent les TCA selon l'approche psychopathologique développementale privilégient le modèle biopsychosocial pour rendre compte de la complexité de ces troubles (Smolak & Striegel-Moore, 1996; Steiner & Lock, 1998; Steiner, Sanders & Ryst, 1995). En effet, le modèle biopsychosocial vise à intégrer la variété des facteurs de risque des TCA et à répondre à la complexité de leur fonctionnement (Blank & Latzer, 2004; Garfinkel & Garner, 1982; Garner, 1993; Gillberg & Rastam, 1998; Guillemot & Laxenaire, 1997; Polivy & Herman, 2002; Raphael & Lacey, 1994; Russell, 1988).

Dans le domaine de la psychopathologie, le terme « facteur de risque » fait référence aux caractéristiques et/ou aux expériences individuelles ou aux événements qui sont associés à une plus grande probabilité (i.e. risque) d'obtenir des résultats délétères ou indésirables (Kraemer *et al.*, 1997; Mrazek & Haggerty, 1994). À l'inverse, le facteur de protection augmente la probabilité d'obtenir des résultats positifs en présence d'un facteur de risque, atténuant ainsi l'effet défavorable de ce facteur de risque (Kazdin, Kraemer, Kessler, Kupfer, & Offord, 1997; Stice, 2002).

Ainsi, le modèle biopsychosocial de TCA fait intervenir des facteurs de risque biologiques (i.e. vulnérabilités héréditaires, événements périnataux, processus neuroendocriniens, etc.), psychologiques et cognitifs (i.e. traits de personnalité, émotions négatives, distorsions cognitives corporelles), ainsi que familiaux (i.e. relations avec les parents, histoires psychiatriques de la famille, etc.), et socioculturels (i.e. profession, activités de loisir). L'ensemble de ces facteurs de risque entretiennent entre eux des relations systémiques (Bloks, van Furth & Hoeck, 1999; Brownell & Fairburn, 1995; Garner, 1993; Vanderlinden, 2000).

Le terme « relations systémiques » doit être entendu comme les interactions entre différents éléments; dans le cas présent, entre des facteurs de risque. Au travers de ce modèle, chaque TCA combine donc certaines vulnérabilités biologiques qui, dans un contexte psychosocial défavorable, se cristallisent en un syndrome complexe de nature psychosomatique (Polivy & Herman, 2002; Raphael & Lacey, 1994).

En conclusion, selon les principes de l'approche systémique, chaque situation est unique. Ainsi, une évaluation systématique doit être faite afin de bien cibler la réalité singulière de l'individu qui s'inscrit dans un environnement tout aussi singulier.

Sous-partie 6b
Facteurs biopsychosociaux

Modèle des 3P

Dans cette sous-partie, l'ensemble des facteurs biopsychosociaux selon le modèle des 3P vous sont présentés, mais également ceux qui ont été démontrés empiriquement comme des facteurs étiologiques.

Le modèle des 3P de Garfinkel et Garner de 1982 suppose que, d'une part, les TCA émergent d'un système de facteurs pouvant différer selon les individus et que, d'autre part, les mêmes facteurs ne conduisent pas forcément aux TCA auprès de deux individus différents.

Les TCA se révèlent auprès d'individus « prédisposés » (sur le plan individuel, familial et culturel), à la faveur de facteurs « précipitants » (événements de vie stressants, le régime ou la perte de poids). Ces facteurs sont à leur tour progressivement renforcés par des facteurs « perpétuants » liés à l'environnement et/ou à la privation de nourriture.

| Figure 6.1 | Le modèle des « 3P » de Garner, 1933 |

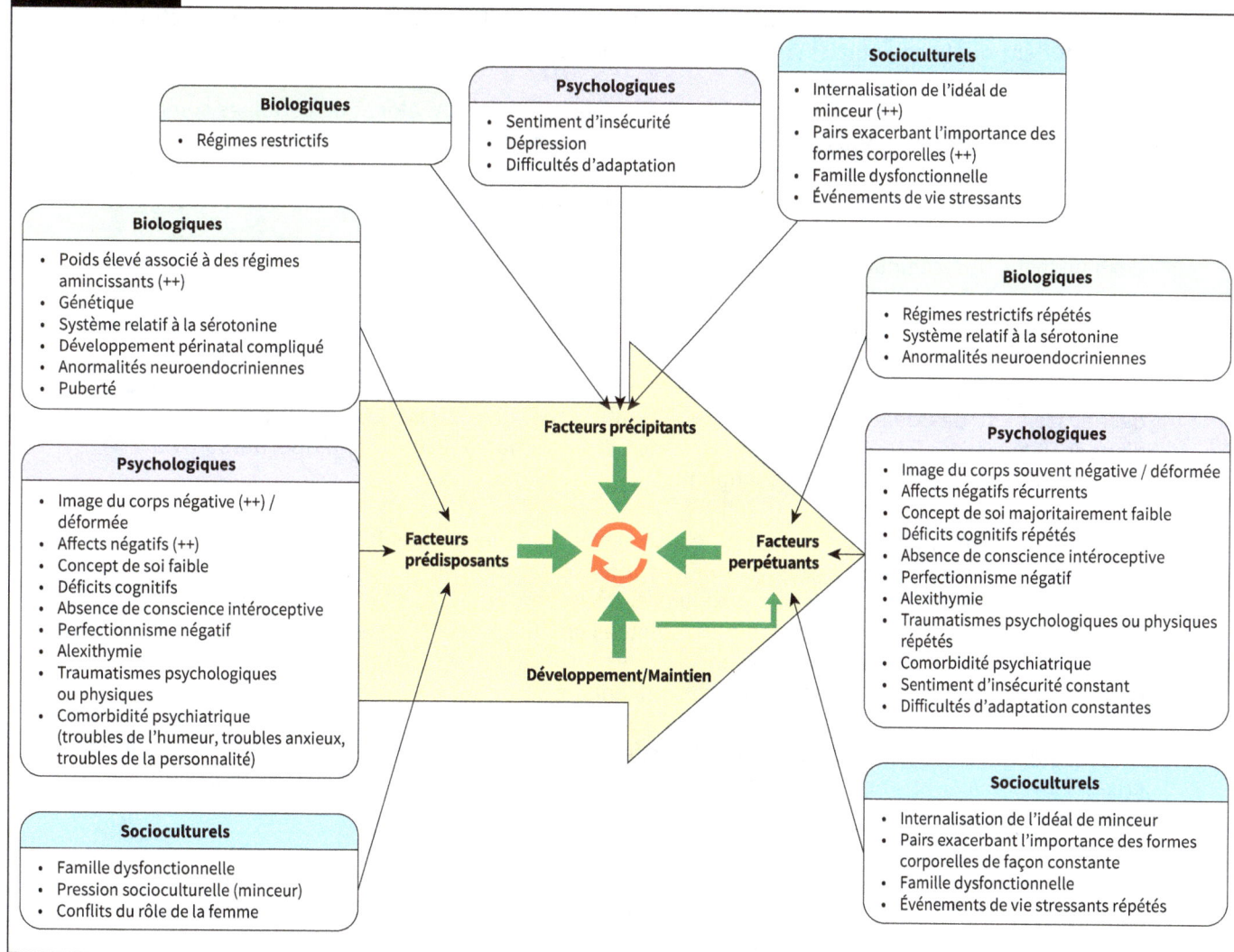

Biologiques
- Régimes restrictifs

Psychologiques
- Sentiment d'insécurité
- Dépression
- Difficultés d'adaptation

Socioculturels
- Internalisation de l'idéal de minceur (++)
- Pairs exacerbant l'importance des formes corporelles (++)
- Famille dysfonctionnelle
- Événements de vie stressants

Biologiques
- Poids élevé associé à des régimes amincissants (++)
- Génétique
- Système relatif à la sérotonine
- Développement périnatal compliqué
- Anormalités neuroendocriniennes
- Puberté

Biologiques
- Régimes restrictifs répétés
- Système relatif à la sérotonine
- Anormalités neuroendocriniennes

Psychologiques
- Image du corps négative (++) / déformée
- Affects négatifs (++)
- Concept de soi faible
- Déficits cognitifs
- Absence de conscience intéroceptive
- Perfectionnisme négatif
- Alexithymie
- Traumatismes psychologiques ou physiques
- Comorbidité psychiatrique (troubles de l'humeur, troubles anxieux, troubles de la personnalité)

Psychologiques
- Image du corps souvent négative / déformée
- Affects négatifs récurrents
- Concept de soi majoritairement faible
- Déficits cognitifs répétés
- Absence de conscience intéroceptive
- Perfectionnisme négatif
- Alexithymie
- Traumatismes psychologiques ou physiques répétés
- Comorbidité psychiatrique
- Sentiment d'insécurité constant
- Difficultés d'adaptation constantes

Facteurs précipitants

Facteurs prédisposants

Facteurs perpétuants

Développement/Maintien

Socioculturels
- Famille dysfonctionnelle
- Pression socioculturelle (minceur)
- Conflits du rôle de la femme

Socioculturels
- Internalisation de l'idéal de minceur
- Pairs exacerbant l'importance des formes corporelles de façon constante
- Famille dysfonctionnelle
- Événements de vie stressants répétés

L'ensemble des facteurs présentés dans la conceptualisation ci-dessus révèle la complexité de l'étiologie des TCA. Ainsi, la compréhension des facteurs ayant mené et maintenant le TCA chez un individu s'avère très ardue. À titre d'exemple, la carte conceptuelle peut devenir un outil très intéressant pour illustrer les différents facteurs de risque et ainsi faciliter la compréhension du trouble.

Sous-partie 6c
Complications médicales

Les TCA induisent des complications psychologiques et physiques qui peuvent conduire à une mortalité dans 0,1 % à 21 % des cas d'anorexie mentale (Alvin, 2001). Ces taux particulièrement élevés de mortalité confèrent aux TCA leur caractéristique de trouble psychiatrique sévère et concernent :

a) l'arrêt cardiaque causé par la dénutrition ou par la variation de la concentration de potassium ;

b) la rupture de l'œsophage suite aux vomissements chroniques ;

c) le suicide.

Selon les TCA, les complications physiques et psychologiques (cf. conceptualisation) sont principalement induites par la dénutrition pour l'anorexie mentale, les comportements compensatoires inappropriés pour la boulimie et l'excès pondéral pour le trouble de l'hyperphagie boulimique.

Les complications psychologiques sont présentes dans chaque TCA, alors que certaines complications physiques sont davantage liées à des troubles en particulier. Les complications médicales sont présentées en fonction des trois principales psychopathologies des TCA (AN, BN, BED) ainsi qu'en fonction de leur localisation anatomique, c'est-à-dire au niveau cutané, cardiovasculaire, digestif, etc.

L'exhaustivité des complications médicales présentées inscrit très clairement les TCA dans le domaine de la médecine psychiatrique au-delà de la psychologie et fait écho aux taux de mortalité particulièrement élevés pour un trouble mental.

Par exemple, il existe des complications de type cutanées (ongles cassants, chute de cheveux, déchaussement des dents ou atteinte de l'émail), générales (amaigrissement, asthénie, perte d'appétit), digestives (atonie intestinale, dilatation de l'estomac, atteinte hépatique) qui sont davantage liées à l'anorexie mentale et à la boulimie.

Les complications squelettiques (retard de croissance, lombalgies, troubles de la statique, ostéoporose) et cardiovasculaires (bradycardie, hypotension artérielle, insuffisance respiratoire) se retrouvent généralement chez les anorexiques et les hyperphagiques. De la même façon, les complications endocriniennes et métaboliques, comme l'aménorrhée, la dysovulation et la potomanie se retrouvent principalement chez les anorexiques, alors que la goutte, l'absence de satiété et le diabète de type 2 sont plutôt liés à l'hyperphagie boulimique.

Les complications neurologiques (baisse de l'attention et de la concentration, atrophie cérébrale, crises convulsives) et immuno hématologiques (anémie) se retrouvent essentiellement en cas d'anorexie mentale.

En conclusion, au regard de l'exhaustivité de ces complications, il importe de retenir que les complications des TCA peuvent être spécifiques à un trouble ou être communes à deux ou trois troubles et qu'elles sont localisées dans différents systèmes physiologiques de l'individu.

Figure 6.2 Complications médicales selon leur localisation anatomique

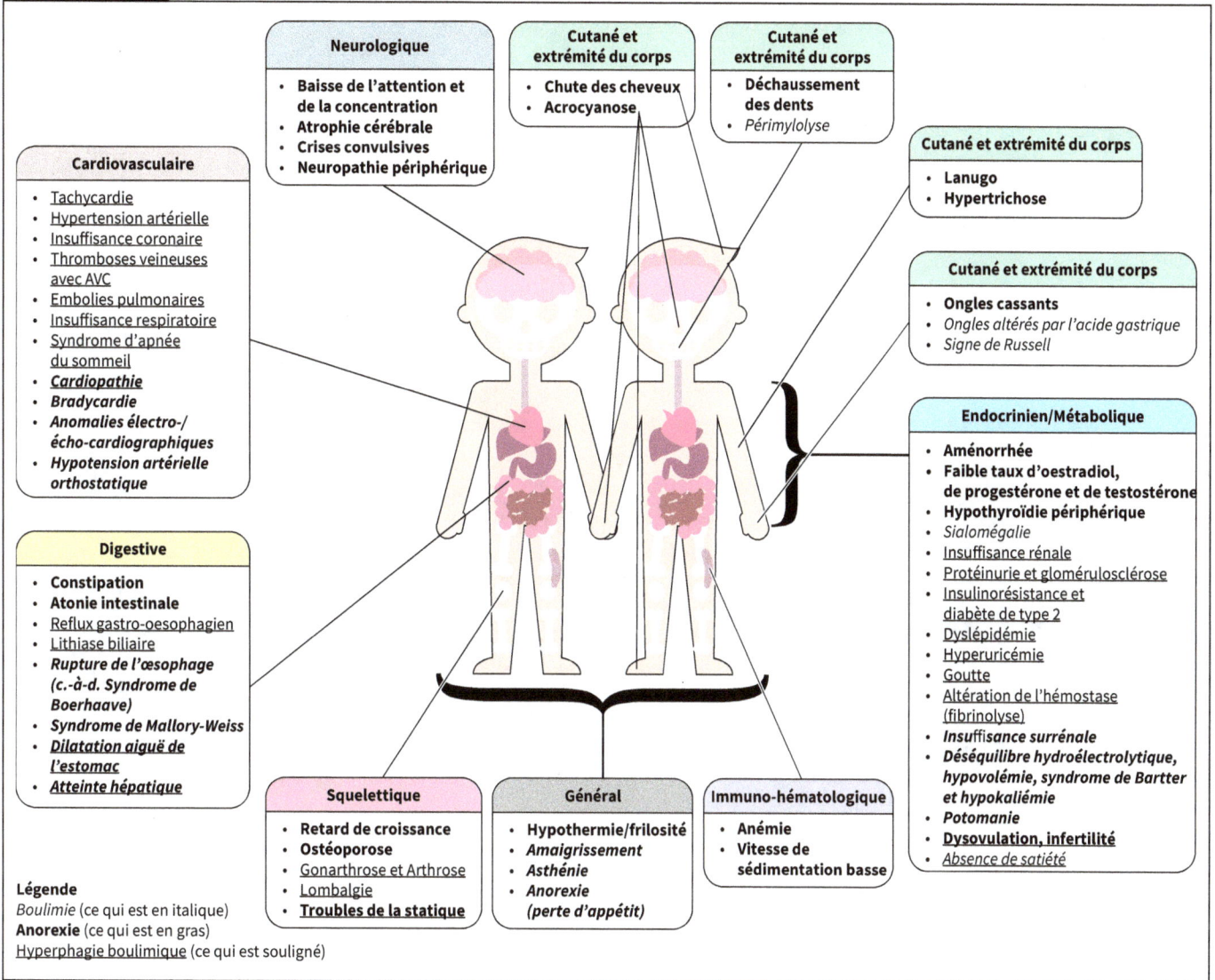

Neurologique

- Baisse de l'attention et de la concentration
- Atrophie cérébrale
- Crises convulsives
- Neuropathie périphérique

Cutané et extrémité du corps

- Chute des cheveux
- Acrocyanose

Cutané et extrémité du corps

- Déchaussement des dents
- *Périmylolyse*

Cutané et extrémité du corps

- Lanugo
- Hypertrichose

Cardiovasculaire

- Tachycardie
- Hypertension artérielle
- Insuffisance coronaire
- Thromboses veineuses avec AVC
- Embolies pulmonaires
- Insuffisance respiratoire
- Syndrome d'apnée du sommeil
- **Cardiopathie**
- *Bradycardie*
- *Anomalies électro-/ écho-cardiographiques*
- *Hypotension artérielle orthostatique*

Cutané et extrémité du corps

- **Ongles cassants**
- *Ongles altérés par l'acide gastrique*
- *Signe de Russell*

Endocrinien/Métabolique

- **Aménorrhée**
- **Faible taux d'oestradiol, de progestérone et de testostérone**
- **Hypothyroïdie périphérique**
- *Sialomégalie*
- Insuffisance rénale
- Protéinurie et glomérulosclérose
- Insulinorésistance et diabète de type 2
- Dyslépidémie
- Hyperuricémie
- Goutte
- Altération de l'hémostase (fibrinolyse)
- *Insuffisance surrénale*
- *Déséquilibre hydroélectrolytique, hypovolémie, syndrome de Bartter et hypokaliémie*
- *Potomanie*
- **Dysovulation, infertilité**
- *Absence de satiété*

Digestive

- **Constipation**
- **Atonie intestinale**
- Reflux gastro-oesophagien
- Lithiase biliaire
- *Rupture de l'œsophage (c.-à-d. Syndrome de Boerhaave)*
- *Syndrome de Mallory-Weiss*
- **Dilatation aiguë de l'estomac**
- **Atteinte hépatique**

Squelettique

- Retard de croissance
- Ostéoporose
- Gonarthrose et Arthrose
- Lombalgie
- **Troubles de la statique**

Général

- **Hypothermie/frilosité**
- *Amaigrissement*
- *Asthénie*
- *Anorexie (perte d'appétit)*

Immuno-hématologique

- **Anémie**
- **Vitesse de sédimentation basse**

Légende
Boulimie (ce qui est en italique)
Anorexie (ce qui est en gras)
Hyperphagie boulimique (ce qui est souligné)

7 | Population-cible des troubles du comportement alimentaire

Johana Monthuy-Blanc, Maud Bonanséa, Marie-Elen Côté

« L'humanité n'est parfaite dans aucun genre, pas plus dans le mal que dans le bien. »

Pierre Choderlos de Laclos

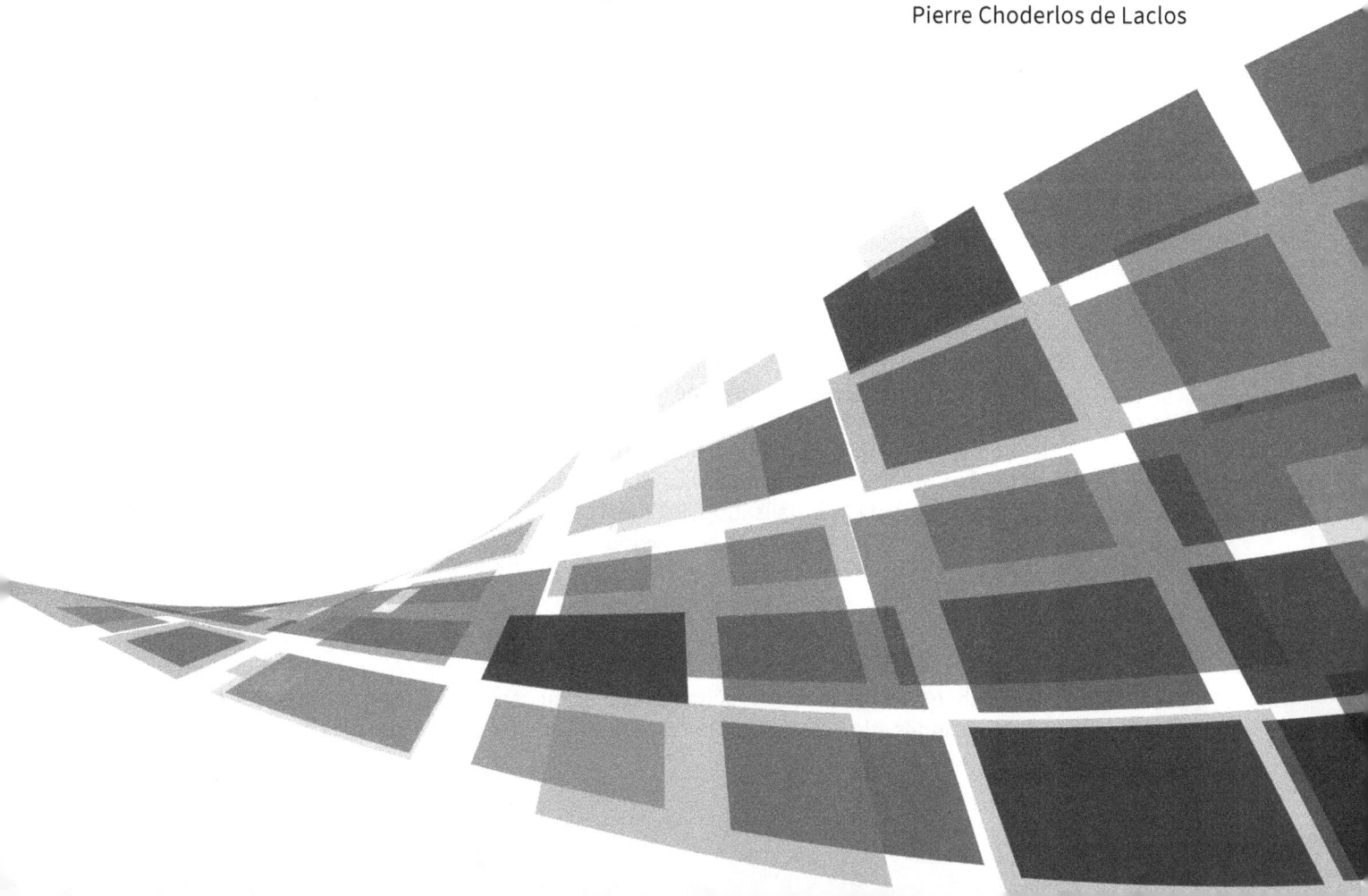

Sous-partie 7a
Genre et ethnie

Cette sous-partie s'intéresse aux populations-cibles des TCA et focalise sur le genre et l'ethnie au travers de deux types d'analyse : théorique et empirique.

Genre

Bien que l'une des premières descriptions d'anorexie mentale en 1689 soit tirée d'un cas d'adolescent (Silverman, 1997), les TCA sont aujourd'hui clairement considérés comme un « trouble mental de femme » présageant de l'existence des différences de genre (homme-femme) spécifiques aux TCA.

Sur le plan théorique, la principale explication relative aux différences de genre des TCA suppose que les femmes sont plus sensibles à la pression socioculturelle concernant les régimes amincissants et l'importance d'être mince qu'à celle concernant l'importance d'avoir une bonne condition physique caractérisant les hommes.

Sur le plan empirique, peu d'études sur les différences de genre sont menées pour des raisons méthodologiques (faible échantillon clinique; validation des outils psychométriques auprès des femmes, exclusion des hommes, etc.), expliquant l'absence de méta-analyse ou de synthèse dans ce domaine (Klinkby Støving *et al.*, 2011).

Outre les différences physiologiques relatives à la masse grasse en fonction du genre (Forbes, 1987 dans Deurenberg, 2002), des études auprès d'une cohorte de jumeaux homozygotes montrent également l'implication des mécanismes endocriniens (vs causes génétiques) – comme la sécrétion de leptine – au niveau des différences de genre (Raevuori *et al.*, 2008; Støving *et al.*, 2009). Une autre étude corrobore ces résultats en indiquant que le dysfonctionnement des hormones et des neurotransmetteurs précède l'émergence des TCA (Goodwin *et al.*, 1987). Plus précisément, une diminution de la sérotonine (5-HT) déclenchée par un régime amincissant a été constatée exclusivement chez les femmes (cf. partie 4a). Une étude récente a révélé que les filles présentent une fréquence des émotions négatives plus élevée que les garçons (Pascual *et al.*, 2012).

En définitive, les recherches sur les différences de genre tendent à confirmer les théories précitées en soulignant l'interaction entre des comportements induits/prônés par la culture comme les régimes amincissants et les vulnérabilités biologiques propres au genre. Ces recherches s'orientent davantage vers un panel de facteurs culturels qui part de la position de subordonnée des femmes dans la société jusqu'aux idéaux de minceur de la société contemporaine, en passant par le rôle de socialisation propre aux femmes. Peu de chercheurs remettent en question le modèle culturel affirmant que les femmes comparées aux hommes ont moins accès à des positions de pouvoir, ont des revenus plus faibles, subissent davantage d'abus et de harcèlements sexuels et se socialisent en adoptant des comportements traditionnellement attendus de la part d'une femme (prendre soin et nourrir les autres) et en misant sur l'apparence physique. Ce modèle souligne le lien entre ces expériences – particulièrement l'internalisation de l'idéal de minceur (cf. partie 7) et l'exposition des abus et harcèlements sexuels – et les risques de développer et de maintenir un TCA.

Ethnie

À la fin des années 80, certains auteurs ont conceptualisé les TCA comme « syndromes ethniques » (Gordon, 1988 dans Stice 1994) à partir de résultats d'études montrant une fréquence des TCA moins élevée chez certains groupes ethniques minoritaires résidant aux États-Unis que chez des Américains vivant aux États-Unis depuis plusieurs générations. Pour Gordon (1988), ces syndromes ethniques correspondent à un patron psychopathologique intimement lié à des attitudes communes; des conflits et des ambitions communes. Cette conceptualisation est sous-jacente à celle qui définit les TCA comme un « syndrome culturel » ultérieurement approfondi (cf. sous-partie 6c). Cette approche culturelle des TCA implique que les femmes qui ne sont pas caucasiennes peuvent être à risque de développer des TCA si elles immigrent d'une culture ne prônant pas la minceur à une culture dite « industrielle » la prônant. La place de l'ethnie dans les TCA fait toujours débat, à ce jour.

Sur le plan empirique, peu d'études sont menées auprès de groupes ethniques à l'exception des descendants européens caucasiens. Les raisons méthodologiques au même titre que celles expliquant l'absence de synthèses sur les différences du genre sont principalement dues au faible échantillon clinique; validation des outils psychométriques auprès des femmes, exclusion des hommes, etc.

Les résultats scientifiques dans ce domaine portent principalement sur des groupes ethniques minoritaires selon leur couleur de peau et montrent que :

a) les femmes caucasiennes sont plus vulnérables au développement des TCA à cause de l'internalisation de l'idéal de minceur (cf. partie 6b) à la différence des femmes africaines dont l'appartenance à leur culture dépend d'un modèle corporel plus arrondi (Gordon *et al.*, 2006) même si l'exposition à l'idéal de minceur est identique;

b) les femmes afro-américaines sont moins intéressées par les régimes amincissants et ont des perceptions corporelles plus positives que les femmes caucasiennes (Gordon *et al.*, 2006);

c) les femmes afro-américaines présentent moins de symptômes boulimiques et rapportent un niveau inférieur d'insatisfaction corporelle que les femmes caucasiennes et hispaniques (Gordon *et al.*, 2006).

Concernant la composition pondérale de groupes ethniques, c'est-à-dire l'IMC et le % de masse grasse, des études récentes concernant davantage les conséquences somatiques d'un BED (surpoids et obésité) montrent que la relation entre l'IMC et le pourcentage de masse grasse diffère selon les groupes ethniques :

a) les Caucasiens ont un IMC plus élevé que les individus asiatiques mais un pourcentage de masse grasse plus faible que ces derniers;

b) les Caucasiens ont un IMC plus faible que les individus « noirs-américains » mais un pourcentage de masse grasse plus élevé que ces derniers.

Notons que dans le groupe ethnique des individus « noirs-américains », les individus de ce groupe sont du Niger, de Jamaïque et des États-Unis. Ces études indiquent que les individus simplement par leur appartenance ethnique ne sont pas égaux face à leur composition corporelle et donc leur capacité à pouvoir l'accepter peut mener ou pas à des TCA.

Sur un plan plus méthodologique, ces études soulèvent la limite des indicateurs pondéraux actuels pour discriminer ou diagnostiquer des TCA et l'importance de les valider en fonction du groupe ethnique.

Pour conclure cette sous-partie, nous avons vu qu'au travers des populations-cibles, deux composantes sont importantes, à savoir : le genre et l'ethnie. Ces deux composantes peuvent également se croiser. Ainsi, des femmes caucasiennes ont plus de risques de présenter des TCA que des hommes non caucasiens.

Sous-partie 7b
Pratique sportive

Concernant la relation entre la pratique sportive et les TCA, il existe plusieurs classifications des pratiques sportives selon leurs caractéristiques dominantes (Beals *et al.*, 1999). Cinq grandes classifications se retrouvent dans la littérature :

1. Les sports dits de minceur versus les sports dits de prise de poids;

2. Les sports de formes corporelles longilignes versus les sports de formes corporelles « normales »;

3. Les sports pour lesquels on observe une préoccupation pour un poids faible versus ceux sans préoccupation pour un poids faible;

4. Les sports répertoriés en six catégories comme les sports d'endurance, les sports esthétiques, ceux dépendant du poids, ceux de balles, ceux de puissance et ceux de technique;

5. Les sports répertoriés en sept catégories comme les sports d'endurance, les sports esthétiques, ceux à catégories de poids, ceux de balles, ceux de puissance, ceux de technique et ceux d'antigravitation.

Dans le DSM-IV ou le DSM-V, les TCA des sportifs n'apparaissent pas comme tels mais on peut supposer qu'en fonction de leur sévérité, ces derniers correspondent à des TCA non spécifiés cliniques (approche catégorielle) ou des précurseurs de TCA spécifiques (anorexie mentale, boulimie, hyperphagie boulimique) au travers d'un continuum (approche dimensionnelle). Ces suppositions sont sous-jacentes au débat des troubles mentaux vus dans la partie 1. À la différence des taux de prévalence des TCA en population générale, il faut savoir que quand on parle de TCA chez les sportifs, cela représente 35 % de femmes et 55 % d'hommes par rapport à la population générale.

Au-delà de la classification séquentielle des TCA du DSM-IV ou du DSM-V, deux principaux TCA propres aux sportifs sont à considérer : l'anorexie sportive (ou anorexie athlétique) et l'anorexie inversée (ou bigorexie). L'anorexie sportive a été au départ identifiée en 1995 (Afflelou, 2009) auprès d'athlètes femmes pratiquant la course à pied sous le nom d'anorexie athlétique. Ce concept se définit aujourd'hui comme un TCA subclinique lié à une activité sportive excessive. L'anorexie sportive présente de nombreuses caractéristiques semblables à l'anorexie mentale, telles que la diminution du poids et les méthodes de contrôle pondéral (p. ex. jeûne, vomissements provoqués, exercice physique excessif, etc.), indépendamment des performances physiques de haut niveau. Toutefois, elle n'est pas associée à une distorsion de l'image corporelle mais plutôt à une recherche d'une corpulence compatible avec des performances sportives sans cesse repoussées. L'anorexie sportive est diagnostiquée en présence de trois troubles médicaux :

1. une anorexie;

2. une aménorrhée;

3. une ostéoporose.

Ce TCA fait partie de ce que les auteurs nomment communément la « Triade des sportives » ou *Female athlete triad*. Pour le sportif, la restriction alimentaire relative à l'anorexie sportive a comme finalité la volonté d'augmenter la performance. L'éventuelle variation pondérale, qui s'inscrit dans des cycles de prise et de perte de poids, serait dépendante des charges d'entraînement. Les troubles relatifs à l'anorexie sportive cesseraient à la fin de la carrière de la sportive et ne seraient que transitoires. L'anorexie inversée ou bigorexie. Peu de temps après l'identification de l'anorexie sportive, des chercheurs ont constaté chez les culturistes issus d'une pratique sportive dite de puissance, la présence d'une anorexie inversée, ou *reverse anorexia*, également connue sous le nom de dysmorphie musculaire ou *muscle dysmorphia* (Pope *et al.*, 1997). D'après ces mêmes auteurs, ce trouble concernant habituellement les hommes se caractérise par une prise pondérale (de la masse maigre par hypertrophie), quels que soient les risques encourus. En d'autres termes, ces sportifs se perçoivent comme étant trop minces et trop chétifs et sont, par conséquent, dans une quête perpétuelle de l'augmentation de la masse musculaire. L'anorexie inversée est ainsi associée à une préoccupation obsessive de l'apparence physique, des comportements compulsifs relatifs à l'exercice physique et dans certains cas à l'utilisation de stéroïdes anabolisants. Par ailleurs, des études précisent que certains sportifs présentent des périodes d'anorexie, au sens strict du terme, avant l'émergence de l'anorexie inversée.

Le point commun entre la population générale et la population des sportifs réside dans l'approche biopsychosociale (cf. partie 5) expliquant le développement des TCA au travers de facteurs biologiques, psychologiques et comportementaux et environnementaux (ou socio-culturels) (Garcia *et al.*, 2008; Sherman et Thompson, 1993; Filaire *et al.*, 2007.). Les facteurs biologiques correspondent au statut ethnique (caucasien), à l'âge (de 12 à 18 ans), au sexe (féminin), à la puberté (transformations biologiques rapides et significatives), au poids (instable, perte rapide et significative), à la sensation d'appétit (diminuée par une sécrétion d'endorphines) et au fonctionnement menstruel (retardé suite à l'augmentation du métabolisme). Les facteurs psychologiques et comportementaux correspondent à la personnalité (dépendante de l'approbation extérieure et/ou obsessionnelle-compulsive, addictive au mouvement et/ou visant la compétition et la performance), au perfectionnisme (orienté vers un but ou vers soi), à l'estime de soi (faible), à l'image du corps (négative ou insatisfaction pondérale) et aux régimes (répétés et chroniques). Les facteurs environnementaux correspondent à la société prônant la minceur, à la famille (dysfonctionnelle, ignorant ou surinvestissant les talents, la réussite des enfants, les pressions pondérales relatives à la masse maigre), aux entraîneurs et aux co-équipiers qui peuvent induire des pressions pondérales relatives à la masse maigre, à la pratique sportive (centrée sur le poids, le niveau élevé de pratique, la fréquence et l'intensité élevées de la pratique et la pratique non instituée ou très compétitive), aux événements de vie (abus physiques ou sexuels, blessures, départ de l'entraîneur, commentaires désobligeants sur l'apparence physique).

Enfin, on s'aperçoit clairement que les facteurs environnementaux sont prépondérants chez la population des sportifs, c'est donc sur ce facteur qu'il faudra d'abord essayer d'agir afin de limiter le développement des TCA et ainsi rentrer dans une démarche allant des composantes environnementales vers les composantes personnelles, car les composantes environnementales sont les plus faciles à changer. Il est important d'intervenir auprès des individus qui gravitent autour du sportif grâce à des outils d'information et de prévention, tels que des guides de recommandation (Monthuy-Blanc *et al.*, 2010) ou encore des ateliers de prévention (Jeux du Québec).

Sous-partie 7c
Contexte socio-culturel

Cette sous-partie cible les populations vivant dans un contexte socioculturel favorisant l'émergence et le maintien des TCA à partir de concepts comme l'internalisation de l'idéal de minceur, l'acculturation de l'ethnie, l'occidentalisation jouant un rôle dans la différence inter-individuelle de l'image du corps.

TCA : syndromes culturels

En guise de postulat, il est important d'indiquer que certains auteurs ont conceptualisé les TCA comme des « syndromes culturels » ou *culture-bound syndromes* correspondant à un ensemble de signes et de symptômes – excluant les notions de cause à effet – qui ont une signification particulière et qui sont restreints à un nombre limité de cultures (Prince, 1985 dans Keel & Klump, 2003). Le postulat des syndromes culturels réside dans des faibles taux de prévalence de TCA observés chez :

a) des minorités ethniques;

b) des pays non-occidentaux;

c) en présence d'une relation positive entre l'occidentalisation et les TCA (Stice, 1994 dans Guy, Yuko, Michael & Kevin, 2005).

En d'autres termes, les études épidémiologiques indiquent une absence ou une minorité d'individus présentant des TCA dans les cultures non-occidentales comme l'Asie (à l'exception du Japon), l'Afrique, l'Amérique du Sud ainsi que le Moyen-Orient.

Valeurs des sociétés occidentales

Les médias au service de l'idéal de minceur

Les populations vivant dans des sociétés occidentales où les dictats de minceur riment avec idéal de beauté sont plus à risque que les autres populations n'y résidant pas. Ces sociétés dévoilent un corps :

a) le plus souvent manipulé et utilisé à des fins de consommation;

b) sous contrôle permanent;

c) soumis à des restrictions rigides pour correspondre au corps idéalisé.

Les principaux messagers de cet idéal de minceur pouvant mener aux TCA sont les médias sous toutes ces modalités : télévision, magazines, affiches. Selon Keel & Klump (2003), ces médias exposent des icônes de beauté toujours plus minces, ces dernières années, et publient de plus en plus d'articles sur les méthodes de perte de poids. L'omniprésence des corps idéalisés basés sur la minceur et l'accent sur l'alimentation et le contrôle du poids définissent les sociétés occidentales comme des sociétés de l'image où l'apparence physique prime. Comme l'indiquent Jung & Forbes (2007) d'après des écrits de Thompson en 1999, le pouvoir des médias est incontestablement destructeur sur l'image de soi et donc l'image du corps et contribue grandement à l'insatisfaction corporelle présente dans les régions industrialisées. Les études montrent que l'achat des magazines de fitness combinant idéal de minceur et stratégie de perte de poids est corrélé aux TCA à la fois directement et indirectement par l'intermédiaire de l'approbation de la « Superwoman », cette femme aux formes parfaites. Le fait d'adopter et donc d'internaliser cet idéal rend, à son tour, la femme plus susceptible de développer des comportements compensatoires inappropriés pouvant mener vers les TCA.

Au-delà des sociétés occidentales, on parle également « d'occidentalisation » de certains pays pouvant mener aux TCA. Ce processus correspond aux changements économiques, sociaux et politiques résultant de l'exposition à des valeurs et des pratiques occidentales. De fait, la culture prédominante aux États-Unis, par exemple, qui réfère à une population majoritairement blanche ou occidentale, stipule que l'apparence physique au XXe siècle est fondamentale pour la femme en ce qui a trait à la valeur et le rôle dans la société et que le corps idéal réfèrerait davantage à un idéal de minceur (Katz, 1985).

L'idéal de la femme dans les pays industrialisés : Concernant les pays industrialisés, les changements dans le rôle de la femme observés depuis les dernières années sont notables et se présentent comme une pièce à deux faces. Une face positive où le changement marqué vers l'égalité des sexes donne aux femmes plusieurs opportunités de réalisation de soi. Une face négative où le changement place les femmes devant des pressions croissantes pour se conformer à un poids ou des formes corporelles souvent irréalistes. Dans ce cas, la barrière qui sépare les populations asymptomatiques des cliniques des TCA devient fragile. À l'image du modèle des 3P exposé précédemment, l'importance accordée à l'apparence physique prédispose les femmes des pays industrialisés à être insatisfaites de leur apparence physique (Stice, 1994 dans Guy, Yuko, Michael & Kevin, 2005). Puisque l'insatisfaction corporelle constitue un facteur de risque prépondérant quant au développement des TCA, il semble évident que l'influence négative de l'industrialisation sur l'image apparaisse pour certains auteurs comme une évidence (Stice, 2002 dans Guy, Yuko, Michael & Kevin, 2005). Par ailleurs, il semble que l'abondance, la proximité et la facilité à se procurer de la nourriture, caractéristiques des populations industrialisées, viendraient jouer dans le rapport entretenu à la nourriture. La mondialisation émergente de la culture de consommation joue un rôle dans l'augmentation de la prévalence des TCA dans les pays occidentaux constatée par certains auteurs. En opposition, les ressources alimentaires étant limitées dans les pays non industrialisés occidentaux expliqueraient en partie la raison pour laquelle les populations ne peuvent se permettre de « jouer » avec la nourriture (Palazzoli, 1985 dans Gordon, 2004).

Rôle de la culture/acculture pour les populations cibles des TCA

L'image du corps chez les minorités ethniques : Les minorités ethniques, comme par exemple les « femmes noires » issues d'ethnies africaines présentent des idéaux de beauté différents de leurs homologues caucasiennes. En effet, ces femmes noires présentent une tolérance, voire une fierté pour des formes corporelles arrondies et un surpoids, une pression pondérale perçue faible, voire inexistante, une satisfaction corporelle élevée et une importance accordée à la personnalité plutôt qu'au corps. Par ailleurs, ces différences observées suggèrent que l'identité de genre et les rôles liés au genre ont une influence dans la perception de l'image du corps. Les formes corporelles arrondies de la femme noire sont connotées positivement à la force et à la maternité.

L'image du corps des populations acculturées : Les minorités confrontées aux valeurs des pays industrialisés n'adoptent pas les valeurs de la culture d'accueil de la même façon et au même niveau. Parmi les minorités ethniques, deux types de populations relatives aux TCA émergent :

1. Les populations non acculturées;

   - Théoriquement, les populations non acculturées, comme l'exemple des femmes noires, n'adoptent pas les idéaux de minceur de la société occidentale et conservent leurs valeurs personnelles issues de leur culture ethnique;

2. Les populations acculturées identifiées dans cette sous-partie comme des populations-cibles des TCA;

   - En revanche, les populations acculturées sont particulièrement sensibles à certains agents sociaux comme les médias ou les pairs caucasiens.

Empiriquement, il a été démontré auprès de femmes noires que ces populations adoptent les idéaux de minceur de la société occidentale dans laquelle elles vivent. Ainsi, l'internalisation des valeurs véhiculant des modèles de beauté idéalisés est corrélée à une perception négative du soi et par conséquent à une insatisfaction corporelle (Stice, 2002 dans Guy, Yuko, Michael & Kevin, 2005). Ce phénomène est nommé acculturation – peut s'appliquer aux hommes – et réfère ainsi au processus selon lequel l'individu adopte les comportements, attitudes, croyances et/ou valeurs d'une culture nouvelle, dominante, même si ces derniers sont en contradiction avec les propres valeurs personnelles ethniques. (Kempa & Thomas, 2000). En d'autres termes, il est possible de supposer que plus un individu est « acculturé » face à une culture, plus il est attentif aux idéaux de beauté véhiculés, internalise à un niveau X ces modèles et plus il est sujet à développer une insatisfaction corporelle pouvant mener à des TCA.

Notons que la distinction entre populations non acculturées et populations acculturées s'applique dans ce cadre de minorités ethniques dont l'idéal de beauté est identique aux femmes noires. Chez les femmes asiatiques, le perfectionnisme et l'investissement marqués sur l'apparence physique rendent les femmes plus vulnérables quant à leur désir de changer pour correspondre aux idéaux de beauté. Dans une société occidentale prônant l'idéal de minceur, ce ne serait plus une acculturation qui serait sujette aux TCA mais ce qu'on pourrait nommer une « sur-acculturation ». Notons que le processus d'acculturation peut s'appliquer aux hommes. En effet; les critères de beauté diffèrent également d'une culture à l'autre (Greenberg & LaPorte, 1996 dans Grabe & Hyde, 2006). À titre d'exemple, l'homme issu d'une communauté noire tend à préférer les silhouettes en chair et leur associe une valeur positive à l'opposé de l'homme caucasien qui préfère les silhouettes plus fines, ce qui peut grandement affecter la désirabilité des femmes caucasiennes à correspondre aux idéaux de minceur.

Religion (mésosystème)

Le système de croyances d'un individu a sa part de responsabilités dans le développement de TCA. De fait, certaines religions entretiennent des rapports particuliers à la nourriture qui peuvent avoir des incidences sur le risque de présenter un TCA. De nombreux rituels régissent la vie au quotidien de certains pratiquants, que ce soit des pratiques alimentaires strictes ou encore des rituels lors des repas. La préparation des repas peut également faire l'objet d'une surveillance accrue et puisque ce domaine de pratique revient souvent aux femmes, elles en sont le plus touchées. Il semble donc que l'adhérence stricte à une religion ne soit aucunement un élément protecteur quant au développement d'un TCA.

Caractéristiques sociodémographiques (microsytème)

Plusieurs facteurs semblent avoir des influences sur l'émergence de la notion d'insatisfaction corporelle chez la femme. Les changements relatifs à l'âge semblent avoir un certain impact sur la perception qu'ont les femmes de leur corps. À cet égard, il semble que l'insatisfaction corporelle aurait tendance à être plus prononcée et donc à augmenter à l'entrée au secondaire, donc de 13 à 17 ans, pour atteindre une certaine stabilité à l'âge adulte. Cependant, les antécédents relatifs à l'ethnie doivent être pris en considération ici aussi puisque l'insatisfaction corporelle va tendre à diverger selon la race qui devient de plus en plus prononcée en vieillissant.

La famille

Il a été question des médias dans le rôle que peut prendre la culture en ce qui a trait aux risques de présenter un TCA. L'influence des médias est fortement transitée par les groupes tels que la famille, les amis, etc. dans lesquels la notion fondamentale d'identité est soutenue. De fait, de par les interactions avec les membres des différents groupes, l'individu est à même de forger son identité et son image de lui-même. La façon dont le groupe de référence transmet et véhicule les messages liés à l'image corporelle et à la minceur prend ici toute son importance dans le processus d'association entre l'influence de ces valeurs culturellement transmises et le risque de développer un TCA. Ainsi, l'individu est par le fait même amené à développer un rapport sain ou non quant à son image corporelle. La famille et les groupes de références plus larges sont considérés comme des médiateurs de la culture de différentes façons. En effet, ils ont leur part de responsabilités à la fois dans le contenu des messages véhiculés, mais également dans le style de transmission utilisée. À cet égard, dans le cas de la famille par exemple, certaines caractéristiques particulières seraient prédisposantes à l'émergence de TCA; des conditions critiques en ce qui a trait à l'environnement familial, le contrôle parental de style coercitif, un discours sur le poids sous-tendant un rapport à la nourriture et aux perceptions de soi distordues (Haworth-Hoeppner, 2002). Par ailleurs, ces caractéristiques ne s'additionnent pas en termes de risque, mais combinées à d'autres conditions, peuvent avoir un impact sur la prédisposition de développer un TCA.

Pour conclure, il est important de se rappeler que l'individu évolue dans un contexte social complexe dans lequel il est constamment influencé par ce qui l'entoure, lui-même influençant son environnement en retour. Dans une perspective sociale, au-delà de l'impact des médias sur le développement des TCA, il existe une multitude d'autres facteurs environnementaux proximaux et distaux qu'il importe de considérer dans le portrait étiologique de ces troubles.

8 | Trajectoires cliniques ou pronostic

Johana Monthuy-Blanc

*« Les troubles du comportement alimentaire passent longtemps inaperçus,
ils grignotent le corps en silence et puis, tout à coup, ils frappent.
Le secret est levé. Vous êtes en train de mourir. »*

Marya Hornbacher

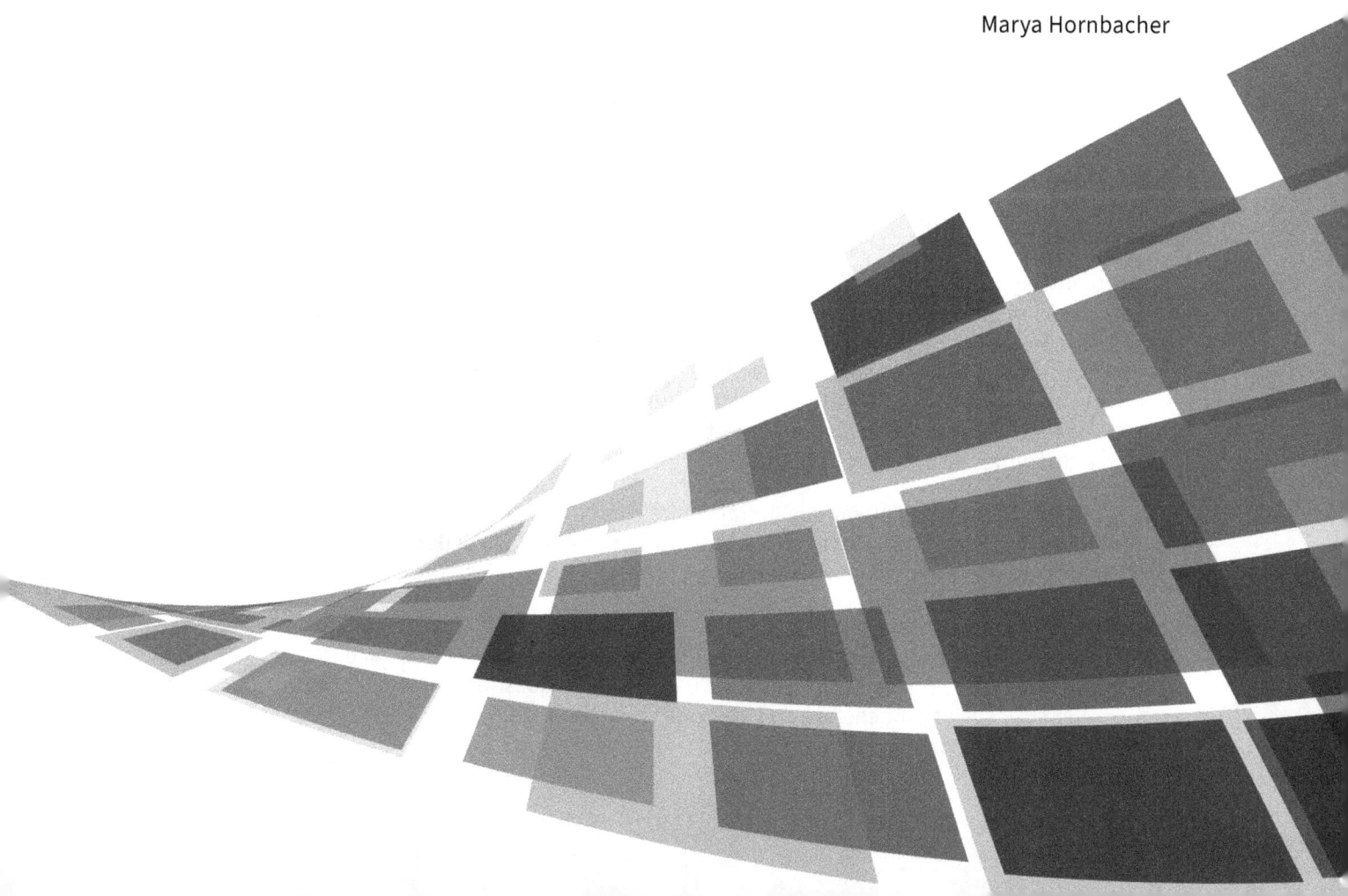

Sous-partie 8a
Évolution du pronostic

L'intervention thérapeutique intensive et longue des TCA inhérente aux phénomènes de résistance et de déni précédemment cités a sensibilisé les cliniciens et les chercheurs à la question du pronostic des TCA. En effet, les premières études de suivi (c.-à-d. rétrospectives, prospectives à deux mesures ou longitudinales à mesures répétées) concernant l'évolution de ces psychopathologies datent des années 1960. La plus ancienne, intitulée *Observation on the prognosis in anorexia nervosa* fut publiée en 1954 (Fisher, 2003).

À partir des années 1980 et ce jusqu'à aujourd'hui, plusieurs auteurs ont rédigé des synthèses ou des recensions d'études de suivi afin d'établir une tendance générale du pronostic des TCA (Ficher, 2003; Finfgeld, 2002; Hsu, 1996; Pike, 1998; Steinhausen, 1997, 1999, 2002).

Évolution

Les différentes recensions d'études de suivi (Finfgeld, 2002; Fisher, 2003; Hsu, 1996; Pike, 1998; Steinhausen, 1997, 1999, 2002, 2009) présentent des conclusions générales similaires : 50 % des individus présentant un TCA guérissent, 30 % s'améliorent et 20 % ne changent pas. Plus précisément, une recension des écrits scientifiques (cf. Pour aller plus loin) à partir d'études menées entre 1986 et 2005 dans plusieurs pays du monde établit l'évolution générale des trois principaux TCA – anorexie mentale, boulimie et hyperphagie boulimique – selon l'échelle trichotomique de Morgan et Hayward (1988) mais s'intéresse également au pronostic psychologique et psychiatrique, à la mortalité et aux indicateurs biologiques.

Cette recension confirme à la fois les conclusions générales précitées, soit 50 % du type favorable, 30 % du type intermédiaire et 20 % de type défavorable et indique également des taux plus défavorables pour l'anorexie mentale, soit 30 % du type favorable, 50 % du type intermédiaire et 20 % de type défavorable.

De plus, l'évolution de l'anorexie mentale est plus associée à une comorbidité psychiatrique de type anxieux et à des taux de mortalité plus élevés que la boulimie, plus associée à la dépression et évoluant vers l'hyperphagie boulimique, dont les résultats restent peu concluants.

Tendance temporelle

Concernant l'anorexie mentale, Steinhausen (1997, 1999, 2002) a recensé 119 études de suivi afin de présenter la tendance générale du pronostic de l'anorexie mentale auprès de 438 individus présentant une anorexie. Même si le taux de rémission de l'anorexie mentale reste insuffisant, la proportion d'individus présentant une anorexie guérie (i.e. type favorable) augmente (cf. Tableau 8.1). En l'occurrence, la proportion de patientes présentant une amélioration clinique (i.e. type intermédiaire) diminue de façon linéaire et la tendance des taux de chronicité n'est pas complètement stable pour les quatre périodes respectives.

Ces résultats généraux indiquent que la trajectoire clinique des individus présentant une anorexie a récemment été améliorée. Cette conclusion pourrait être due partiellement à un diagnostic plus précoce des patientes anorexiques (Steinhausen, 1999).

Cependant, le même auteur montre, en 2002, qu'il n'existe pas d'effet de cohorte significatif au niveau des taux de rémission en fonction de trois périodes de suivi (i.e. 47 % entre 1950 et 1979, 49,9 % entre 1980 et 1989 et 47,2 % entre 1990 et 1999). La question de l'influence de la tendance temporelle sur l'évolution générale de l'anorexie mentale reste ouverte et implique que d'autres études plus approfondies soient menées.

| Tableau 8.1 | Pronostic de l'anorexie mentale au cours du temps |

Pronostic	1950/1960			1970			1980			1990		
	N	M (%)	EC (%)	N	M (%)	EC (%)	N	M (%)	EC (%)	N	M (%)	EC (%)
Favorable	227	40,3	20,6	653	44,4	19,5	1 598	45,8	16,4	1 137	51,7	19,2
Intermédiaire	466	50,5	18,7	448	35,8	18,6	1 483	30,2	14,9	1 114	26,5	17,3
Défavorable	670	19,6	10,8	787	16,7	8,4	1 384	20,0	9,4	1 114	16,3	11,6

Notes. N : taille de l'échantillon; M : moyenne; EC : Écart-type

En conclusion, au même titre que les recensions relatives à l'épidémiologie des TCA, celles relatives à l'évolution des TCA font apparaître bon nombre de limites quantitatives et qualitatives, principalement méthodologiques (Clausen, 2008; Richard, Bauer, Kordy & COST Action B6, 2005; Steinhausen, 1997; Vrabel, Rosenvinge, Hoffart, Martinsen & Rø, 2008). L'une des principales limites réside dans l'hétérogénéité des définitions inhérentes aux évolutions des TCA et dans le manque d'explicitations des critères constitutifs du pronostic de cette psychopathologie. En d'autres termes, si les auteurs s'accordent à définir un pronostic favorable d'un pronostic intermédiaire ou défavorable selon le nombre de symptômes anorexiques et de rechutes présentées par l'individu atteint d'un TCA, ils ne précisent ni ce qu'ils entendent par symptômes ou rechutes ni les critères permettant de mesurer ces symptômes et de quantifier ces rechutes.

Sous-partie 8b
Critères diagnostiques

Au-delà des pronostics des TCA, incluant à la fois des symptômes biologiques, comportementaux, psychologiques et relationnels, les chercheurs ont porté leur attention sur l'identification des critères constitutifs de ces évolutions possibles telles que la fréquence et la durée des symptômes ainsi que les indices empiriques et cliniques. Ces critères constitutifs ont été établis principalement pour l'anorexie mentale et ont été généralisés aux principaux TCA.

Score clinique général

Garner, Moldofsky et Garfinkel (1977) ont été les premiers à quantifier l'état clinique de patientes anorexiques et à fournir des critères constitutifs du pronostic de la patiente. En 1977, ils ont ainsi développé un score clinique général qui est encore utilisé par plusieurs études. Le score clinique général est la somme des scores obtenus à quatre échelles (c.-à-d. poids, habitudes alimentaires, indice social, et indice scolaire et/ou professionnel). Ce score est compris entre 0 et 23 : un score de 0 à 3 correspond à une « rémission »; un score entre 4 et 7 à une « amélioration »; un score de 8 à 11 à un « état symptomatique » et un score supérieur à 12 à un « mauvais pronostic ». Toutefois, ce score clinique global caractérise l'état clinique d'une patiente « biopsychosocialement » lors d'un instant t (c.-à-d. moment de la passation du questionnaire), sans prendre en compte un aspect essentiel, soit la durée de cet état clinique. En effet, les mesures des études de suivi des TCA montrent une variabilité élevée dans leur évolution (cf. transdiagnostic de Fairburn, 2003).

Cinq évolutions possibles

Kordy *et al.* (2002) ont mené une étude réunissant des experts issus de 19 pays européens (cf. Pour aller plus loin). Cette recherche qui regroupe 1 171 personnes présentant une anorexie mentale suivies durant 2,5 ans utilise l'approche de Frank *et al.* (1991) pour définir avec précision cinq évolutions possibles de l'anorexie mentale. Au-delà de l'épisode anorexique, la rémission partielle (équivalant à la forme subclinique de l'anorexie mentale) est une période durant laquelle la personne présentant une anorexie mentale présente moins de symptômes anorexiques, moins sévères. Par exemple, comme le montre le tableau 8.2, une personne anorexique de type boulimique présentant un Indice de Masse Corporelle supérieur 17,5 kg/m² et une absence de vomissements provoqués et d'utilisation de laxatifs mais avec moins d'un accès hyperphagique par semaine, depuis au moins un mois est dite en rémission partielle. La rémission complète est une période durant laquelle la patiente anorexique ne présente plus de symptômes anorexiques. Le rétablissement correspond aux mêmes critères que la rémission complète mais sur une durée de 12 mois. Une rechute est un retour de tous les critères diagnostiques de l'anorexie mentale (selon le DSM) pour un épisode anorexique durant la période de rémission mais précédant le rétablissement. La récurrence est l'apparence d'un nouvel épisode anorexique qui a lieu seulement après un rétablissement.

Tableau 8.2 — Critères de rémission partielle, de rémission complète, de rétablissement, de rechute et de récurrence de l'anorexie mentale

Symptômes	Pronostic		
	Rémission partielle (1 mois)	Rémission complète (3 mois)	Rétablissement (12 mois)
Anorexie mentale de type restrictif			
Insuffisance pondérale (kg/m²)	IMC > 17,5	IMC > 19	IMC > 19
Peur de grossir	–	Pas extrêmement	Pas extrêmement
Vomissements provoqués	0	0	0
Utilisation de laxatifs	0	0	0
Accès hyperphagiques (par semaine)	0	0	0
Anorexie mentale de type boulimique avec purge			
Insuffisance pondérale (kg/m²)	IMC > 17,5	IMC > 19	IMC > 19
Peur de grossir	–	Pas extrêmement	Pas extrêmement
Vomissements provoqués	0	0	0
Utilisation de laxatifs	0	0	0
Accès hyperphagiques (par semaine)	≤ 1	0	0
Rechutes : Changement d'une rémission partielle ou complète à une anorexie mentale clinique (selon le DSM-IV-R)			
Récurrences : Changement d'un rétablissement à une anorexie mentale clinique (selon le DSM-IV-R)			

IMC : Indice de masse corporelle

Index de changement significatif

Concernant la rémission, Jacobson et Truax (1991) proposent plutôt de recourir à des critères d'évolution entre un état clinique initial et final applicables à tout outil de mesure dimensionnel, plutôt qu'un ensemble de critères constitutifs d'un état clinique final comme ceux présentés par Kordy *et al.* (2002). Selon Jacobson et Truax (1991), pour tout TCA – mesuré de manière dimensionnelle – il est possible de calculer un index de changement significatif ou *Reliable Change Index* (RCI) permettant de caractériser l'évolution entre deux états cliniques. Selon ces auteurs :

Selon ces auteurs, avec :

- S_t : l'erreur type de mesure;

- σ : l'écart-type;

- r : l'indice de fidélité (alpha de Cronbach ou corrélation test-retest).

$$RCI = S_t \times \text{▨▨▨▨} \times \sqrt{\text{▨}}$$

où

$$S_t = \sigma \times \sqrt{\text{▨} - r}$$

En conclusion, comme le soulignent Vrabel *et al.* (2008), il n'existe pas de consensus concernant la définition du pronostic des TCA. Toutefois, au regard de la présence et de la variété des symptômes psychologiques et sociaux persistantes après le retour du poids à la normale, les auteurs s'accordent à dire que les critères constitutifs du pronostic des TCA doivent être biopsychosociaux (Noordenbos et Seubring, 2006; Steinhausen et Weber, 2009). La dernière version du DSM (2013) a partiellement intégré la notion de critères constitutifs du pronostic des TCA en établissant une correspondance entre la disparition de certains critères diagnostiques et le niveau de rémission (c.-à-d., complète ou partielle). Par exemple, les critères de la rémission partielle de l'anorexie mentale correspondent à la disparition du critère A (faible poids) pour une longue période de temps mais le critère B (peur intense de prendre du poids ou de devenir gros(se), ou comportements persistants allant à l'encontre de la prise de poids) ou le critère C (altération de la perception du poids ou de la forme de son propre corps) sont toujours présents. Toutefois, ces critères ne sont pas suffisants pour établir précisément le pronostic des TCA qui doit prendre en compte les critères constitutifs précités.

Sous-partie 8c
Facteurs pronostiques

Comme le formulait déjà Russell lors de la première conférence internationale sur l'anorexie mentale en 1976 : « *Un des mystères [des TCA] réside dans l'imprévisibilité du pronostic chez un patient* ». Cette imprévisibilité, au même titre que la météorologie, s'explique par les relations complexes entre les facteurs pronostiques ainsi que leur hétérogénéité. Il existe une grande diversité du nombre de recherches portant sur les facteurs pronostiques en fonction du TCA.

En effet, si plusieurs recensions des écrits ont été publiées sur les facteurs pronostiques de l'anorexie mentale et la boulimie, à notre connaissance, peu d'études s'intéressent spécifiquement à l'hyperphagie boulimique. Après avoir présenté une synthèse des facteurs pronostiques de l'anorexie mentale et de la boulimie selon l'approche biopsychosociale à partir des résultats des principales recensions, ceux relatifs à l'hyperphagie boulimique à partir d'études sont discutés.

Facteurs pronostiques de l'anorexie mentale

D'après les dernières recensions des écrits dans le domaine (Finfgeld, 2002; Steinhausen, 2002), les principaux facteurs pronostiques de l'anorexie mentale mettent en évidence des facteurs liés à l'histoire médicale de l'individu (c.-à-d. âge d'émergence du trouble, durée/sévérité des symptômes, durée du traitement, anomalie clinique et développementale), un facteur biologique (c.-à-d. perte de poids), des facteurs psychologiques et comportementaux (c.-à-d. hyperactivité/régime, vomissements provoqués, accès hyperphagiques/abus de purgatifs, personnalité hystérique et obsessionnelle compulsive) et des facteurs sociaux (c.-à-d. relation parents-enfants, statut socioéconomique).

Cette répartition met en évidence la prédominance des facteurs psychologiques et comportementaux dans l'évolution de l'anorexie mentale, lui conférant son appartenance aux troubles mentaux et comportementaux.

Facteurs pronostiques de la boulimie

Une seule recension – celle de Steinhausen (2009) – analyse un nombre élevé d'études portant sur les facteurs pronostiques de la boulimie. Toutefois, les résultats sont souvent inconsistants, c'est-à-dire controversés ou non significatifs (cf. conceptualisation).

Parmi les facteurs influençant le pronostic de la boulimie, on trouve des facteurs relatifs aux caractéristiques spécifiques de la boulimie (c.-à-d. âge d'émergence du trouble, durée du trouble, présence et type de symptômes durant le 1er mois du traitement), un facteur biologique (c.-à-d. historicité de surpoids), des facteurs psychologiques et comportementaux (c.-à-d. estime de soi, historicité de dépression, comorbidité psychiatrique, fréquences des accès hyperphagiques, abus de purgatifs, importance du poids et de la forme corporelle) et des facteurs sociaux (c.-à-d. niveau socioéconomique, relations intimes, adaptation sociale, stress psychosocial, statut professionnel, obésité familiale, fonctionnement familial, abus physique).

Facteurs pronostiques de l'hyperphagie boulimique

À notre connaissance, il n'existe pas de recension des écrits portant spécifiquement sur les facteurs pronostiques de ce TCA; certainement à cause de son apparition récente comme TCA à part entière dans la dernière version du DSM (APA, 2013).

Les prédicteurs relatifs à la réponse de l'individu aux traitements démontrés comme étant les plus efficaces qui s'apparentent le plus à des facteurs pronostiques sont répertoriés selon l'approche biopsychosociale (cf. conceptualisation). On note que peu d'auteurs se sont intéressés aux facteurs pronostiques sociaux.

En conclusion, si les recensions et synthèses concernant les facteurs pronostiques (Finfgeld, 2002; Steinhausen, 2002) mettent en évidence une quinzaine de facteurs influençant l'évolution des TCA, certains résultats d'études de suivi à court, moyen et long terme n'ont pas été pris en compte par ces recensions et synthèses et d'autres se sont ajoutés à ceux de ces recensions et synthèses au cours des cinq dernières années.

Par exemple, dans le cas du facteur biologique, les faibles taux d'albumine et de créatinine prédisent un pronostic défavorable. Par ailleurs, le nombre limité de facteurs pronostiques concernant particulièrement l'hyperphagie boulimique implique la nécessité de s'y intéresser pour augmenter l'efficacité thérapeutique.

Figure 8.1 **Facteurs pronostiques des TCA**

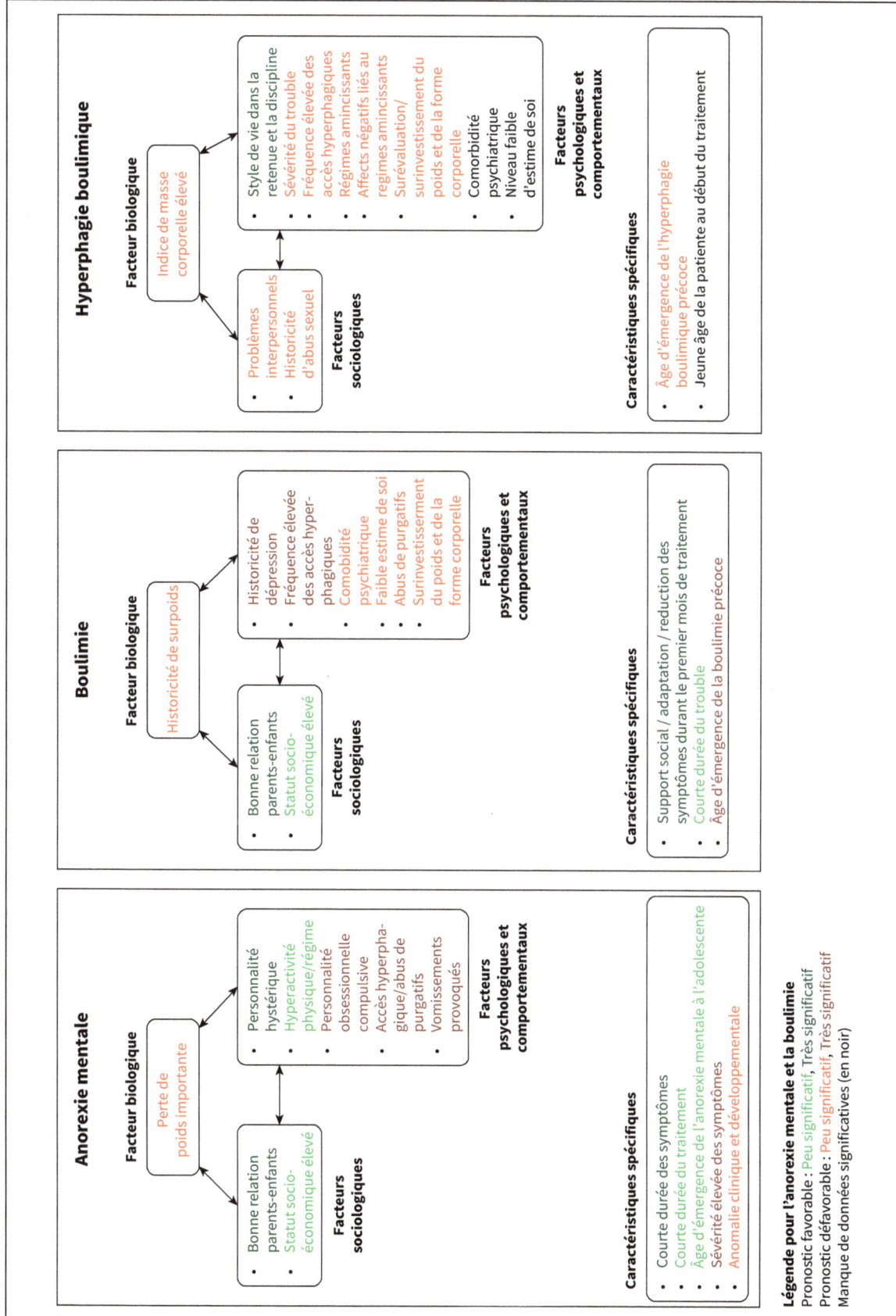

Anorexie mentale

Facteur biologique
- Perte de poids importante

Facteurs sociologiques
- Bonne relation parents-enfants
- Statut socio-économique élevé

Facteurs psychologiques et comportementaux
- Personnalité hystérique
- Hyperactivité physique/régime
- Personnalité obsessionnelle compulsive
- Accès hyperpha-gique/abus de purgatifs
- Vomissements provoqués

Caractéristiques spécifiques
- Courte durée des symptômes
- Courte durée du traitement
- Âge d'émergence de l'anorexie mentale à l'adolescente
- Sévérité élevée des symptômes
- Anomalie clinique et développementale

Boulimie

Facteur biologique
- Historicité de surpoids

Facteurs sociologiques
- Bonne relation parents-enfants
- Statut socio-économique élevé

Facteurs psychologiques et comportementaux
- Historicité de dépression
- Fréquence élevée des accès hyper-phagiques
- Comorbidité psychiatrique
- Faible estime de soi
- Abus de purgatifs
- Surinvestissement du poids et de la forme corporelle

Caractéristiques spécifiques
- Support social / adaptation / reduction des symptômes durant le premier mois de traitement
- Courte durée du trouble
- Âge d'émergence de la boulimie précoce

Hyperphagie boulimique

Facteur biologique
- Indice de masse corporelle élevé

Facteurs sociologiques
- Problèmes interpersonnels
- Historicité d'abus sexuel

Facteurs psychologiques et comportementaux
- Style de vie dans la retenue et la discipline
- Sévérité du trouble
- Fréquence élevée des accès hyperphagiques
- Régimes amincissants
- Affects négatifs liés au regimes amincissants
- Surévaluation/surinvestissement du poids et de la forme corporelle
- Comorbidité psychiatrique
- Niveau faible d'estime de soi

Caractéristiques spécifiques
- Âge d'émergence de l'hyperphagie boulimique précoce
- Jeune âge de la patiente au début du traitement

Légende pour l'anorexie mentale et la boulimie
Pronostic favorable : Peu significatif, Très significatif
Pronostic défavorable : Peu significatif, Très significatif
Manque de données significatives (en noir)

Section 3 : Intervention

9 | Poids de l'interdisciplinarité

Johana Monthuy-Blanc, Ameline Dupont, Marilou Ouellet,
Marie-Josée St-Pierre, Liette St-Pierre, Isabelle Thibault

« L'esprit de la conversation consiste bien moins à en montrer beaucoup qu'à en faire trouver aux autres. Celui qui sort de votre entretien content de soi et de son esprit l'est de vous parfaitement. »

Jean de La Bruyère

Sous-partie 9a
La collaboration médecin/infirmière pour une pharmacothérapie des TCA

L'importance de la collaboration entre le personnel infirmier et le médecin ne peut être négligée, car les deux disciplines se complètent à plusieurs niveaux, notamment dans l'application et la surveillance du traitement pharmacologique des patientes présentant un TCA.

Médecin

Le rôle du médecin est de coordonner le bilan somatique (p. ex. : IMC, formule sanguine complète, électrocardiogramme, pression sanguine, ostéodensitométrie, bilan endocrinien, apports hydriques, etc.) à l'arrivée de l'individu et d'effectuer son suivi sur le plan physique afin de dépister et de traiter les complications (HAS, 2012). Le médecin propose des visites médicales et des entretiens réguliers en présence des infirmières de référence ou de la famille afin d'évaluer l'évolution du TCA et d'adapter les soins. Par exemple, pour l'anorexie mentale, le suivi médical vise la prise de poids et la récupération d'un état de santé satisfaisant (Doyen *et al.*, 1999; Yvon *et al.*, 2009). Le médecin peut prescrire des médicaments le plus souvent afin de traiter les comorbidités telles que l'anxiété ou la dépression, très fréquentes chez les TCA.

Infirmière

Les infirmières travaillent en étroite collaboration avec les médecins afin d'assurer un suivi optimal et continu de la patiente. Ainsi, la surveillance pharmacologique, c'est-à-dire un suivi impliquant l'observation, l'enregistrement ou la détection des effets d'un médicament sur un individu, incombe aux infirmières. En plus d'assurer l'administration médicamenteuse s'il y a lieu, c'est-à-dire lorsque les individus sont hospitalisés, les infirmières suggèrent au médecin un ajustement des doses médicamenteuses selon une évaluation continue des symptômes. Lorsque l'infirmière détient une formation de niveau de deuxième cycle universitaire et une expérience clinique en soins infirmiers psychiatriques, elle est appelée à évaluer les troubles mentaux (à l'exception du retard mental) comme les TCA. L'infirmière est tenue de respecter les règlements de l'OIIQ (Ordre des infirmières et infirmiers du Québec).

Collaboration médecin-infirmière

Concernant la collaboration médecin-infirmière, la mise en commun dans le traitement des TCA peut se résumer aux indicateurs somatiques tels que : l'indice de masse corporelle (poids et taille), la pression, la formule sanguine complète (électrolytique avec potassium, sodium, chlorure, etc.), l'électrogramme et l'ostéodensitométrie (cf. connaissances enrichies).

Si la collaboration inclut une infirmière praticienne spécialisée en soins de première ligne – qui a le droit de prescription pharmacologique supervisée par le médecin –, cette collaboration se traduit également au niveau du choix des traitements pharmacologiques. Il existe plusieurs ouvrages de référence en pharmacologie.

Les familles de psychotropes

En Europe, et tout particulièrement en France, le Vidal (2015) est un dictionnaire des psychotropes répertoriant neuf « familles » de médicaments tels que : les antidépresseurs, les anxiolytiques, médicaments traitant les déviances sexuelles, médicaments traitant les états de dépendance, les hypnotiques, les neuroleptiques, les normothymiques, les psychostimulants et les sédatifs. En Amérique du Nord, le compendium des produits et spécialités pharmaceutiques (2015) est la norme canadienne pour les monographies de médicaments. Cependant, les ouvrages de Stahl : *Le guide du prescripteur* (2007, 2010) et la *Psychopharmacologie essentielle* (2010, 2013) sont les plus couramment utilisés tant par les professionnels que lors des formations. En effet, les ouvrages psychopharmacologiques de Stahl mettent en évidence les mécanismes d'action et la façon dont les médicaments agissent afin de les utiliser en connaissance de cause dans la pratique clinique. Ainsi, s'il est impossible d'inclure tous les médicaments ou plus précisément les psychotropes dans un seul document, Stahl (2007, 2010, 2011, 2013) utilise la classification suivante :

- les anxiolytiques (c.-à-d. tranquillisants);

- les hypnotiques sédatifs (c.-à-d. somnifères);

- les éveillants et psychostimulants;

- les opiacés et analgésiques (c.-à-d. antidouleurs);

- les antipsychotiques ou neuroleptiques (p. ex., classiques ou atypiques);

- les anticonvulsivants;

- les thymorégulateurs (c.-à-d. stabilisateurs de l'humeur);

- les antidépresseurs (p. ex., inhibiteurs sélectifs de la recapture de la sérotonine, inhibiteur de la monoamine oxydase).

Comme précité, outre le bilan somatique et le suivi sur le plan somatique, le médecin et l'infirmière sont les seuls intervenants dans l'équipe TCA à proposer une pharmacothérapie. Le tableau 2 présente les principaux médicaments relatifs efficaces aux trois principaux TCA selon leur classe, leur molécule, leurs spécificités (p. ex., posologie, association psychopharmacologique, etc.) et effets secondaires.

Tableau 9.1   Classification pharmacologique des TCA

TCA	Classe	Molécule	Médicament	Spécificités en lien avec les TCA	Effets secondaires
B* **HB****	Antidépresseur (de type ISRS)	Fluoxetine	Prozac©	À éviter pour l'anorexie mentale en raison de son action antagoniste des récepteurs 5-HT2C impliqués dans la sensation de faim. Association avec l'Olanzapine (Prozac + Symbyax). Posologie spécifique à la boulimie : 60-80 mg/j.	Émoussement affectif, ralentissement cognitif, apathie, anxiété, insomnie, agitation, tremblements, vertige, céphalée, dysfonctionnements sexuels, troubles gastro-intestinaux (constipation, diarrhées, diminution de l'appétit, nausées, sécheresse buccale), sudation, ecchymoses.

* Utilisation approuvée par les autorités sanitaires américaines ou *Food and Drug Administration* et figurant dans le Stahl (2010).

** Utilisation hors indication communément admise par la communauté médicale et figurant dans le Stahl (2010).

TCA	Classe	Molécule	Médicament	Spécificités en lien avec les TCA	Effets secondaires
HB*	Antidépresseur (de type ISRN)	Atomoxétine	Strattera©	Perte d'appétit.	Sédation, fatigue, diminution de l'appétit, augmentation de la fréquence cardiaque, perturbation de la tension artérielle, hypomanie, insomnie, vertige, anxiété, agitation, agressivité, irritabilité, sécheresse buccale, constipation, nausées, vomissements, douleurs abdominales, dyspepsie, problème urinaire, dysménorrhée, sueurs, dysfonctionnements sexuels.
HB*	Anticonvulsivant	Topiramate	Topamax© Epitomax©	Perte d'appétit et limitation de la prise de poids iatrogène (Stalh, 2007, p. 409-412).	Calculs rénaux, acidose métabolique, glaucome, oligohydrose, hyperthermie, sédation, asthénie, vertige, ataxie, paresthésie, nervosité, nystagmus, tremblements, nausées, perte d'appétit, perte de poids, vision floue, problèmes thymiques, troubles de la concentration, confusion, troubles de la mémoire, retard psychomoteur, trouble du discours, fatigue, altération du goût.

* Utilisation hors indication communément admise par la communauté médicale et figurant dans le Stahl (2010).

TCA	Classe	Molécule	Médicament	Spécificités en lien avec les TCA	Effets secondaires
HB*	Anticonvulsivant	Zonisamide	Zonegran© Ecegran©	Perte d'appétit et limitation de la prise de poids (Stahl, 2007, p. 457-460).	Lithiases rénales, rash, oligohydrose, nécrose hépatique, sédation, dépression, difficultés de concentration, agitation, irritabilité, ralentissement psychomoteur, vertige, ataxie, céphalée, nausées, perte d'appétit, douleurs abdominales, vomissements, élévation de la créatininémie et de l'urémie, azotémie.
AM** B** HB**	Antipsychotique (de type atypique)	Olanzapine	Zyprexa© Olasek© Symbyax©	Réduction : a) des accès hyper-phagiques présents pour la boulimie et l'hyperphagie boulimique; b) de l'anxiété face à la nourriture en facilitant ainsi le gain de poids pour l'anorexie men-tale par l'action antagoniste des récepteurs 5-HT2C responsables de la sensation de faim. Posologie varie entre 2,5-20 mg/j sur une durée de 6-14 semaines la plupart du temps; à coupler à la thérapie cognitivo-comportementale. Association de l'Olanzapine avec la Fluoxetine pour augmenter l'effet (Symbyax). Dans ce cas, la posologie est respectivement de 57,7 mg/j et 28 mg/j durant 3 mois.	Diabète, dyslipidémie, vertige, sédation, sécheresse buccale, constipation, dyspepsie, prise de poids, arthralgies, dorsalgies, douleurs thoraciques, douleurs des extrémités, troubles de la marche, ecchymoses, œdèmes périphériques, tachycardie, hypotension orthostatique, rash, hyperglycémie, augmentation de l'incidence des AVC, convulsions. Présence d'effets secondaires dans 56 % des cas.

* Utilisation hors indication communément admise par la communauté médicale et figurant dans le Stahl (2010).

** Utilisation démontrée par des données probantes et ne figurant pas dans le Stahl (2010).

TCA	Classe	Molécule	Médicament	Spécificités en lien avec les TCA	Effets secondaires
B* **HB***	Psychostimulant (de type amphétamine)	Lisdexamfetamine	Vyvance©	Stimulation du système nerveux central dont l'activité résulte de sa biotransformation au niveau de l'intestin et de sa conversion en dextroamphétamine. Approbation par les autorités sanitaires américaines. Proscription pour l'anorexie mentale.	Cloques, desquamation ou relâchement de la peau, inconfort ou douleur à la poitrine, frissons, toux, diarrhée, difficulté à respirer, difficulté à avaler, vertiges, tachycardie, impulsivité, tristesse ou découragement, urticaire ou zébrures, démangeaisons ou éruption cutanée, irritabilité, douleurs articulaires ou musculaires, manque d'appétit, gonflement du visage, des paupières, des lèvres, de la langue, de la gorge, des mains, des jambes, des pieds ou des organes sexuels, perte d'intérêt ou de plaisir, lésions cutanées rouges, irritation des yeux et de la peau, mal de gorge, plaies, ulcères ou taches blanches dans la bouche ou sur les lèvres, serrement dans la poitrine, difficulté de concentration, difficulté de sommeil, tics ou mouvements répétitifs incontrôlés, fatigue ou faiblesse inhabituelle.

Note B : boulimie; HB : hyperphagie boulimique; ISRS : inhibiteur sélectif de la recapture de la sérotonine (*SSRI : Selective serotonin reuptake inhibitors*); ISRN : inhibiteur sélectif de la recapture de la noradrénaline (*SNRI : Selective norepinephrine reuptake inhibitors*).

* Utilisation démontrée par des données probantes et ne figurant pas dans le Stahl (2010).

Comme le montre le Tableau 9.1, selon plusieurs auteurs (Stahl 2010), certains psychotropes sont indiqués pour traiter les TCA. Les antidépresseurs comme la Fluoxetine (Prozac©) et l'Atomoxétine (Strattera©), les anticonvulsivants comme la Topiramate (Topamax©, Epitomax©, Topamac©, Topimax©) et la Zonisamide (Zonegran©, Ecegran©), les antipsychotiques comme l'Olanzapine (Zyprexa©) et très récemment les psychostimulants comme la Lisdexamfetamine (Vyvance©) sont prescrits pour traiter principalement la boulimie et l'hyperphagie boulimique.

On note qu'aucun médicament ne permet de traiter spécifiquement l'anorexie mentale, excepté le Zyprexa©; la « nourriture » semble être le meilleur traitement si on s'en tient à cette classification. Notons que Stahl (2013) mentionne que les inhibiteurs de la monoamine oxydase ou *Monoamine oxidase inhibitor* non-réversibles [Isocarboxazid (Phenelzine©); Marplan (Nardil©); Tranylcypromine© (Parnate©)] « peuvent traiter la boulimie ».

Cette prédominance pour les antidépresseurs peut s'expliquer par le fait que leurs mécanismes d'action augmentent les neurotransmetteurs dans le système nerveux central. Les neurotransmetteurs sont des messagers chimiques assurant la transmission de l'information d'une cellule cérébrale à une autre. Dans le cas des TCA, la sérotonine est un neurotransmetteur qui joue un rôle central sur le rétablissement du patient puisqu'il est partiellement responsable à la fois de la régulation de l'appétit, de l'humeur et des impulsions, même si les causes des TCA restent multifactorielles et biopsychosociales.

Notons toutefois que certains psychotropes ne sont pas à utiliser pour certaines tranches d'âge (p. ex., entre 2 et 16 ans), limitant une fois de plus le recours exclusif à la pharmacothérapie en TCA. Hormis la classification présentée, *Le guide du prescripteur* (Stahl, 2010) indique qu'il existe de nouvelles molécules qui commencent à être utilisées en tant qu'antidépresseurs, notamment des bloqueurs des récepteurs de sérotonine ou des auto-récepteurs de la noradrénaline, des inhibiteurs partiels de sérotonine et noradrénaline, des agonistes sélectifs de la sérotonine avec par exemple le Dutonin (Nefazodone©) ou le Remeron (Mirtazapine©). Des recherches actuelles portent sur la possibilité d'utiliser des antagonistes des récepteurs d'acide N-méthyl-D-aspartique et en particulier la Kétamine.

En conclusion, contrairement à d'autres troubles mentaux comme les troubles de l'humeur (p. ex., dépression, troubles bipolaires, etc.), il faut savoir que « *la pharmacothérapie n'est pas le premier choix de traitement pour les TCA* » (p. 340, Treasure *et al.*, 2005).

En effet, la seule amélioration de l'état général du patient – impliquant l'activation du système nerveux central – n'est pas suffisante pour un rétablissement complet. En général, la pharmacothérapie doit être considérée davantage comme un adjuvant à la psychothérapie (Monthuy-Blanc *et al.*, 2015). Toutefois, en pratique clinique, la pharmacothérapie permet, dans certains cas et selon certains TCA, d'augmenter l'efficacité du traitement (Agras, 2014), notamment dans les cas sévères et extrêmes, et particulièrement pour la boulimie et l'hyperphagie boulimique.

Sous-partie 9b
Le duo de choc, nécessaire pour l'intervention en TCA

L'alimentation étant un enjeu au cœur des TCA, il importe qu'un travail ciblant cet aspect soit effectué afin que l'individu recouvre une relation satisfaisante avec la nourriture. Ce travail s'effectue dès le début de la prise en charge et au travers de techniques comportementales et cognitives comme l'exposition à la nourriture (pour diminuer l'anxiété) et la restructuration cognitive (pour diminuer les distorsions cognitives). De concert, le psychologue et la nutritionniste travaillent précisément dans cette direction.

Psychologue

Rôle du psychologue

Selon l'Association des Psychologues du Québec (APQ), le psychologue est un professionnel qui étudie le comportement humain, les émotions, les cognitions et les relations interpersonnelles. Afin d'aider la clientèle à résoudre leurs problématiques, le professionnel est amené à apprendre de multiples techniques de relation d'aide tout au long de sa formation. Dans sa pratique, il est amené à faire l'évaluation psychologique et intellectuelle des clients, à établir des diagnostics et à intervenir afin de les aider à recouvrer ou à maintenir une bonne santé mentale.

Rôle du psychologue pour les TCA

En ce qui concerne le traitement des TCA, le psychologue réalise les évaluations psychodiagnostiques, utilise des interventions motivationnelles et de la psychoéducation, propose des outils ou stratégies pour mieux gérer l'anxiété et les émotions et effectue la psychothérapie. Le psychologue propose des psychothérapies individuelles, des entretiens familiaux et des ateliers en groupe (souvent en co-animation avec d'autres professionnels). Lorsque cela est possible, le choix de l'approche thérapeutique se fait selon le patient, son âge, sa motivation et son stade d'évolution. Selon son approche et ses méthodes de travail, le psychologue peut utiliser différents médiateurs comme : l'art-thérapie, la restructuration cognitive, le traitement des symptômes post-traumatiques (p. ex., dans le cas d'antécédent d'abus sexuel), la gestion des émotions et de l'anxiété et le renforcement du Moi (Gicquel, Pham-Scottez, & Satori, 2008). Enfin, selon la Haute Autorité de Santé (2012), les objectifs thérapeutiques se distinguent en quatre axes :

1. la compréhension de la maladie et la coopération aux soins, surtout en cas de dénutrition sévère (adhésion et motivation);

2. la compréhension et la modification des comportements dysfonctionnels liés aux TCA;

3. l'amélioration des relations sociales et interpersonnelles;

4. le traitement des comorbidités, s'il y a lieu, traits de personnalité et conflits psychiques qui renforcent ou maintiennent l'anorexie mentale.

Forces et défis

Le psychologue fait face à des défis reliés à l'exercice de sa profession auprès d'individus présentant un TCA. Au niveau pratique, dans un contexte d'hospitalisation, il doit accepter un rôle atypique qui est de manger avec les individus et de montrer le bon exemple. Ce défi en est un, car les membres du personnel soignant doivent laisser de côté leurs propres habitudes alimentaires inadaptées telles que ne pas terminer son assiette ou éviter le dessert, au risque d'être perçu comme incohérent par les individus. De plus, le travail avec les individus présentant un TCA est souvent un processus long et difficile, donc il importe de faire preuve d'une grande patience. Au niveau du travail en équipe, le psychologue renforce les interventions des autres professionnels (p. ex., nutritionnelles, médicales, pharmacologiques, etc.). Le psychologue doit également accepter que tous les intervenants fassent des interventions psychothérapeutiques avec les individus; tel est le cas avec la nutritionniste.

Nutritionniste

Rôle général de la nutritionniste

De façon générale, le rôle de la nutritionniste consiste à évaluer l'état nutritionnel d'un individu dans le but de déterminer un plan de traitement nutritionnel adapté et, si nécessaire, déterminer la voie d'alimentation. Elle doit également surveiller l'évolution de l'état nutritionnel et ajuster son plan de traitement en fonction de l'amélioration ou de la détérioration de la condition de l'individu.

Rôle spécifique de la nutritionniste pour un TCA

Dans la littérature scientifique, il apparaît clairement qu'un suivi nutritionnel s'avère essentiel afin d'espérer un rétablissement à long terme des TCA. Faisant partie intégrante de l'équipe, la nutritionniste est habilitée à intervenir tout au long du processus de soin, c'est-à-dire aussi bien lors de l'évaluation, du traitement, du rétablissement que lors de la prévention de la rechute.

Son rôle consiste principalement à prodiguer une thérapie nutritionnelle pour normaliser les habitudes alimentaires et le statut nutritionnel du patient. Toutefois, l'étendue des rôles que peut jouer la nutritionniste rend fragile cette généralisation. L'American Dietetic Association (2011) rapporte certains rôles et responsabilités qui incombent aux nutritionnistes travaillant auprès d'individus présentant des TCA (cf. Connaissances enrichies).

Le traitement offert par la nutritionniste a plusieurs objectifs puisqu'il est important que l'individu ait un état nutritionnel satisfaisant (en lien avec l'IMC) avant d'entreprendre d'autres suivis (comme la psychomotricité). Ainsi, dans les cas sévères, l'hospitalisation débute par une réalimentation. Par la suite, la nutritionniste va favoriser la réintroduction des aliments évités (diversification), amener l'individu à respecter ses besoins nutritionnels et à retrouver un comportement alimentaire adapté (Gicquel *et al.*, 2008). En collaboration avec l'équipe, la nutritionniste effectue de l'exposition progressive par l'élaboration d'ateliers alimentaires, de repas thérapeutiques, de sorties au restaurant et une multitude de défis alimentaires, et tout cela dans un climat de confiance essentiel à la création d'une alliance thérapeutique. Il peut également y avoir un engagement moral et une entente entre la nutritionniste et l'individu sur la constitution quantitative et qualitative de ces repas (Doyen *et al.*, 1999; Yon *et al.*, 2009). Ainsi, l'individu est amené à comprendre que pour normaliser son alimentation, trois repas et deux à trois collations par jour sont nécessaires pour paver le chemin vers son rétablissement.

Au-delà des rôles précités, la nutritionniste :

a) Reconnaît les pensées qui sous-tendent les comportements alimentaires et travaille pour les restructurer à l'aide d'informations probantes;

b) Travaille à réintégrer les aliments vus comme interdits et anxiogènes tout en travaillant à contrecarrer les croyances erronées à leur sujet.

Forces et défis

Au niveau des défis qu'impose l'exercice de la profession auprès d'individus présentant un TCA, la nutritionniste doit jauger avec la rigidité de l'individu. En effet, la renutrition peut être perçue par l'individu comme menaçante et comme une renonciation à la rigueur qu'il est capable d'avoir au niveau du contrôle alimentaire. La nutritionniste fait face à une multitude de stratégies de manipulation de la part de l'individu afin d'éviter certains aliments ou de réduire les calories de son plan nutritionnel. La nutritionniste doit donc savoir reconnaître, et du même coup, aider l'individu à reconnaître ses préférences personnelles plutôt que celles dictées par la maladie. Du côté des forces, la nutritionniste a une grande connaissance de la nutrition permettant de déjouer les stratégies de l'individu pour réduire son apport alimentaire.

Le point de jointure entre la nutritionniste et le psychologue concerne l'exposition à la nourriture et la restructuration cognitive. En effet, dans le cas de l'anorexie mentale, la psychothérapie est inefficace si elle n'est pas combinée à de l'exposition à la nourriture (Léonard, 2008). L'exposition à la nourriture permet de diminuer l'anxiété face à celle-ci et ainsi permettre une renutrition (cf. partie 11). Le psychologue a donc besoin de la nutritionniste et vice versa. De plus, tel que vu dans la partie 11, les individus présentant un TCA ont des fausses croyances, notamment lorsqu'il est question de l'alimentation. Par exemple, l'individu peut être certain que s'il mange un sandwich en entier, il prendra automatiquement un kilo ou que s'il mange des frites, celles-ci iront se loger directement dans leur masse graisseuse. Pour tous les TCA confondus, la nutritionniste fait de la restructuration cognitive lorsque les fausses croyances concernent l'alimentation telle qu'illustré dans l'exemple précité. Elle réfère au psychologue lorsqu'elle remarque que les distorsions cognitives sont de tout autre ordre ou si elle remarque qu'un travail sur les émotions est à entreprendre. De l'autre côté, si le psychologue remarque des difficultés au plan alimentaire, il réfère à la nutritionniste. Ainsi, il est possible de concevoir ce type de collaboration comme un véritable travail à relais.

En conclusion, le duo psychologue/nutritionniste peut ainsi interagir à partir de balises issues de l'approche thérapeutique préconisée tout en transférant les uns aux autres une partie de leur expertise respective. Toutefois, même si les deux disciplines œuvrent de concert tout au long de la prise en charge, une réalimentation dans le cas des individus en sous-poids est essentielle avant d'entreprendre une psychothérapie et de pouvoir travailler sur les émotions et les pensées. Pour plus de détails sur les séquences de prise en charge dans un service de 3e ligne, nous vous invitons à consulter la partie 11c.

Sous-partie 9c
Professions impliquées pour une prise en charge optimale des TCA

Tel que vu dans les connaissances initiales de cette partie, l'interdisciplinarité permet de faire intervenir plusieurs professionnels issus de diverses disciplines afin de travailler ensemble vers un but commun. Au-delà de la prise en charge nécessaire du médecin, de l'infirmière, du psychologue et de la nutritionniste, des professionnels d'autres disciplines peuvent intervenir dans la prise en charge d'un individu présentant un TCA. Parmi ces disciplines seront présentés la psychoéducation, le travail social, l'ergothérapie et la psychomotricité, et ce, selon le canevas suivant : le rôle du professionnel, et ses défis auprès des individus présentant un TCA.

Psychoéducatrice
Rôle général de la psychoéducatrice

Au Québec, la psychoéducation est à la fois une discipline et une approche (Renou, 2005). Du point de vue disciplinaire, la psychoéducation s'intéresse à l'adaptation des individus en interaction avec leur environnement et à la conception ainsi qu'à l'évaluation des interventions visant à prévenir leurs difficultés d'adaptation ou à rétablir leur adaptation (Ordre des psychoéducateurs et des psychoéducatrices du Québec – OPPQ, 2015). Du point de vue de l'approche, l'intervention psychoéducative soutient l'individu en difficulté dans sa démarche d'adaptation en utilisant le potentiel que lui offre son milieu de vie (Renou, 2005). La psychoéducatrice évalue de manière rigoureuse et continue la situation en se centrant sur l'adaptation de l'individu, laquelle est prise en compte suivant une perspective écosystémique qui évalue l'influence des facteurs de risque et de protection en présence. L'évaluation psychoéducative inclut une synthèse des observations systématique et participante de l'individu dans toutes ses situations de vie, complétée, au besoin, par des mesures instrumentalisées (Renou, 2005). La psychoéducatrice élabore ensuite une intervention visant à rétablir ou à maintenir l'adaptation de l'individu en s'appuyant sur les acteurs importants de sa vie et en utilisant les éléments significatifs de son vécu. Les modalités d'intervention ainsi que les moyens sont sélectionnés selon leur pertinence quant aux objectifs de l'intervention et aux caractéristiques de la situation adaptative de l'individu. Elles peuvent comprendre ce que l'on nomme l'intervention individuelle et familiale ou de groupe. Sur le plan didactique, les moyens d'intervention utilisés par le psychoéducateur ou la psychoéducatrice sont variés (par exemple : éducation, jeux de rôle, exercices de réflexion, activité sportive, etc.).

Rôle spécifique de la psychoéducatrice pour les TCA

Dans le cas des TCA, l'intervention psychoéducative implique la mise en place de l'ensemble des opérations professionnelles (observation, évaluation pré-intervention, planification, organisation, animation, utilisation, évaluation post-intervention, communication). L'intervention vise à la fois l'individu présentant un TCA ainsi que ses proches (parents, fratrie, tuteurs, etc.). Les activités éducatives et rééducatives de la psychoéducatrice permettent la réalisation du plan d'intervention (OPPQ,

2015). Ce dernier comporte généralement un volet relatif à la psychoéducation en tant qu'approche. Elle permet aux patientes et à ses proches l'acquisition d'informations sur les TCA afin de mieux comprendre leurs effets, notamment sur le plan de la privation alimentaire et du contrôle du poids. La psychoéducation en tant qu'approche permet de réduire la détresse de la famille plus souvent relative à la régulation de la nourriture lors des repas en famille, le surinvestissement émotionnel, le fardeau lié au rôle de proche aidant et d'augmenter le sentiment d'auto-efficacité parental en plus d'améliorer les attitudes et comportements liés au TCA (Spettigue *et al.*, 2014).

Forces et défis de la psychoéducatrice

Considérant la nature multifactorielle des TCA, une approche multidisciplinaire devrait être favorisée. Celle-ci permet de répondre à l'ensemble des besoins médicaux, physiques, psychologiques et sociaux des patients présentant un TCA. Par conséquent, le psychoéducateur ou la psychoéducatrice doit travailler de concert avec un médecin qui assure le suivi médical-physique des patients aux prises avec un TCA. L'intervention psychoéducative auprès de cette clientèle nécessite une bonne connaissance des TCA : facteurs prédisposants, précipitants et de maintien associés, processus de la maladie, effets de la privation alimentaire, considérations relatives à la prise ou au maintien du poids, etc. L'intervention psychoéducative devrait inclure des interventions familiales ainsi que des interventions individuelles. L'aptitude de la psychoéducatrice à user de méthodes d'interventions variées (individuelles, familiales, groupes de pairs ou groupes de parents) (OPPQ, 2015) constitue un atout pour l'intervention auprès d'une clientèle présentant des TCA.

Travailleur social

Rôle général du travailleur social

À la différence des autres disciplines, le travailleur social fait une analyse de la situation vécue par l'individu en le mettant en lien avec le contexte environnemental (p. ex., famille, milieu de travail, culture, etc.) dans lequel il évolue. En travail social, le contexte social est mis à l'avant-plan dans l'étude des facteurs étiologiques d'une problématique et dans les interventions afin de rétablir un fonctionnement social optimal. Le titre de travailleur social est réservé aux membres de l'Ordre des Travailleurs Sociaux et des Thérapeutes Conjugaux et Familiaux du Québec (OTSTCFQ) qui remplissent les conditions d'admissibilité (minimalement un baccalauréat en service social). Suite à l'adoption de la loi 21 en 2009, le travailleur social se voit attribuer dix actes réservés, ainsi qu'une activité exclusive (cf. connaissances enrichies), soit l'évaluation psychosociale d'un individu dans le cadre des régimes de protection de l'individu majeur en prévision de l'inaptitude. Auprès de clientèles vulnérables telles que les enfants, les jeunes en difficulté, les individus en situation de pauvreté, ou encore les personnes âgées, le travailleur social agira dans un rôle de défense de droits et de justice sociale.

Rôle spécifique du travailleur social pour les TCA

Auprès d'un individu présentant un TCA, le travailleur social est amené à « évaluer le fonctionnement social de l'individu et à poser des actions dans le but d'améliorer ou de restaurer son fonctionnement social » (OTSTCFQ, 2012). Le travailleur social considérera entre autres l'isolement social et les difficultés de fonctionnement familial prédisposant et perpétuant des TCA comme champs d'action. Ce dernier est habileté à intervenir en suivi individuel, familial ou de groupe. De plus, le travailleur social, possédant une excellente connaissance des ressources en place dans le milieu (p. ex., organismes communautaires, programmes gouvernementaux), pourra conduire une analyse des besoins sociaux de l'individu afin d'assurer sa référence vers les ressources appropriées et l'accompagner dans son processus de rétablissement de son fonctionnement social.

Forces et défis avec les TCA

Les théories explicatives des TCA mettent en relief les aspects familiaux, la société valorisant un idéal de minceur, la composition du réseau d'amis, ou encore les éléments associés au réseau auquel appartient l'individu (groupe sportif, milieu de travail). La pertinence du service social dans le domaine des TCA apparaît donc primordiale. Toutefois, le système de santé actuel, médico-centrique, présente de multiples difficultés au niveau de l'intégration d'équipes interdisciplinaires. La prise de décision réservée majoritairement aux médecins limite la portée d'action des professionnels dans leurs suivis. De plus, dans plusieurs établissements du réseau de la santé québécois, les différents professionnels œuvrent parallèlement, conformément à leurs approches spécifiques auprès du client, sans l'élaboration d'un modèle d'intervention commun et concerté préalablement. Le travailleur social, qui peut agir à titre d'agent de liaison, occupe une importance majeure dans une équipe de travail, ce dernier ayant un souci, de par son rôle professionnel, d'assurer une bonne communication et la collaboration dans les équipes de travail.

Ergothérapeute

Rôle général de l'ergothérapeute

Explicitement reconnus comme des experts en habilitation de l'occupation, les ergothérapeutes s'assurent que l'individu en thérapie puisse organiser ou accomplir ses activités normatives ou signifiantes ainsi que ses rôles considérés importants pour lui, avec efficacité et satisfaction (Association Canadienne des Ergothérapeutes, 2007).

Rôle spécifique de l'ergothérapeute avec les TCA

Plus spécifiquement avec les individus ayant un trouble de comportement alimentaire, le rôle de l'ergothérapeute se déploie à travers ces trois principaux objectifs :

1. Identifier les impacts du trouble du comportement alimentaire sur la participation occupationnelle : évaluation de son fonctionnement au quotidien;

2. Valoriser le client présentant un trouble du comportement alimentaire dans l'identification d'objectifs occupationnels;

3. Encourager la participation à des occupations significatives en favorisant l'engagement chez le client, et ce, dans le respect de ses objectifs (intervention de groupe ou individuelle).

L'ergothérapeute agit autant sur la dimension cognitive (p. ex., résolution de problèmes, concentration, etc.) qu'affective (p. ex., estime de soi, image corporelle, émotions, etc.) et physique (p. ex., tonus et force musculaire).

Forces et défis avec les TCA

Les principaux intérêts, défis et enjeux de la profession auprès de cette clientèle sont : au sein de l'équipe interdisciplinaire, faire valoir l'importance de sa contribution autant au niveau de l'évaluation que du traitement puisqu'elle demeure une profession méconnue;

Directement auprès de la clientèle, permettre d'investir des activités significatives de façon saine et regarder avec l'individu les déterminants qui expliquent l'investissement ou non de certaines activités dans son vécu quotidien (p. ex., satisfaction, valeurs, capacités, dimension affective, etc.), ainsi que de définir autrement l'occupation centrale du TCA (p. ex., alimentation, pratique physique, etc.) et porter un regard différent sur celui-ci. Plus concrètement, l'ergothérapie permet à l'individu de mieux comprendre quels facteurs influencent le fait de faire ou non une activité saine comme manger trois repas par jour, dans le cas d'une anorexie mentale.

De l'ergothérapeute : toujours avoir une approche centrée sur le client dans un contexte où l'individu présente des distorsions cognitives (cf. sous-partie 11a) et met en danger sa vie (gestion de dilemmes éthiques).

Psychomotricien

Rôle général du psychomotricien

La formation en vue du diplôme de psychomotricien est surtout dispensée en Europe où cette profession est reconnue avec un champ de compétences qui lui est propre (cf. décret de compétence). En France, le psychomotricien agit sur prescription médicale, que ce soit en cabinet privé ou au sein d'une équipe interdisciplinaire. La thérapie psychomotrice a une action globale qui utilise les possibilités de mouvements du corps, d'expression et de relation. Elle vise à l'harmonie des fonctions psychomotrices (p. ex., fonction tonique, schéma corporel et image du corps, fonction cénesthésique, fonction émotionnelle et fonction spatio-temporelle) permettant d'acquérir un équilibre psycho-corporel et prenant en compte les dimensions corporelles, cognitives, affectives et identitaires. Les médiateurs utilisés sont variés comme les techniques de relaxation thérapeutiques dynamiques et passives (p. ex., Schultz, Jacobson, Eutonie), les activités rythmiques de jeux d'équilibration et de coordination, l'éveil et la stimulation sensorielle (p. ex., Snoezelen), les techniques d'expression corporelle (p. ex., danse, mime, théâtre), la balnéothérapie, les enveloppements humides thérapeutiques, etc. C'est la réalisation d'un bilan psychomoteur au début du suivi qui permet au psychomotricien d'élaborer un plan de traitement et de déterminer les médiateurs utilisés en accord avec l'individu.

Rôle spécifique du psychomotricien pour les TCA

Le psychomotricien propose une approche psycho-corporelle afin de rétablir une meilleure perception de soi et de son enveloppe corporelle, redécouvrir son corps, ses sensations, gérer ses émotions, moduler l'hyperactivité et favoriser le développement narcissique pour développer une meilleure estime de soi (Carrot, Faury, & Gaucher-Hamoudi, 2011). La spécificité du psychomotricien réside dans l'attention et le sens donné aux manifestations corporelles de l'individu qui présente un TCA en relation avec son environnement. Le psychomotricien va donc travailler directement « par le corps » les distorsions cognitives de l'image du corps et du schéma corporel présentes chez les TCA. Le but est de permettre à la fois une meilleure perception de la forme de son propre corps et de celui d'autrui et aussi de son acceptation. Il va également accompagner et outiller l'individu afin de mieux gérer la sphère émotionnelle (reconnaissance et vécu des émotions) en proposant des mises en contexte via des situations ludiques en individuel ou en groupe. Il peut notamment utiliser la relaxation afin de gérer l'anxiété et le stress. Ce type de thérapie à médiation corporelle apporte un nouveau regard sur la problématique.

Forces et défis avec les TCA

Comme l'insatisfaction corporelle, la détérioration de l'estime de soi et les difficultés de gestion des émotions sont souvent au cœur de la problématique des TCA, la psychomotricité est une thérapie de choix auprès de cette population. En France, la thérapie psychomotrice est spécifiquement recommandée pour les TCA en association aux prises en charge somatique et psychologique (HAS, 2012). Le défi majeur est donc de travailler en équipe avec la collaboration des autres professionnels de différents champs de pratique afin de coordonner les soins. En effet, d'autres professions peuvent utiliser des techniques d'intervention ou médiateurs semblables. Il est important de déterminer l'action de chacun. Cependant, le psychomotricien peut facilement se coupler avec un autre professionnel afin de proposer des actions conjointes et des co-animations de groupe.

En définitive, à l'instar de leur caractéristique psychosomatique, les TCA illustrent parfaitement un regard croisé entre le plan psychosocial issu des sciences humaines et le plan biologique issu des sciences de santé nécessitant une importante collaboration professionnelle. La transdisciplinarité représente un réel défi, car les politiques de santé du Québec et les réalités institutionnelles des établissements de soin fonctionnent en silo à l'image des disciplines propres à chaque intervenant; même si leur idéal tend en faveur de la dimensionnalité.

10 | Méthodes de mesures

Johana Monthuy-Blanc, Stéphane Bouchard et Maud Bonanséa

« À sotte question, point de réponse. »
Jacques Chirac

Sous-partie 10a
Entretien

Concernant l'entretien, cette sous-partie présente deux instruments : l'entretien clinique structuré (*Structured Clinical Interview SCID*) pour émettre une impression diagnostique et l'entretien sur les troubles du comportement alimentaire. Outre les connaissances relatives aux TCA, certaines recommandations spécifiques à la façon de mener l'entretien sont à suivre à la fois pour le participant (comme l'informer de son contenu, de la durée moyenne de l'entretien, etc.) et pour l'intervenant (rappel de la période étudiée, utilisation d'un événement-mémoire, etc.) Dans le cas du *SCID*, une formation est nécessaire.

Tableau 10.1 Deux questionnaires : une analyse comparée

	Entretien sur les troubles du comportement alimentaire **Eating Disorder Examination (EDE)**							Entretien clinique structuré pour le DSM-IV **Structured Clinical Interview for DSM-IV (SCID)**			
Auteur, version, année	Fairburn, Cooper et O'Connor, 16e version, 2008.							First, Spitzer, Gibbon et Williams, 1997.			
Objectif	Évaluer les psychopathologies spécifiques des TCA et établir le diagnostic selon les critères du DSM-IV-TR.							Établir une impression diagnostique des troubles mentaux du DSM-IV selon les critères diagnostiques.			
Descriptif	Entretien clinique semi-dirigé. 13 items diagnostiques + 22 items descriptifs. Sous-échelles : 1. Restriction alimentaire; 2. Préoccupation pour la nourriture; 3. Préoccupation pour le poids; 4. Préoccupation pour la forme corporelle.							Entrevue semi-dirigée. 9 modules, 360 items. Identification de 33 diagnostics. • Section d'introduction ou questions à poser (questions ouvertes pour recueillir une vue d'ensemble sur l'état actuel et passé du sujet); • Partie d'exploration ou le critère à évaluer (questions permettant de rechercher le symptôme).			
Mode de réponse	**Non présent**	**Présent ≤ 5 jours**	**6 à 12 jours**	**Présent la moitié du temps**	**4 à 22 jours**	**Présent presque tous les jours**	**Présent tous les jours**	**Information insuffisante ou inappropriée**	**Absent ou ne satisfait pas au critère**	**Infraclinique ou infraliminal**	**Présent ou accompli**
	0	1	2	3	4	5	6	0	1	2	3
Durée de passation	45 – 75 minutes							60 – 120 minutes			
Cotation	Données de fréquence des comportements-clés. Score des échelles : somme des items/nombre d'items. Score global : somme des scores des échelles/4.							Diagnostic par l'intervenant à partir des critères du DSM-IV : • Partiel ou total; • Passé ou présent.			

	Entretien sur les troubles du comportement alimentaire **Eating Disorder Examination (EDE)**	Entretien clinique structuré pour le DSM-IV **Structured Clinical Interview for DSM-IV (SCID)**
Spécificité	Il existe une version validée pour les enfants et les adolescents. (Bryant-Waugh et al., 1996).	Plusieurs facteurs peuvent influencer la fidélité du SCID : • la population évaluée, certaines présentent une plus grande souffrance ou comorbidité; • la mémoire et la façon de communiquer du patient; • le niveau de spécialisation de l'évaluateur ainsi que son milieu de travail.

Cette sous-partie vous a présenté deux principaux entretiens couramment utilisés pour dépister, diagnostiquer ou évaluer des TCA selon le DSM-IV. Dans le cas des TCA, il est important de garder en tête que cette méthode de mesure hétéro-évaluative est particulièrement intéressante afin de diminuer le phénomène de déni ou de dissimulation propre aux patients des TCA. Toutefois, cette méthode de mesure s'acquiert à partir d'un guide de recommandations (en autodidacte) ou lors d'une formation dispensée par un expert.

Sous-partie 10b
Suivi et questionnaire auto-rapportés

Cette partie présente l'une des méthodes de mesure les plus utilisées pour évaluer les TCA : le questionnaire. Il en existe un très grand nombre en fonction de l'objectif attendu, comme dépister, diagnostiquer, évaluer la sévérité, etc. Dans le cadre de cette sous-partie, les questionnaires communément utilisés en TCA sont principalement présentés comme l'inventaire des troubles du comportement alimentaire l'*Eating Disorders Inventory* (EDI) et le test des attitudes alimentaires *Eating Attitude Test* (EAT).

Types de questionnaires

Selon Bouvard et Cottraux (2005), il existe deux principaux types de questionnaires :

1. les questionnaires spécifiques (comme l'échelle d'auto-évaluation de l'anorexie mentale [*Rating Attitude Test*] de Garnet et Garfinkel [1979] ou encore le test de boulimie *Bulimia Test* [BULIT] élaboré par Smith et Thelen en 1984 et le *Bulimic Inventory Test Edimnurg* [BITE] élaboré en 1987 par Henderson);
2. les questionnaires génériques (comme l'inventaire des troubles du comportement alimentaire ou *Eating Disorders Inventory* [EDI] de Garner et Garfinkel en 1979 et le test des attitudes alimentaires *Eating Attitude Test* [EAT] de Garner *et al.*, en 1978).

Parmi ces types de questionnaires, certains sont propres au dépistage des TCA : le *Sick-Control-Stone-Fat-Food* (SCOFF) de Morgan *et al.*, en 1999, ainsi que le *Cutting down Annoyance by Criticism, Guilty feeling, Eye-openers* (CAGE). Notons que même si l'EAT est également utilisé pour dépister les TCA, ces derniers sont plus rapides dans le temps de passation et exclusivement conçus pour le dépistage. D'autres questionnaires permettent d'évaluer le pronostic des TCA : comme le score général de Morgan et Russel (1975) ou l'*Assessments Schedule* de Morgan et Hayward (1988) qui tiennent compte des critères précédant la préoccupation de l'image du corps ou encore le Questionnaire d'Étapes de Changement de l'Anorexie Mentale (*Anorexie Nervosa Stages of Change Questionnaire*) de Rieger *et al.*, (2000).

Tableau 10.2 **Deux principaux questionnaires auto-évaluatifs des TCA**

	Inventaire des troubles du comportement alimentaire **Eating Disorder Inventory (EDI)**
Auteur, version, année	Garner, Olmsted et Polivy, 1983. Validé en français par Criquillon-Doublet et al., 1995.
Objectif	Évaluer les caractéristiques psychologiques et comportementales majeures de l'anorexie mentale et de la boulimie.

Descriptif

EDI-1	
8 échelles	**Items**
1. Désir de minceur	7
2. Boulimie	7
3. Insatisfaction corporelle	9
4. Inefficacité	10
5. Perfectionnisme	6
6. Méfiance interpersonnelle	7
7. Conscience intéroceptive	10
8. Peur de la maturité	8
Total	**64**

EDI-2	
11 échelles	**Items**
1. Désir de minceur	7
2. Boulimie	7
3. Insatisfaction corporelle	9
4. Inefficacité	10
5. Perfectionnisme	6
6. Méfiance interpersonnelle	7
7. Conscience intéroceptive	10
8. Peur de la maturité	8
9. Ascétisme	8
10. Contrôle des pulsions	11
11. Insécurité sociale	8
Total	**91**

Mode de réponse	**Jamais**	**Rarement**	**Quelques fois**	**Souvent**	**Habituellement**	**Toujours**
	0	1	2	3	4	5

Durée de passation	45 minutes
Cotation	Score des échelles : somme des items. Score global : somme des scores des échelles. Indice de symptôme. Indice de personnalité.
Spécificité	Peu adapté aux garçons. Utilisable à partir de 11 ans (mais version adaptée aux adolescents, validée en français, par Maïano et al., 2009).

* À noter : un haut score n'est pas nécessairement synonyme d'un diagnostic d'anorexie mentale dans une population clinique. De la même façon, certains sujets pathologiques ont un score inférieur au seuil. Intéressante pour le suivi des sujets souffrant d'anorexie mentale.

| **Tableau 10.2** | **Deux principaux questionnaires auto-évaluatifs des TCA (suite)** |

<table>
<tr><td colspan="2">Échelle d'attitudes alimentaires (EAT-26)</td></tr>
<tr><td>Auteur, version, année</td><td>Garner et Garfinkel, 1979.
Validée en français par Leichner et al., 1994.</td></tr>
<tr><td>Objectif</td><td>Évaluer les comportements caractéristiques anorexiques et boulimiques, la gravité de l'affection ainsi que son évolution.</td></tr>
<tr><td>Descriptif</td><td>

EAT (26 items)	
3 sous-échelles	**Items**
1. Diète (préoccupation de la minceur)	13
2. Boulimie (comportements boulimiques)	7
3. Contrôle oral (phénomènes observés chez les patientes souffrant d'anorexie mentale)	6
Total	**26**

</td></tr>
</table>

Mode de réponse	**Jamais**	**Rarement**	**Quelques fois**	**Souvent**	**Habituellement**
	0	1	2	3	4

Durée de passation	20 minutes.
Cotation	Score des échelles : somme des items. Score global : somme des scores des sous-échelles.
Spécificité	Utilisable comme outil de dépistage des comportements alimentaires inadaptés.

* À noter : un haut score n'est pas nécessairement synonyme d'un diagnostic d'anorexie mentale dans une population clinique. De la même façon, certains sujets pathologiques ont un score inférieur au seuil. Intéressante pour le suivi des sujets souffrant d'anorexie mentale.

À titre d'exemple, l'inventaire des troubles du comportement alimentaire communément et internationalement utilisé par les chercheurs et les cliniciens en TCA est présenté. Cet instrument psychométrique auto-rapporté évalue les caractéristiques psychologiques, comportementales et affectives majeures de l'anorexie mentale et de la boulimie. Huit échelles réparties en 64 items (EDI-1 Garner, Olmsted et Polivy, 1983 et validée par Criquillon-Doublet, Divac, Dardennes et Guelfi en 1995) puis 11 échelles réparties en 91 items (EDI-2 et EDI-3; Garner, 1991, 2004) évaluent les aspects suivants : le désir de minceur (i.e. préoccupation pour le poids, le jeûne), la boulimie (i.e. tendance à s'engager dans des comportements alimentaires non contrôlés), l'insatisfaction corporelle (i.e. insatisfaction quant à la forme générale de son corps), l'inefficacité (i.e. évaluation négative de soi), le perfectionnisme (i.e. hauts standards de performance), la méfiance interpersonnelle (i.e. répugnance à reconnaître les relations proches), la conscience intéroceptive (i.e. incertitude à avoir des émotions), et la peur de la maturité (i.e. désir de retrouver la sécurité de l'enfance), ainsi que l'ascétisme (i.e. recherche de l'autodiscipline), le contrôle des pulsions et l'insécurité sociale (i.e. relations sociales de pauvre qualité). Les réponses aux items sont présentées sous forme d'une échelle de Likert à 6 degrés décroissants. Les scores vont de 0 à 3, la note 3 représentant l'extrême de l'échelle, la réponse « toujours » ou « jamais » selon la nature de la question, allant soit dans le sens du symptôme, soit à l'inverse, dans le sens de l'absence de symptôme. Il existe également une version courte pour les adolescents de 24 items et une autre très courte pour une mesure de l'évolution intra-individuelle des symptômes (Maïano *et al.*, 2009 et 2016, respectivement). Dans la version courte à 24 items pour adolescents, les participants répondent à chaque item par une échelle de type Likert en cinq points allant de 5 (toujours) à 0 (jamais). Dans la version très courte, l'échelle de Likert est remplacée par une échelle visuelle analogique. Le participant répond aux items en traçant un trait, correspondant à l'intensité de la réponse choisie, sur une ligne horizontale de 100 mm. La distance entre la position du trait de l'extrémité gauche « pas du tout » et de l'extrémité droite « tout à fait » sert d'indice de mesure. Un item demandant au participant de placer un trait au centre de la zone de réponse permet d'estimer l'erreur de mesure. Au-delà de l'adaptation à la tranche d'âge (adolescent), l'intérêt des versions (courte et très courte) de l'EDI permet une passation inférieure à 15 minutes (contrairement à la durée de passation de l'EDI-1 qui s'élève entre 45 et 60 min.), offrant ainsi la possibilité de proposer plusieurs questionnaires aux participants afin de recueillir le plus d'informations possible.

Pour conclure, cette partie a présenté les principaux questionnaires des TCA utilisés par les chercheurs et les cliniciens. Cette méthode de mesure est facile d'utilisation et de passation, sans requérir obligatoirement une formation. Toutefois, il est important de souligner que même si des questionnaires permettent de dépister ou de mesurer l'intensité des TCA à partir d'échelles dimensionnelles, il est communément admis que le diagnostic relève davantage de l'entretien.

Sous-partie 10c Autres méthodes

Les parties précédentes ont mis en lumière des méthodes de mesure, comme l'entretien ou le questionnaire, qui évaluent les symptômes des TCA pour obtenir un score global ou émettre un diagnostic. Par ailleurs, il existe d'autres méthodes de mesure qui peuvent se coupler au questionnaire ou à l'entretien pour évaluer précisément des construits psychologiques, des comportements, etc. associés ou faisant partie intégrante des TCA. Cette partie présentera deux instruments de mesure, également utilisés comme instruments cliniques/thérapeutiques : la réalité virtuelle et l'accéléromètre.

Tableau 10.3	**Réalité virtuelle et accéléromètre : deux méthodes d'évaluation innovatrices en TCA**

	Réalité virtuelle	**Accéléromètre**
Définition	Ensemble des logiciels et du matériel permettant de simuler de manière réaliste une interaction avec des objets virtuels qui sont des modélisations informatiques d'objets réels. Appliqués aux TCA, les environnements numériques, représentant des problématiques en lien avec ces troubles, s'adaptent en temps réel aux actions de l'utilisateur (individus dits à risque de présenter des TCA ou patients TCA) évoluant dans cette représentation.	Appareil léger de petite taille, composé d'un capteur qui mesure et enregistre régulièrement les accélérations qui apparaissent lors des mouvements du corps. Il permet de mesurer le niveau d'activité physique et plus précisément la dépense énergétique.

	Réalité virtuelle	Accéléromètre
Avantages	• Augmentation de la normalisation des traitements pour une approche expérimentale; • Augmentation de la motivation et de l'engagement des jeunes individus dans la thérapie; • Augmentation du contrôle de l'intervenant sur l'environnement; • Augmentation des stimuli disponibles; • Augmentation des possibilités d'entraînement individuel; • Haut degré de confidentialité; • Augmentation de la sécurité et de la flexibilité de l'environnement.	• Simple d'utilisation; • Léger à porter; • Peut être porté quotidiennement; • Aide à la prescription d'activité physique et au suivi de l'évolution des pratiquants; • Obtention de données précises; • Disponibilité instantanée des données.
Limites	• Apparition de « cybermalaises » (vertige, fatigue oculaire, etc.) éventuels et transitoires; • Coûts relatifs à l'acquisition des environnements virtuels; • Temps pour se familiariser à l'utilisation de cette nouvelle technologie.	• Peut influencer le comportement du porteur; • Ne capture pas les mouvements statiques; • Coûts élevés; • Certains modèles ne sont pas étanches (p. ex. activités aquatiques).

Une attention toute particulière est portée en ce qui concerne la réalité virtuelle (RV), une technologie qui s'inscrit dans le grand champ de la Cybersanté. La RV trouve des applications en médecine, notamment dans trois disciplines, soit la chirurgie, la radiologie et la santé mentale. Concernant la santé mentale, la RV a été intégrée à la fois comme une composante évaluative et interventionnelle, à partir des années 1990 (Cottraux, 2011; Wiederhold & Bouchard, 2014).

La réalité virtuelle correspond à l'utilisation de l'informatique et d'interfaces comportementales en vue de simuler le comportement d'entités 3D qui sont en interaction en temps réel entre elles et avec un utilisateur en immersion par l'intermédiaire de canaux sensori-moteurs (Fuchs, Berthoz & Vercher, 2003).

La RV offre un ensemble d'outils logiciels et matériels permettant de simuler de manière réaliste des situations qui peuvent être utilisées par des professionnels pour évaluer et intervenir auprès des personnes souffrant d'un TCA. Des exemples d'équipements pouvant être utilisés.

La RV constitue une autre modalité d'intervention qui ajoute aux stratégies d'exposition traditionnelles. Comme l'utilisation de la RV constitue un élément novateur dans le traitement des TCA, cette méthode est davantage développée afin d'en préciser les principaux fondements.

Les pionniers dans ce domaine proviennent notamment d'Italie (Riva *et al.*, 1998) et d'Espagne (Ferrer-Garcia & Gutiérrez-Maldonado, 2008; Perpiñá *et al.*, 2001).

Des travaux intéressants sont aussi en cours au Québec, incluant ceux menés par le LoriCorps – le Cybercorps (Monthuy-Blanc & Bouchard, 2012). Un outil d'exposition aux perceptions de soi liées à l'image du corps y est notamment proposé, soit un continuum de silhouettes allant de la silhouette la plus fine (IMC d'environ 15 kg/m²) à la plus arrondie (IMC d'environ 30 kg/m²).

Dans un premier temps, l'individu-cible est en immersion en RV à l'aide d'un visiocasque où il voit les silhouettes de face devant lui, selon une perspective à « la 3e personne ». Il peut alors s'approcher du personnage virtuel, tourner autour, etc. Dans un deuxième temps, la perspective de l'individu-cible en immersion change et il se retrouve à « la 1re personne » (c.-à-d. qu'il est plongé à l'intérieur des corps virtuels). Il a alors l'impression que ce corps virtuel pourrait être le sien. Pour chacun de ces deux temps, l'individu-cible est notamment amené à identifier la silhouette qui lui ressemble le plus (corps actuel) ainsi que celle à laquelle il aimerait le plus ressembler (corps souhaité). L'écart entre les dimensions du corps perçu et du corps idéal correspond à l'insatisfaction corporelle.

Il est aussi possible d'évaluer la distorsion corporelle en mesurant l'écart entre les dimensions du corps « actuel » et du corps réel (c.-à-d. quantifiable par l'indice de masse corporelle). Dans le cadre de l'intervention, l'exposition *in virtuo* se pose actuellement comme une forme d'exposition alternative intermédiaire entre les expositions *in imagino* et *in vivo* (Roucaut, 2011; Tisseau, 2008), car l'usager stimulé de façon multisensorielle a le sentiment d'être physiquement présent dans un environnement virtuel, tout en évoluant de manière écologiquement représentative sans reposer entièrement sur l'imaginaire des gens (Burdea et Coiffet 1993).

Cette forme d'exposition *in virtuo* permet ainsi à l'usager d'être immergé dans un monde virtuel en 3D conçu spécifiquement en fonction des situations anxiogènes qu'il vit et que les professionnels peuvent contrôler à des fins thérapeutiques. À ce titre, il existe plusieurs avantages à utiliser la réalité virtuelle en contexte de santé mentale, en termes d'anonymat, de sécurité, de contrôle pour l'intervenant, d'adhésion aux soins par l'usager et d'adaptation à de jeunes publics (Perpina, Botella et Banos, 2003).

Cette méthode a pour objectif d'expérimenter des émotions sans cesse nouvelles pouvant remettre en question des croyances dysfonctionnelles. L'avantage pour l'intervenant de contrôler en tout temps l'environnement virtuel (à la différence des situations du *in vivo*) aide à tolérer de façon progressive les émotions face aux scénarios aversifs, dans un contexte où la réussite est favorisée.

Cependant, la réussite de l'exercice va dépendre du degré d'immersion de l'individu, c'est-à-dire de la capacité des technologies utilisées à inhiber le sentiment d'être dans la réalité objective afin de s'immerger dans la réalité virtuelle. La possibilité de pouvoir s'immerger dans un corps autre que le sien permet, notamment auprès des gens aux prises avec un TCA, de s'exposer aux croyances et aux émotions suscitées par leur image corporelle ou de recadrer les perceptions qu'ils ont de leur corps (Riva & Gaudio, 2017), ainsi que de proposer une expérience qui se rapproche de la réalité et suscite des réactions vis-à-vis la nourriture, le regard des autres ou la comparaison sociale (Perpina, Botella et Banos, 2003).

En conclusion, cette sous-partie vise à mettre en évidence deux instruments – la réalité virtuelle et l'accéléromètre – utilisés dans d'autres domaines que les TCA, mais particulièrement pertinents pour étudier les sous-jacents des TCA et améliorer le traitement des TCA.

11 | Prévention primaire des TCA

Johana Monthuy-Blanc, Maud Bonanséa, Annie Julien

*« Notre raison, déjà si insuffisante pour prévenir
nos malheurs, l'est encore davantage pour nous en consoler. »*

Pierre Choderlos de Laclos

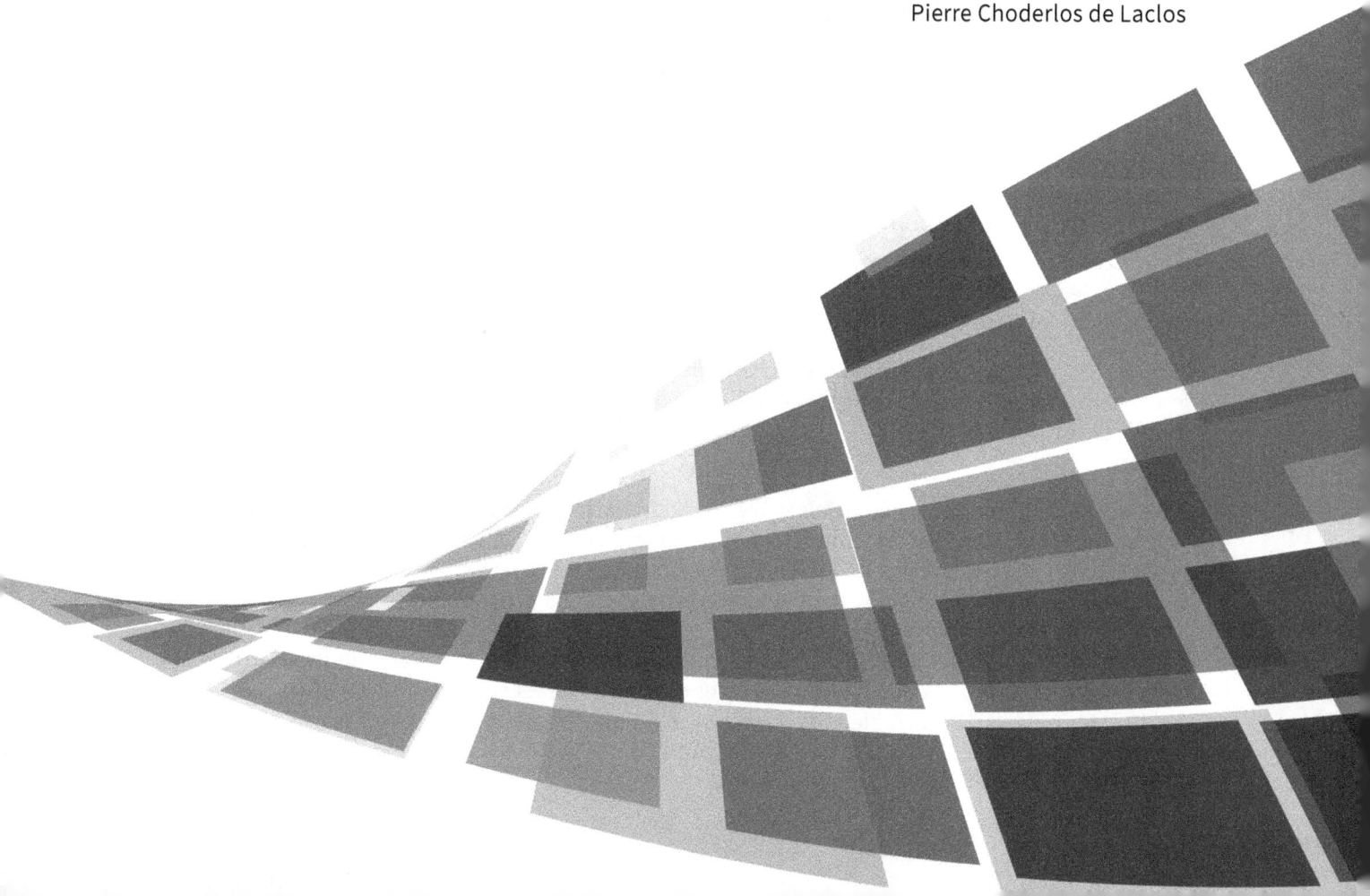

Sous-partie 11a
Trois générations de programme

Cette sous-partie explique la prévention des TCA en fonction de trois types de programmes de prévention : les programmes de première génération, de deuxième génération et de troisième génération. Ces différents programmes sont présentés selon une approche à la fois historique et comparative.

Programmes de première génération

Premièrement, les programmes de première génération sont des programmes universels de prévention, c'est-à-dire qu'ils s'adressent à la population en général, à des individus ne présentant pas nécessairement de risques de présenter des TCA. Ces programmes se caractérisent par une visée éducative et un mode d'intervention transmissif. L'objectif est ici de donner de l'information sur les TCA à tout type de populations (sans différencier la population-cible de ses autrui significatifs) en explicitant les facteurs de risque ainsi que les complications liées aux restrictions alimentaires et à l'utilisation de comportements compensatoires inappropriés.

L'idée sous-jacente de ces programmes est de conscientiser la population par un discours alarmiste des risques et des effets négatifs des TCA sur la santé physique et mentale afin d'empêcher la population-cible, c'est-à-dire les adolescents, de s'engager dans ces conduites à risque. En France, dans un rapport de 2002, l'Institut national de la santé et de la recherche médicale a été le premier organisme à noter l'inefficacité et la dangerosité de ce programme. En effet, l'inefficacité vient de l'absence de restructuration cognitive préalable des individus auxquels s'adressent ces programmes; c'est-à-dire l'absence de modification des pensées et des croyances relatives aux TCA chez les populations à risque. Par conséquent, l'information ne « passe pas ». La dangerosité vient de la nature de l'information visant exclusivement les risques et les effets négatifs des TCA en lien avec la population-cible. En effet, la prévention universelle ne permet pas de distinguer les populations-cibles, donc réellement à risque, de celles qui ne le sont pas. D'une part, expliquer les risques des restrictions alimentaires et des comportements compensatoires inappropriés suscite un effet de fascination et offre autant d'occasions d'obtenir de nouvelles informations pour les individus inscrits dans une stratégie de perte de poids, et d'autre part, cela suscite un effet de dégoût et induit un effet de stigmatisation pour les individus totalement asymptomatiques. Ce dernier point a été démontré scientifiquement par Smolak et collaborateurs en 2005, dans une méta-analyse confirmant un effet inverse et délétère ainsi qu'un comportement alimentaire inchangé à l'issue du programme.

Programmes de deuxième génération

Face à ces constats, les chercheurs ont développé de nouveaux programmes en mettant de côté les dangers des TCA et en essayant d'apprendre à la population à gérer les problèmes auxquels ils sont confrontés : les programmes de deuxième génération.

Bien que certaines composantes soient identiques aux programmes de première génération, notamment la composante universelle et la composante didactique (c'est-à-dire une diffusion simplement transmissive des informations), les programmes de deuxième génération incluent également un volet intervention.

Le contenu du programme débute avec une réflexion sur les comportements à risque plutôt qu'une information alarmante sur les risques. Si les informations relatives aux complications liées aux TCA et aux facteurs de risque existent, le discours est alarmiste et l'accent est mis sur les facteurs sociaux, l'influence de l'environnement, notamment des médias. Ces programmes ciblent le rôle prépondérant de la pression sociétale vis-à-vis de la minceur dans l'apparition des TCA et le recours aux régimes drastiques et aux comportements compensatoires inappropriés en vue de contrôler son poids (Stice & Shaw, 2004), pour répondre à des critères de beauté et de minceur mis en avant par la société, les médias. Un exemple d'intervention serait une discussion sur les messages envoyés par les médias en vue de développer l'esprit critique et la « résistance » aux pressions socio-culturelles induites par les médias faisant la promotion de la minceur.

Malgré les changements apportés aux programmes de deuxième génération, ces derniers se sont avérés peu efficaces. Cette inefficacité relative a impliqué des changements radicaux tant dans l'intervention que dans l'approche avec un public et des actions ciblées donnant naissance aux programmes de troisième génération.

Programmes de troisième génération

Ces programmes s'adressent désormais à une population à risque de présenter des TCA, comme les adolescentes, les sportifs, les mannequins, etc. (cf. partie 7) en postulant que ces populations sont susceptibles de s'engager dans un programme de prévention pour en retirer des bénéfices sur la santé mentale et physique. Ces programmes privilégient clairement une approche interactionnelle et non plus simplement éducationnelle. Des séances interactives, multiples, répétées et réparties dans le temps sont proposées sous forme d'ateliers favorisant l'implication des sujets ainsi que les échanges. Les facteurs de risque ou les complications liées aux TCA ne sont plus explicitement cités, faisant place aux facteurs protecteurs des TCA (cf. partie 6). Plus précisément, le programme vise le renforcement positif de l'image du corps, l'amélioration de l'estime de soi ou encore l'utilisation de comportements compensatoires appropriés dans le cas de surpoids ou d'obésité avérés (par exemple, parler à un spécialiste des TCA, élaborer un programme de perte de poids échelonnée dans le temps, se fixer un objectif de poids à atteindre « raisonnable »).

Ces programmes qui ont montré leur efficacité tant sur le plan empirique que clinique sont encore en mal de professionnels de la santé et plus précisément de professionnels de l'éducation considérés selon des directives gouvernementales comme des acteurs de première ligne de la santé mentale de leurs élèves.

Pour conclure, si l'histoire de la prévention primaire des TCA indique clairement la nécessité de considérer exclusivement les programmes de troisième génération, on déplore encore l'utilisation de programmes de générations antérieures, peut-être par méconnaissance ou par crainte de mal agir ou tout simplement par manque d'outils et de recommandations concrètes pour les appliquer. Récemment, une nouvelle génération intitulée « 4e génération » par Bonansea, Monthuy-Blanc et Samson (2017) s'avère être prometteuse. Ce changement de génération réside principalement selon quatre caractéristiques principales : des programmes « voilés » (qui ne divulguent pas les objectifs réels du programme), « intégrés » (aux objectifs et compétences du milieu de vie), « jumelés » (à des programmes en prévention de l'obésité) et « continus » (s'inscrivant dans un continuum développemental enfant, adolescent et adulte)… à l'image du programme de prévention intégré des TCA et de l'obésité en contexte scolaire à partir de la bande dessinée « Korkifépo » (Monthuy-Blanc *et al.*, 2014; Monthuy-Blanc *et al.*, accepté).

Sous-partie 11b
Consensus empirique

Cette sous-partie vise à présenter le consensus empirique des programmes de prévention primaire des TCA à partir de recension des écrits scientifiques. Plus précisément, des recommandations vous seront énoncées auprès de deux types de populations-cibles, présentées dans « les adolescentes et les sportifs ».

Recommandations en prévention primaire auprès des adolescentes

Face au manque de lisibilité des programmes de prévention des TCA, Stice & Shaw, en 2004, ont réalisé une méta-analyse à partir de 44 études menées depuis 1990, et à l'issue de laquelle ils ont mis en évidence des recommandations à suivre dans un programme de prévention des TCA; plus communément nommées « bonne pratique ». Après avoir distingué les 28 programmes « universels » des 16 programmes « ciblés », ces auteurs concluent que parmi ces programmes, 6 permettent une diminution significative des symptômes des TCA actuels ou futurs et que seulement deux montrent des effets identiques en conditions expérimentales (c'est-à-dire dans un laboratoire de recherche). Ils proposent alors **huit recommandations** à mettre en œuvre pour développer un programme de prévention des TCA le plus efficace possible :

R1 : Viser un public spécifique, à risque pour les TCA. Par exemple, les adolescents âgés de 15 à 19 ans. En effet, la recension des écrits montre que les TCA émergent généralement entre 15 et 19 ans, et donc un programme est plus efficace s'il est proposé durant cette période.

R2 : Viser des groupes d'adolescentes exclusivement : le risque de développer des TCA est plus élevé chez les filles que chez les garçons, ainsi, celles-ci seraient plus volontaires pour s'engager dans des programmes et donc les effets de ces derniers seraient plus grands.

R3 : Proposer des sessions interactives et non didactiques. Le sujet doit s'impliquer, participer et avoir des retours.

R4 : Proposer des sessions multiples et progressives.

R5 : Proposer les sessions dans le milieu de l'usager, par exemple dans la classe si le programme est proposé à des élèves.

R6 : Faire intervenir un professionnel ayant des connaissances sur les TCA.

R7 : Évaluer le programme à l'aide de mesures psychométriques et avoir un groupe contrôle.

R8 : Utiliser une approche non répressive, non moralisante, c'est-à-dire s'inspirer de la psychologie positive.

Au regard des trois générations de programmes (étudiées précédemment), il est recommandé de coupler ces 8 recommandations à un objectif dit « voilé », c'est-à-dire sans énoncer de manière explicite aux participants que le programme vise la prévention primaire des TCA. Par ailleurs, il est important de noter que les études analysées par Stice et Shaw (2005) sont toutes des études qui ciblaient des adolescents considérés comme non sportifs. Or, comme nous l'avons vu précédemment, la population sportive constitue également une population à risque pour les TCA, d'autant plus si le sportif est un adolescent.

Recommandations en prévention primaire auprès des sportifs

Comme nous l'avons vu dans leur étiologie, la particularité des TCA des sportifs réside dans le rôle prédominant des facteurs socio-culturels face aux facteurs biologiques ou psychologiques. Selon Hornak en 2004, il est donc vivement recommandé de prioriser l'environnement du sportif et son entourage dans les interventions préventives. Plus précisément, il est très important d'y inclure les entraîneurs, les co-équipiers, les professionnels du sport et de la santé qui côtoient le sportif, mais aussi la famille.

De façon générale, 5 recommandations émergent de différentes recensions des écrits :

1. Promouvoir, dès le plus jeune âge, l'acceptation de la diversité corporelle des individus tant dans leur forme, leur poids, leur taille;

2. Être vigilant concernant les normes sociales et comportementales liées à la sous-culture de la pratique sportive et ses canons physiques, les comportements compensatoires ou hyperphagiques, éliminer les groupes de pesée ou encore lier le poids aux performances sportives;

3. Décourager les techniques de contrôle de poids pathologiques;

4. Faire pratiquer aux sportifs des activités physiques dont la logique interne diffère de leur pratique de prédilection (faire pratiquer du basket aux judokas, par exemple);

5. Reconnaître les différences individuelles, et éviter de relever exclusivement les points négatifs lors des entraînements, adopter une attitude positive et miser sur les forces du sportif au lieu de mettre l'accent sur ses faiblesses.

Il est important de noter que quand on parle de prévention des TCA chez les sportifs, les recommandations peuvent différer selon le type de discipline pratiquée. Par ailleurs, il est recommandé de mener une politique de prévention auprès des fédérations sportives, et des professionnels qui sont au contact des sportifs (Monthuy-Blanc *et al.*, 2010) en :

- Sensibilisant et en formant les professionnels du monde sportif et tout particulièrement les entraîneurs aux TCA pour un dépistage précoce de ces troubles et une orientation rapide des sportifs vers des professionnels de la santé;

- Composant une équipe multidisciplinaire (entraîneur, psychologue, nutritionniste, etc.) et spécialisée dans les TCA responsables du suivi des sportifs;

- Développant des instruments de mesure des TCA valides et spécifiques aux sportifs à la fois hétéro-évaluatifs et auto-évaluatifs;

- Détectant plus facilement les TCA chez les sportifs en leur proposant des questionnaires des TCA;

- Établissant une démarche à suivre pour les entraîneurs en cas de détection des signes d'alarme;

- Concevant des outils et des guides de recommandations pour la prévention des TCA à destination des sportifs et des familles.

En conclusion, quelles que soient les recommandations, il est nécessaire d'insister sur l'importance d'adapter le discours au public cible, mais aussi de prendre en compte toutes les personnes qui peuvent interagir avec la personne souffrant de TCA. Par ailleurs, nous pouvons constater qu'il existe une grande diversité d'études visant à prévenir les TCA. De plus en plus de chercheurs ont recours à internet pour mettre en place des programmes, cependant, peu d'effets ont été observés, mais cela nous offre des pistes de réflexion pour de futures actions.

Sous-partie 11c
Exemple de programme

Dans l'objectif d'illustrer les 8 recommandations de Stice et Shaw (2004) énoncées précédemment, cette sous-partie présente des programmes de prévention des TCA auprès de deux populations-cibles vues dans la section « explication » : les adolescents via le programme québécois « Bien dans son corps, bien dans sa tête » de l'organisme Équilibre, ainsi que les sportifs via le programme « CorpSensé », utilisé par Buchholz et ses collaborateurs.

Prévention primaire en contexte scolaire via
le programme « Bien dans son corps, bien dans sa tête »

Le programme « Bien dans son corps, bien dans sa tête » (BTBP) vous est présenté à partir de 8 rubriques relatives aux 8 recommandations de Stice et Shaw (2004) que sont : public-cible, âge des participants, sessions interactives, sessions multiples, le lieu, le type de professionnel, la validité scientifique, le contenu du message préventif. Le programme BTBP a été développé en 1996 par Équilibre, un organisme à but non lucratif visant à prévenir et diminuer les problèmes de poids dans la population. BTBP est, depuis 2002, un programme d'intervention visant à favoriser l'acquisition d'une image corporelle saine ainsi que des habitudes positives et des comportements sains à l'égard du corps, du poids, de l'alimentation et de l'activité physique. Plus simplement, il vise à apporter un équilibre comportemental entre les régimes amincissants et les risques d'obésité. BTBP s'inscrit dans le programme de formation de l'école québécoise au travers des domaines généraux de formation et des compétences transversales et adhère à l'École en santé (INSPQ, MELS).

Les objectifs spécifiques du programme étaient au nombre de six :

1. Modifier les croyances sur les déterminants du poids et de la physionomie;
2. Prendre conscience de l'influence des modèles de beauté véhiculés dans les médias;
3. Améliorer la perception de l'image corporelle personnelle et l'estime de soi;
4. Développer des habiletés de résistance à la pression des pairs;
5. Cultiver la tolérance et le respect à l'égard d'autrui;
6. Acquérir des connaissances sur les méthodes appropriées et non appropriées de contrôle du poids.

Les interventions suggérées encouragent et promeuvent :

1. L'acceptation de soi et de son image corporelle;
2. La valorisation de soi basée sur d'autres facteurs que la forme du corps;
3. L'appréciation positive de la diversité des tailles et des silhouettes corporelles au sein de la société;
4. Une alimentation saine et variée;
5. Une relation positive avec la nourriture, exempte de comportements excessifs tels que la restriction, la compulsion et la suralimentation, et d'attitudes négatives telles la culpabilité ou la honte;
6. La pratique régulière et raisonnable d'activité physique axée sur le plaisir et le bien-être;
7. L'atteinte et le maintien du poids naturellement stable de l'individu;
8. L'écoute des mécanismes corporels naturels de régulation du poids et de satiété.

Descriptif du programme

Public-cible et âge : Le programme BTBP est destiné aux adolescentes et adolescents de 12 à 17 ans, soit de niveau secondaire 1 à 5.

Sessions interactives : Par l'entremise d'ateliers, de kiosques d'information et de sensibilisation et d'activités intégrées au curriculum d'enseignement (plus de 50), une démarche de réflexion est proposée aux jeunes sur les sociétés occidentales où l'apparence physique prime, c'est-à-dire où l'idéal de beauté chez la femme est représenté par la minceur et, chez l'homme, par la musculature (cf. partie 7).

Sessions multiples : Le programme BTBP préconise au minimum la réalisation d'un atelier, kiosque ou activité par mois, soit huit au total dans une année scolaire. Les jeunes sont amenés d'une façon amusante et interactive à prendre conscience de quatre enjeux associés à la santé : l'enjeu de l'image corporelle, les problèmes reliés au poids (surpoids, poids insuffisant, troubles du comportement alimentaire, etc.), les attitudes et comportements à l'égard de soi et de sa santé (manger sainement, bouger, s'estimer, respecter l'autre, etc.) et les environnements (alimentaire, familial, etc.).

Conduit *in situ* : Le programme est implanté dans les écoles secondaires.

Professionnels de la santé : La mise en place et le suivi du programme sont effectués par des professionnels de la santé, tels des nutritionnistes, psychologues et infirmières, issus pour la majorité de CLSC et d'organismes communautaires, comme la Maison L'Éclaircie (organisme venant en aide aux individus présentant un TCA).

Validé empiriquement : Le programme n'a pas fait l'objet d'une étude empirique.

Facteurs protecteurs, psychologie positive : L'approche du programme s'inspire de la psychologie positive en étant non moralisante, intégrant le respect des différences individuelles, l'acceptation et la valorisation de soi, axant sur le plaisir et la vitalité et prônant des attitudes positives et des comportements sains. BTBP cible des facteurs protecteurs des TCA : estime de soi et image du corps.

Prévention primaire en contexte sportif via le programme « CorpSensé »

Ce programme présente plusieurs postulats :

1. les filles sont plus à risque de développer des TCA que les garçons;

2. la gymnastique est un sport à risque de TCA classé parmi les sports dits de minceur (cf section « explication » Monthuy-Blanc *et al.*, 2010). En effet, selon la logique interne de la gymnastique, le poids et la forme corporelle sont associés à la performance technique (projeter son corps plus haut et plus vite) et à la performance artistique (corps longiligne, mouvement esthétique, etc.). La logique de ce sport peut conduire les entraîneurs à favoriser la perte de poids et va donc induire des pressions chez les gymnastes pour mincir.

Au regard de ces deux postulats, les objectifs du programme étaient au nombre de cinq :

1. améliorer l'image du corps;

2. diminuer la relation entre la minceur et la performance au sein du club de gymnastique;

3. diminuer l'importance attachée aux images renvoyées par la société et le culte de la minceur;

4. améliorer les habitudes alimentaires;

5. diminuer le recours à des techniques de perte de poids pathogènes, et enfin améliorer la résistance des sportifs aux pressions subies pour mincir.

Descriptif du programme

Public-cible : Ce programme a été réalisé auprès d'un public à risque pour les TCA : des sportives pratiquant la gymnastique.

Âge des participantes : Ces sportives étaient âgées de 11 à 18 ans.

Sessions interactives : Les sportives ont participé à un atelier d'échanges de 60 minutes visant à travailler sur l'image corporelle en présentant les 10 incontournables du programme « CorpSensé* » (décrits ultérieurement) : les parents et les entraîneurs ont participé à un atelier d'information sur les TCA à partir d'une trousse de ressource « CorpSensé » comprenant de la documentation sur les TCA, sur leur dépistage, des affiches, des vidéos.

Sessions multiples : Un atelier n'a été proposé qu'une fois, on ne peut donc pas parler de séances multiples, comme préconisé par Stice et Shaw.

Conduit *in situ* : Le programme a été réalisé au sein du club de gymnastique dans lequel les sportives s'entraînaient.

Professionnels : Les individus responsables des ateliers étaient des experts de la nutrition, de l'activité physique et de l'image du corps.

Validé empiriquement : Deux groupes ont été constitués : un groupe « testé » qui a bénéficié du programme de prévention et un groupe « contrôle » qui n'a pas bénéficié du programme. Des questionnaires hétéro-évaluatifs (avant et après le programme) visant à mesurer : les pressions subies par les sportifs pour être mince, les habitudes alimentaires, l'image du corps, le niveau d'internalisation de l'idéal de minceur et l'efficacité à résister aux pressions subies dans le club, ont été proposés aux sportifs avant et après avoir bénéficié du programme de prévention. Les questionnaires étaient remplis au sein du club de gymnastique par les coachs et les parents (mesure de l'importance accordée à la minceur pour réaliser des performances et de la prise en compte des normes de la société).

Facteurs protecteurs, psychologie positive : Enfin, les ateliers d'échanges portaient sur les facteurs protecteurs des TCA, dont l'image corporelle, l'estime de soi via les 10 incontournables du « CorpSensé », soit : comment adopter de bonnes habitudes alimentaires, pratiquer un sport pour le plaisir, le bien-être, apprendre à résister aux pressions subies pour être mince, gérer son stress, avoir conscience des différences individuelles ou encore trouver un équilibre entre sa vie personnelle et sportive.

En conclusion, cette sous-partie met en évidence le détail de programmes de prévention des TCA qui ont tenté de prendre en compte les recommandations énoncées par Stice et Shaw. Toutefois, le programme BTBP comporte trois limites :

1. le programme ne vise pas exclusivement les filles, puisqu'il intègre les garçons;

2. le programme n'a pas été validé empiriquement à ce jour;

3. le programme comporte des activités énonçant les facteurs de risque des régimes amincissants et n'a donc pas un objectif totalement voilé.

Le programme CorpSensé comporte deux limites :

1. le programme n'est pas basé sur des sessions multiples, mais seulement sur une session;

2. Aucun suivi n'est fait suite au programme.

Au regard de ces limites, l'équipe du LoriCorps développe un programme de prévention intégré des TCA et de l'obésité en contexte scolaire qui s'inscrit comme un exemple de 4e génération.

Ce programme ciblé, voilé et interactif privilégie une approche intégrée des sciences de la santé inhérentes principalement aux programmes de prévention de l'obésité et des sciences humaines et sociales relatives au programme de prévention des TCA, en prenant appui sur l'approche École en santé (INSPQ, 2007) et au Programme de formation de l'école québécoise (MELS, 2010).

La partie caractérisant la prévention des TCA correspond à l'inclusion de facteurs protecteurs des TCA intégrés aux compétences du secondaire de l'école québécoise dont le support pédagogique transdisciplinaire est la bande dessinée « KORFOFAIPO » (Monthuy-Blanc *et al.*, 2014) par le biais des enseignants en arts, en théâtre, en français et en éducation physique et à la santé.

La partie des « saines habitudes de vie » correspond à un programme interdisciplinaire visant une alimentation équilibrée selon l'approche intuitive intégrée et la présence d'activité physique pour des raisons saines.

12 | Prévention secondaire et tertiaire : traitement des TCA

Johana Monthuy-Blanc

« Pour qu'un château de cartes s'écroule, il suffit d'en retirer une seule. »

Dominique Muller

Sous-partie 12a
Approches psychothérapeutiques

Au regard de la complexité inhérente au traitement des TCA, différentes approches psychothérapeutiques se sont succédé au cours du temps (même si elles sont encore toutes utilisées) en cherchant à augmenter le taux de rémission des patients des TCA tout en diminuant le temps d'hospitalisation. D'après les écrits scientifiques et cliniques, cette sous-partie vise à décrire les trois principales approches thérapeutiques des TCA : psychanalytique, familiale et cognitivo-comportementale.

Psychodynamique

Depuis l'apparition de l'anorexie mentale dans la nosographie psychiatrique (Lasègue, 1873) jusqu'à nos jours, les psychothérapies d'approche psychodynamique ou psychanalytique ont dominé la pratique de l'intervention auprès de patients de TCA, particulièrement en France et au Venezuela. La psychanalyse peut être définie comme :

a) une méthode d'investigation visant la mise en évidence de la signification inconsciente des paroles, des actions, des productions imaginaires d'un sujet (p. ex. rêves, fantasmes, délires);

b) une approche psychothérapique fondée sur cette investigation et spécifiée par l'interprétation contrôlée de la résistance, du transfert et du désir;

c) une forme d'intervention s'appuyant sur un ensemble de théories psychologiques et psychopathologiques où sont systématisées les données apportées par la méthode psychanalytique d'investigation et de traitement. Il est intéressant de noter que si la psychanalyse et la psychodynamique sont basées sur le travail du transfert, la psychanalyse fait appel à des techniques plus strictes. Suivant les normes formelles françaises, une psychanalyse, ou psychothérapie psychodynamique nécessite un nombre de séances au moins égal à trois par semaine, d'une durée de 30 à 45 minutes, au cours desquelles le patient demeure allongé. Une telle psychothérapie s'étend fréquemment sur plusieurs années. Cette approche thérapeutique est intéressante pour les personnes qui traduisent leur mal-être par des manifestations somatiques.

Thérapie familiale

La psychothérapie d'approche familiale se révèle être toute forme de consultation ponctuelle ou répétée réunissant au moins deux personnes faisant partie du contexte de vie d'une ou de plusieurs personne(s) en souffrance, c'est-à-dire partageant une destinée commune. L'effet de ce type de consultation est appréhendé comme bénéfique sur les symptômes, la souffrance, les problèmes et les relations.

Ces effets bénéfiques peuvent être à la fois le fait des personnes qui consultent, des thérapeutes impliqués, mais aussi de l'entourage thérapeutique élargi et du milieu de vie des personnes qui consultent. Par vocation, les thérapies familiales reposent sur des principes multidisciplinaires et interdisciplinaires. Elles sont ainsi nourries de nombreux apports : psychodynamique, biologique, éthologique, anthropologique, comportemental, cognitif et systémique. Elles relient les champs de la médecine, de la psychiatrie, de la psychologie, de la justice, de l'éducation et du travail social.

La diversité des orientations théoriques, des modalités d'exercice et des styles thérapeutiques est à la mesure de l'extrême variété de contextes dans lesquels elles se réalisent, et des singularités personnelles et relationnelles qu'elles cherchent à appréhender.

Thérapie cognitivo-comportementale

Enfin, les thérapies comportementales et cognitives ou thérapies cognitivo-comportementales (TCC) représentent l'application de principes issus de la psychologie scientifique à la pratique clinique. Ces thérapies sont fondées sur les théories de l'apprentissage (i.e. conditionnement classique et opérant, théorie de l'apprentissage social, etc.) et sur les théories cognitives du fonctionnement psychologique (i.e. modèle du traitement de l'information, distorsions cognitives, etc.).

Actuellement, en France, la TCC représente un courant majeur de psychothérapie qui doit beaucoup aux développements récents des études contrôlées randomisées et des méta-analyses. Les TCC peuvent se présenter sous la forme de thérapies individuelles, de groupes, de couples ou de la famille (i.e. psychoéducation et résolution de problèmes). Les séances, d'une durée de 30 à 60 minutes, sont limitées en nombre (i.e. 10 à 25 séances à raison d'une par semaine). Parmi les différentes approches psychothérapeutiques des TCA, la TCC est une approche thérapeutique de plus en plus utilisée actuellement pour traiter directement les troubles de l'image du corps auprès de populations TCA. Finalement, cet engouement pour cette approche thérapeutique peut s'expliquer en partie par le fait que son intervention est courte dans le temps et moins coûteuse.

En définitive, si l'ensemble des approches psychothérapeutiques indique les bénéfices pour la patiente du TCA, la TCC semble être particulièrement à privilégier pour répondre de manière efficace et rapide.

Sous-partie 12b
Consensus empirique

À partir d'une mise en contexte, cette sous-partie présente le consensus empirique des interventions thérapeutiques à la fois à partir d'un guide de recommandations et des données probantes issues de recensions d'études randomisées contrôlées en double aveugle.

L'association américaine de psychologie (APA) encourage l'intégration des traitements empiriquement efficaces à l'expertise clinique tout en respectant les caractéristiques, la culture et les préférences du patient (APA, 2005). Néanmoins, la diversité des approches psychothérapeutiques des TCA précitées rend la tâche complexe pour les cliniciens à la recherche d'un consensus sur les traitements et pratiques efficaces à adopter. Toutefois, les interventions thérapeutiques relatives à l'approche cognitivo-comportementale ont plus tendance à être démontrées empiriquement efficaces et particulièrement celles qui sont spécifiques aux TCA ou *Cognitive-behavioral Therapy –eating disorders (CBT-E)* (Conférence internationale des TCA ou *International Conference on Eating Disorders*, 2013). Les interventions thérapeutiques relatives à l'approche cognitivo-comportementale se prêtent particulièrement à la validité interne des études randomisées, contrôlées en double aveugle et font souvent l'objet de recension des écrits.

Les guides de recommandations

Des guides de pratiques en interventions thérapeutiques pour les TCA ont été élaborés et rendus disponibles pour les cliniciens afin de faciliter l'accès aux résultats des recensions des écrits scientifiques précités. En 2004, un centre national pour la santé mentale basé au Royaume-Uni, connu sous l'acronyme NICE *de National Institut for Clinical Excellence* développe un guide clinique qui répertorie les interventions efficaces basées sur des données probantes pour le traitement et la gestion des TCA. Il s'agit du premier guide de recommandations découlant d'un processus rigoureux et multidisciplinaire qui fait consensus auprès des cliniciens. Contrairement à d'autres guides comme le Guide de pratiques des TCA de l'APA ou *Practice Guideline for Eating Disorders* (APA, 2005), le guide du NICE maintient un certain équilibre entre la recommandation de traitements spécifiques et l'importance du jugement clinique face à un manque de pratiques validées par la recherche.

Voici quelques recommandations-clés et perspectives :

Commun à tous les TCA

Pour les enfants et les adolescents avec un TCA, inclure les membres de la famille (frères et sœurs y compris) voire les pairs (Cook-Darzens, 2014) dans le traitement afin de partager l'information, obtenir des conseils sur la gestion du comportement et faciliter la communication. Ce postulat pour la jeunesse tend à s'étendre pour les adultes en incluant le conjoint ou l'ami proche avec la notion de proche aidant (MSSS, 2015).

Anorexie mentale

a) Prescrire une hospitalisation ambulatoire (ou dite de jour) pour les cas modérés à sévères avec un suivi psychologique spécialisé dans les TCA et une évaluation du risque sur le plan somatique; comme une alternative à l'hospitalisation complète (Kaplan *et al.*, 2001). Au Québec, pour les cas légers à modérés, les instances en santé privilégient de plus en plus le suivi externe avec une équipe interdisciplinaire pour prendre en compte le milieu de vie de la personne (Zipfel *et al.*, 2002).

b) Admettre les individus présentant une anorexie mentale dans un service hospitalier qui propose un suivi de réalimentation (en particulier dans les premiers jours de réalimentation) combiné à des interventions psychosociales.

c) Offrir des interventions en thérapie familiale spécifique aux TCA pour les enfants et adolescents.

Boulimie

a) Encourager les individus présentant une boulimie, comme première étape possible, à utiliser des programmes d'aide individualisés, basés sur des études empiriques.

b) Prescrire des antidépresseurs aux individus présentant une boulimie en complément ou à la place des programmes d'aide individualisés.

c) Proposer aux adultes présentant une boulimie, une thérapie cognitivo-comportementale spécifique à la boulimie à raison de 16 à 20 séances durant 5 mois.

d) Adapter la thérapie cognitivo-comportementale spécifique à la boulimie à l'âge, aux circonstances et à la sévérité du trouble de l'adolescent présentant une boulimie, en impliquant sa famille, au besoin.

Hyperphagie boulimique

a) Proposer une forme de thérapie cognitivo-comportementale adaptée (TCC-A) à l'hyperphagie boulimique des adultes.

b) Aucune recommandation n'est émise pour les enfants, par manque de cas enregistrés en milieu clinique.

Troubles du comportement alimentaire non spécifiés

a) Suivre les recommandations propres au TCA qui se rapproche le plus des TCA non spécifiés ou de l'hyperphagie boulimique du patient (en l'absence de recommandations spécifiques).

Le guide NICE présente toutefois certaines limites. Premièrement, plusieurs recommandations sont basées sur des opinions d'experts de divers domaines (psychiatrie, psychologie clinique, soins infirmiers, thérapie familiale, travail social, médecins généralistes) au-delà de données empiriques parfois non disponibles. Deuxièmement, il n'existe pas de recommandations spécifiques à l'hyperphagie boulimique considérée comme un TCA à part entière que très récemment (mai 2013). Pour y remédier, les experts recommandent que les cliniciens appliquent le traitement qui ressemble le plus au TCA du patient (Wilson & Shafran, 2005). Troisièmement, même si les recommandations du guide s'appliquent à la majorité des situations et des patients, celles-ci ne s'appliquent pas à certains patients ou contextes d'intervention. Par exemple, l'organisation des soins en Angleterre est différente de celle du Québec. En Angleterre, l'offre de soins de santé privés est plus substantielle. Les Anglais attendent moins longtemps pour avoir un suivi médical que les Québécois. Les Québécois sont malheureusement plus souvent contraints à suivre un seul traitement à la fois, compte tenu de l'accès limité aux services disponibles (Van den Eynde, 2013).

Recensions des écrits scientifiques récentes

Au regard des limites précitées, certaines recensions des écrits scientifiques passent en revue quelques études récentes selon le type de TCA. Les principales conclusions qu'il est possible de tirer de ces recensions sont :

a) Anorexie mentale. La TCC-adaptée (TCC-A) et la **thérapie interpersonnelle** chez les adultes sont associées avec des effets positifs (Fairburn *et al.*, 2003; Murphy *et al.*, 2010; Kass, Kolko, & Wilfley, 2013). La TCC-A repose sur la restructuration cognitive et émotionnelle propre à la TCC en général mais en mettant en exergue le changement de comportement autour de la restriction alimentaire (Murphy *et al.*, 2010). Notons toutefois que la TCC-A peut être problématique, particulièrement en raison du haut taux d'abandon du traitement (Gagnon-Girouard *et al.*, 2017). La thérapie démontre des effets équivalents à la TCC-A à long terme avec une réponse au traitement tardive (Kass, Kolko, & Wilfley, 2013; Gagnon-Girouard *et al.*, 2017). En ce qui concerne les enfants et les adolescents, la thérapie familiale apparaît comme étant la thérapie la plus efficace, particulièrement celle basée sur l'approche Maudsley – intégrant la famille directement dans le traitement – avec un taux de rémission de 50 % (Kass *et al.*, 2013). Bien que les antidépresseurs soient classiquement prescrits, aucun médicament ne permet de traiter l'anorexie mentale : la « nourriture » semble être le meilleur traitement (Mitchell *et al.*, 2013);

b) Boulimie. La TCC-adaptée et **l'auto-traitement guidé** inspiré de la TCC sont les interventions qui sont démontrées les plus efficaces pour traiter la boulimie, notamment en réduisant la fréquence des crises de boulimie (Murphy, Straebler, Cooper, & Fairburn, 2010). En TCC-A, les taux de rémission oscillent autour de 50 % sans dépasser 70 % (Linardon, Piedad, Garcia, & Brennan, 2016; Wilson, Wilfley, Agras, & Bryson, 2010). La thérapie guidée d'auto-traitement pourrait avoir des effets plus importants à long terme que la thérapie TCC. En ce qui concerne les adolescents boulimiques, la TCC-A combinée à la thérapie familiale apparaît une nouvelle fois comme étant la thérapie la plus efficace (Murphy *et al.*, 2010). Les antidépresseurs et les anticonvulsivants sont prescrits pour traiter spécifiquement la boulimie (Stahl, 2010; Vocks *et al.*, 2010; Wilfley *et al.*, 2010), avec une mention particulière pour les inhibiteurs de la monoamine oxydase (Stahl, 2013);

c) Hyperphagie boulimique. Confirmant les recommandations du NICE pour le traitement des TCA-NS, plusieurs études démontrent que la thérapie interpersonnelle, la thérapie cognitivo-comportementale et l'auto-traitement guidé d'inspiration cognitivo-comportementale sont aussi les interventions démontrées comme efficaces pour traiter l'hyperphagie boulimique. Pour la thérapie interpersonnelle, certains appuis existent pour la thérapie dialectique comportementale pour les personnes avec hyperphagie boulimique (Rieger et al., 2010; Gagnon-Girouard et al., 2017). Bien que ces traitements soient plus efficaces qu'un traitement orienté vers la perte de poids pour diminuer les compulsions alimentaires, notamment en TCC-A, aucune perte de poids n'est obtenue, créant ainsi un sentiment de frustration chez la personne (Bownley et al., 2007; Wilson, Wilfley, Agras, & Bryson, 2010). Les mêmes psychotropes que la boulimie sont indiqués pour l'hyperphagie boulimique (Stahl, 2010; Vocks et al., 2010; Wilfley et al., 2010) avec une mention spéciale pour les psychostimulants du type amphétamine qui réduisent significativement les crises de suralimentation (McElroy et al., 2015). En conclusion, de nouvelles études sont nécessaires afin de développer des traitements pour l'ensemble des TCA ainsi que pour les individus qui présentent une hyperphagie boulimique avec obésité. En général, la médication est considérée davantage comme un adjuvant à des interventions psychosociales; sauf dans les cas sévères à extrêmes où son recours est indiqué malgré des effets secondaires possibles. L'approche cognitivo-comportementale adaptée aux TCA impliquant les proches est celle qui demeure la plus privilégiée pour traiter l'ensemble des TCA. Toutefois, l'intégration de différentes approches thérapeutiques pour répondre à la diversité des besoins des individus semble être la piste la plus prometteuse dans le traitement des TCA.

Sous-partie 12c
Exemple de programme

Le PITCA est un milieu de 3e ligne. Les gens qui s'y réfèrent sont des médecins qui proviennent de la 1re et de la 2e ligne. Le mandat du PITCA est de traiter l'anorexie mentale, la boulimie et les préoccupations corporelles importantes. L'équipe travaille au travers du modèle bio-psycho-social via une équipe interdisciplinaire.

Approche thérapeutique

L'approche principale qui est utilisée est l'approche cognitivo-comportementale, mais les approches psychodynamique, interpersonnelle, motivationnelle et nutritionnelle sont aussi utilisées afin de traiter les TCA.

La perspective des TCA priorisée au PITCA est de l'ordre de quatre grandes catégories :

1. Système nerveux : Les TCA sont considérés comme des troubles anxieux. Ainsi, les individus présentant un TCA présentent des phobies de toutes sortes, telles que la peur de grossir, de ne pas être à la hauteur, de vomir, de faire rire de soi, etc. Ces peurs influencent le système nerveux négativement, ce qui crée de l'anxiété chez ces individus. Au PITCA, on veut réduire les phobies, l'évitement et les comportements compensatoires;

2. Restriction alimentaire : Les individus présentant des TCA sont perpétuellement en restriction alimentaire, ce qui peut mener à faire des crises alimentaires et adopter des comportements compensatoires inappropriés. La nutritionniste travaille sur cette composante afin de rétablir l'équilibre au niveau de l'alimentation;

3. Restriction cognitive : Les individus présentant des TCA ont des règles rigides auxquelles ils sentent qu'ils doivent obéir. Les intervenants ont comme mandat d'identifier les croyances et les règles rigides pour modifier les pensées à l'aide d'interventions cognitivo-comportementales. Les intervenants vont travailler à l'aide de la restructuration cognitive, l'exposition, la résolution de problèmes et la prévention de la réponse;

4. Restriction émotionnelle : Cette restriction correspond à une mauvaise gestion des émotions qui crée des difficultés d'adaptation dans leur vie. Les traumatismes ayant une influence sur le TCA vont être travaillés.

L'approche nutritionnelle est omniprésente au PITCA via l'ensemble de l'équipe d'intervention. L'objectif pondéral est de ramener la personne à un IMC de 20 à 25 kg/m².

L'approche motivationnelle est utilisée pour permettre aux individus de passer au travers des différents stades de changement (précontemplation, contemplation, préparation, action et maintien).

Modalité de traitement

Les individus reçoivent une évaluation psychologique multidimensionnelle afin d'établir le diagnostic ou de déterminer s'ils ont des préoccupations particulières. C'est l'occasion de déterminer les cibles de traitement et la dangerosité associée au TCA. Si l'individu présente une forte dangerosité associée au trouble, une hospitalisation peut être recommandée. Lorsque l'individu ne présente pas de forte dangerosité, il va recevoir des soins à l'externe via les groupes d'information des TCA, les groupes d'information nutritionnelle, le programme de jour et la clinique externe.

Les groupes d'information des TCA visent à informer sur les meilleures pratiques afin que les individus aient des informations à jour et justes afin de défaire les fausses croyances.

Les groupes d'information nutritionnelle visent à donner de l'information afin de défaire les fausses croyances concernant l'alimentation.

Le programme de jour est d'une durée de huit semaines à raison de quatre fois par semaine en groupe. Le but est de rétablir l'alimentation normale et de corriger le système nerveux avec de l'exposition. Les individus mangent avec les intervenants, cuisinent, font de la relaxation, reçoivent des interventions nutritionnelles et des stratégies cognitives et comportementales, font des jeux de rôle et des ateliers d'ergothérapie. Le programme de jour est optionnel dans le traitement.

La clinique externe est le service le plus exploité au PITCA. Il comprend deux rencontres par semaine avec les intervenants et vise à enlever les obsessions, la phobie et l'évitement, à augmenter la qualité de vie et faire de l'exposition. Également, la pharmacothérapie peut être ajoutée au traitement.

En conclusion, le PITCA est un service de 3e ligne visant le traitement des individus présentant un TCA. Par des thérapies individuelles et de groupe, les intervenants travaillent à la fois sur les croyances, les émotions et les comportements, et ce, à travers une approche thérapeutique intégrative.

Glossaire

Accéléromètre (*Accelerometer*) : Appareil de mesure qui enregistre l'accélération des mouvements sous forme de graphiques.

Acculturation (*Acculturation*) : Processus selon lequel l'individu adopte les comportements, attitudes, croyances et/ou valeurs d'une culture nouvelle, dominante, et cela, même si ces derniers sont en contradiction avec les propres valeurs personnelles ethniques.

Acrocyanose (*Acrocyanosis*) : Trouble circulatoire du sang qui provoque une cyanose dans les extrémités (pieds, mains et oreilles).

Affects (*Affects*) : Tout état affectif; sentiment, émotion.

Alexithymie (*Alexithymia*) : Difficulté à identifier, comprendre et définir ses émotions et celles des autres. Les émotions sont exprimées sur le plan de sensations somatiques ou de réactions comportementales.

Aménorrhée (*Amenorrhoea*) : Absence de cycle hormonal et de saignements mensuels.

Analyse fonctionnelle : Étude des interactions émotionnelles, comportementales et cognitives de l'individu. Le principe sous-jacent de l'analyse fonctionnelle est que tout comportement a une fonction dans un contexte donné (OPPQ, 2014). Selon Cottraux (1990) :

> *« L'analyse fonctionnelle porte sur l'observation du comportement directement ou indirectement quantifiable. Son but est de préciser les conditions de maintien et de déclenchement des comportements. On précisera où, quand, avec quelle fréquence, quelle intensité, en présence de qui se déclenchent les réponses inadaptées. On précisera également les conséquences du comportement du sujet sur les proches et l'environnement social : les bénéfices ou les résultats néfastes obtenus. L'analyse fonctionnelle ne s'arrête pas aux aspects superficiels, mais cherche à isoler le ou les problèmes clés dont la solution modifiera de façon durable et importante le comportement. » (p. 9)*

Anémie (*Anemia*) : Diminution anormale de l'hémoglobine dans le sang, affectant ainsi le transport d'oxygène dans le corps. Ceci se ressent par des faiblesses, des étourdissements ou de la fatigue.

Amygdale (*Tonsil*) : L'amygdale est une structure cérébrale essentielle au décodage des émotions, et en particulier des stimuli menaçants pour l'organisme.

Angoisse aiguë (*Acute anxiety*) : Trouble panique caractérisé par la présence de quatre attaques de panique dans l'espace de quatre semaines, qui arrivent spontanément sans élément déclencheur particulier.

Anorexie mentale (*Anorexia nervosa*) : Trouble du comportement alimentaire caractérisé par une perturbation de l'image du corps associée au désir permanent de maigrir et de contrôler son alimentation, aboutissant généralement à une malnutrition sévère.

Anorexie sportive (*Sport anorexia*) : Restriction de la masse corporelle et de la masse grasse reliée à la performance.

Anxiété (*Anxiety*) : Trouble émotionnel se traduisant par un sentiment indéfinissable d'insécurité.

Anxiété chronique (*Chronic anxiety*) : État anxieux chronique qui se définit par la manifestation d'un sentiment d'angoisse pendant plus d'une journée sur deux et qui perdure depuis au moins six mois. Ce sentiment est déclenché par une cause indéterminée.

Ascétisme (*Asceticism*) : Mode de pensée et de vie d'une personne qui s'impose certaines privations, tout en faisant preuve d'une discipline constante dans le but d'atteindre la perfection.

Asthénie (*Asthenia*) : Affaiblissement de l'organisme au niveau physique, psychique, libidinal et intellectuel.

Asymptomatique (*Asymptomatic*) : État d'une personne ne présentant pas de symptôme.

Atonie intestinale (*Intestinal atony*) : Diminution des contractions de l'intestin et du transit pouvant créer des troubles intestinaux comme la constipation.

Arthrose (*Osteoarthritis*) : Inflammation chronique du cartilage des articulations.

Biais (*Biais*) : Résulte notamment de l'attribution dirigée (et pas au hasard) à un groupe de traitement, d'un suivi ou d'un traitement de soutien différent pour tels ou tels patients de l'étude et d'effets de suggestion, ces derniers provenant aussi bien des patients que du médecin d'étude.

Bipolarité (*Bipolarity*) : Maladie qui présente des périodes de dépression grave suivies de périodes d'euphorie ou d'irritabilité (sans que la consommation de drogues ou d'alcool ne soit en cause).

Boulimie (*Bulimia*) : Trouble du comportement alimentaire défini par des crises de suralimentation caractérisées par l'impulsion et la récurrence associées à des comportements compensatoires inappropriés (vomissements provoqués, prise de laxatifs ou de diurétiques ou pratique d'exercice physique) pour éviter une prise de poids.

Bradycardie (*Bradycardia*) : Ralentissement du rythme des battements cardiaques. On parle de bradycardie quand le nombre des contractions cardiaques est inférieur à 60 par minute.

Cachexie hypophysaire (*Pituitary cachexia*) : Amaigrissement important qui accompagne un ensemble de symptômes qui caractérisent une insuffisance de sécrétion de la glande hypophyse.

Calorie (*Calorie*) : Représente la mesure de l'énergie thermique; équivaut à la quantité de chaleur nécessaire pour élever la température de un gramme d'eau de un degré Celsius dans des conditions standardisées (exprimée en cal.)

Caucasien (*Caucasian*) : Se dit d'un type humain réunissant parmi ses caractéristiques physiques communes et héréditaires une peau à faible pigmentation, un visage élancé, une mâchoire supérieure légèrement saillante, des yeux non bridés.

Cholécystokinine (*Cholecystokinin*) : Hormone sécrétée par l'intestin grêle qui participe à l'effet de satiété en ralentissant la vidange gastrique.

Chronicité (*Chronicity*) : Évolution la plus défavorable en excluant le taux de mortalité.

Colique idiopathique – ou crises paroxystiques – (*Idiopatic collic*) : Douleurs vives au niveau des viscères abdominaux d'origines psychologiques.

Comorbidité (*Comorbidity*) : Association de deux maladies, psychiques ou physiques, fréquemment observée dans la population (sans causalité établie, contrairement aux complications).

Comorbidité psychiatrique (*Psychiatric comorbidity*) : Désigne qu'une maladie a minimalement deux diagnostics sans qu'il n'y ait présence d'une autre maladie.

Comportement compensatoire (*Compensatory behavior*) : Méthode utilisée pour contrer un apport calorique ou une prise de poids.

Concept de soi (*Self-concept*) : Représentation consciente de soi portant sur les rôles et les attributs qui composent notre identité.

Conscience intéroceptive (*Interoceptive awareness*) : Perception par le système nerveux des modifications ou des signaux provenant des viscères par le système nerveux végétatif, et des muscles, tendons et articulations par le système nerveux central.

Constipation (*Constipation*) : Évacuation des selles trois fois ou moins par semaine. De plus, ces dernières sont plus dures et moins abondantes qu'à la normale.

Cortex cingulaire (*Cingulate cortex*) : Le cortex cingulaire est une région du cerveau structurellement hétérogène. La division du cortex cingulaire en deux parties, l'antérieure et la postérieure, a été faite par Brodmann en 1909 sur la base d'une différence anatomique et en ignorant les fonctions de ces régions. La partie antérieure du cortex cingulaire (ou CCA) peut être distinguée de la partie postérieure (CCP) sur la base de sa connectivité et de sa cytoarchitecture. On oppose alors la fonction exécutive du CCA à la fonction évaluative du CCP. Le cortex cingulaire antérieur peut être divisé anatomiquement en une partie dorsale aux fonctions cognitives et une partie rostrale-ventrale aux fonctions émotionnelles.

Cortex préfrontal (*Préfrontal cortex*) : Le cortex préfrontal est une zone du cerveau située à l'avant du lobe frontal, qui regroupe un ensemble de fonctions motrices, exécutives et cognitives supérieures, telles que la mémoire de travail, le raisonnement, la planification de tâches... Il est de manière générale très sollicité et utilisé pour structurer des processus cognitifs complexes, comme coordonner une série d'actions exécutées en vue d'un objectif.

Cortex visuel associatif (*Associative visual cortex*) : Le cortex associatif désigne les régions du cerveau impliquées dans des opérations complexes de traitement de l'information. Contrairement à d'autres portions du cortex cérébral comme les aires dites primaires (sensorielles ou motrices), le rôle fonctionnel des régions associatives est plus difficile à identifier; elles sont par exemple impliquées dans les processus cognitifs complexes liés à : l'intégration multisensorielle qui permet, par exemple, d'associer un signal visuel et un signal auditif; la mémoire; le langage; la planification, etc.

Crise de boulimie (*Binge*) : Période de temps limité caractérisée par l'absorption d'une quantité de nourriture largement supérieure à ce que la plupart des gens absorberaient en une période de temps similaire et dans les mêmes circonstances, accompagné d'un sentiment d'une perte de contrôle sur le comportement alimentaire.

Culture (*Culture*) : Construit complexe et multidimensionnel comprenant des institutions, des valeurs, des normes et la langue.

Cybermalaises (*Cybersickness*) : Malaises s'apparentant à ceux dus au mal des transports et se produisant pendant ou suite à l'immersion virtuelle (p. ex., fatigue oculaire, vertiges, etc.).

Cyberthérapie (*Cybertherapy*) : Thérapie utilisant la réalité virtuelle.

Degré de liberté relatif à l'entretien (*Degree of freedom on the interview*) : Degrés d'ouverture de la question formulée par le conducteur de l'entretien (p. ex., de la question ouverte à la question fermée).

Dénutrition (*Malnutrition*) : État pathologique dans lequel les besoins en énergie ou en protéines de l'organisme ne sont pas couverts.

Dépense énergétique (*Energy expenditure*) : Quantité d'énergie consommée par l'organisme au cours de l'activité physique.

Dépistage (*detection*) : « activité qui vise à départager les personnes qui sont probablement atteintes d'un trouble non diagnostiqué ou d'un facteur de risque d'un trouble, des personnes qui en sont probablement exemptes » (Office des professions du Québec, 2013, p. 31).

Dépression (*Depression*) : État pathologique marqué par une tristesse avec douleur morale, une perte de l'estime de soi, un ralentissement psychomoteur.

Déséquilibre hydroélectrolytique (*Electrolyte imbalance*) : Concerne un rapport déséquilibré entre les différents électrolytes (sodium, potassium, chlore, calcium, magnésium, phosphore…) et l'eau contenus dans l'organisme.

Deuxième enfance (*Second childhood*) : Désigne une période dans la vie d'un humain où il se passe certains développements. C'est pendant la période de deuxième enfance, qui se situe entre 2 et 12 ans, qu'apparaissent les acquisitions dans le domaine socioculturel.

Diurétique (*Diuretic*) : Substance qui permet de faire augmenter la quantité de liquide excrétée par le corps.

Dopamine (*Dopamine*) : Substance chimique qui sert de molécule libérée par un neurone lors d'une stimulation et se fixant à un récepteur sur un autre neurone, ce qui entraîne la transmission de l'influx nerveux, ou à un récepteur sur une cellule cible, ce qui entraîne divers effets dans un organe.

Dyslipidémie (*Dyslipidemia*) : Taux anormal de lipide dans le sang.

Dystrophie musculaire (*Muscular dystrophy*) : Maladie héréditaire caractérisée par l'affaiblissement progressif des fibres musculaires.

Échelle de Likert (*Likert scale*) : Échelle de mesure généralement à 5 ou 7 degrés croissants.

Égosyntone (*Egosyntone*) : Qui est confortable avec les symptômes du trouble.

Électrocardiogramme (*ECG*) : Examen médical qui permet l'enregistrement de l'activité cardiaque.

Émotion (*Emotion*) : Sensations physiques de plaisir ou de déplaisir correspondant à des modifications physiologiques

Entretien (*Interview*) : Procédé d'investigation scientifique, utilisant un processus de communication verbale pour recueillir des informations en relation avec le but fixé.

Épidémiologie (*Epidemiology*) : Étude de la distribution des maladies et des invalidités dans les populations humaines, ainsi que les influences qui déterminent cette distribution.

Épisode anorexique (*Anorexic episode*) : Période inférieure à 30 jours durant laquelle la patiente anorexique remplit tous les critères diagnostiques de l'anorexie mentale.

Épisodes tétaniques (*Tetanus episodes*) : Crise de contractions musculaires et de spasmes incontrôlables.

Estime de soi (*Self-esteem*) : Perception que l'on a de soi et de la concordance de nos actions avec nos valeurs.

Ethnie (*Ethnic group*) : Groupe de personnes possédant un ou plusieurs traits socioculturels communs, comme une langue, une religion ou des traditions communes.

Étiologie (*Etiology*) : Étude des causes et des facteurs d'une pathologie. Ce terme peut être utilisé pour déterminer les causes d'un TCA.

Ergothérapie (*Occupational therapy*) : Profession de la santé qui vise à promouvoir la santé et le bien-être par les occupations. Elle privilégie l'activité sous toutes ses formes et l'adaptation de l'environnement de manière à faciliter la réadaptation fonctionnelle, l'intégration ou le maintien de la personne dans son milieu. L'ergothérapeute intervient auprès d'enfants, d'adultes ou de personnes âgées ayant des incapacités physiques ou mentales qui entravent leurs activités quotidiennes. Il permet aux personnes, groupes ou communautés de faire l'acquisition d'habiletés et d'envisager différentes façons de participer aux occupations de leur choix et d'améliorer leurs capacités fonctionnelles lorsque celles-ci ont été altérées par la maladie, un traumatisme, des difficultés de développement ou des limitations reliées au vieillissement.

FHS et LH (*Follicle stimulating hormone*) : Hormones sexuelles féminines dites gonadotrophines comprenant la FSH (*Follicle Stimulating Hormone*), la LH (*luteinizing hormone*) responsable du cycle menstruel.

Fibrinolyse (*Fibrinolysis*) : Destruction de la fibrine dans le sang, hormone responsable qui agit au niveau de la coagulation.

Fonctionnement psychosocial (*Psychosocial functioning*) : Relié à la psychologie des individus dans le cadre de leur vie sociale.

Formule sanguine complète (*Complete Blood Formula*) : Prise de sang pour réaliser des examens de laboratoire généralement demandés comme les composantes générales du sang telles que leucocytes, érythrocytes et thrombocytes (FSC), les dosages de la vitamine B12, la vitamine D, de l'acide folique, les protéines totales, de l'albumine, de la thyréostimuline (TSH), du glucose aléatoire (hypo versus hyperglycémie), des niveaux de sodium, potassium, chlorure, calcium, magnésium et bicarbonate (ions et électrolytes), l'amylase (foie), etc.

Frilosité (*Chilliness*) : Sensibilité au froid.

Ghréline (*Ghrelin*) : Hormone sécrétée par l'estomac qui stimule l'appétit.

Glycémie (*Glycemia*) : Taux de glucose (sucre) sanguin.

Gonarthrose (*Osteoarthritis*) : Arthrose présente dans le genou.

Goutte (*Goût*) : Excès d'acide urique dans le sang qui provoque de la douleur au niveau du gros orteil.

Hormone antidiurétique (*Antidiuretic hormone*) : Jouant un rôle antidiurétique au niveau du rein, où elle provoque une réabsorption d'eau.

Hospitalisation (*Hospitalization*) : Séjour d'une personne, qui a été admise à l'hôpital, dans un but diagnostique ou thérapeutique.

Hospitalisation ambulatoire (*Outpatient hospitalization*) : Intervention ou traitement qui nécessite de passer une journée ou moins à l'hôpital ou dans un centre d'intervention versus une hospitalisation de long séjour.

Hyperactivité (*Hyperactivity*) : État d'être qui amène une personne à être agitée constamment avec une difficulté à s'arrêter.

Hyperactivité vagale (*Vagal hyperactivity*) : Activité excessive du nerf vagal (système nerveux parasympathique) qui régule l'activité cardiaque.

Hypertrichose (*Hypertrichosis*) : Pilosité envahissante sur une partie du corps ou sa totalité suite à un dérèglement hormonal.

Hypertrophie musculaire (*Muscle hypertrophy*) : Développement excessif d'un ou de plusieurs muscles.

Hyperuricémie (*Hyperuricemia*) : Acide urique dans le sang.

Hippocampe (*Hippocampus*) : Cinquième circonvolution temporale. L'hippocampe reçoit des informations optiques, acoustiques, tactiles, viscérales, et envoie des efférentes vers l'hypothalamus, les noyaux du septum et le cingulum. Il jouerait un rôle important dans la pathogénie de certaines crises épileptiques, des états d'obnubilation et de certaines amnésies.

Hypocomplémenémie (*Hypocomplementemia*) : Insuffisance des défenses anti-infectieuses.

Hypogammaglobulinémie (*Hypogammaglobulinaemia*) : Insuffisance des moyens de défense naturels de l'organisme par déficit ou insuffisance de production des immunoglobulines (anticorps).

Hypotension (*Hypotension*) : Symptôme qui indique une baisse de la pression du sang dans les vaisseaux sanguins qui peut être soutenue ou occasionnelle. La pression se situe à moins de 90 mm Hg pour la contraction systolique.

Hypothalamus (*Hypothalamus*) : Région au centre du cerveau qui fait le lien entre le système nerveux autonome et le système endocrinien. Agit sur plusieurs fonctions du corps, comme la faim et le sommeil.

Hypothermie (*Hypothermia*) : Température corporelle inférieure à 35 °C.

Hypothyroïdie (*Hypothyroidism*) : Situation d'imprégnation insuffisante de l'organisme en hormones thyroïdiennes.

Image du corps (*Body image*) : Image mentale qu'une personne a de son apparence physique et les sentiments à la fois positifs et négatifs qu'elle a sur la forme de son corps ou sur sa taille.

Incidence (*Incidence*) : Nombre de nouveaux cas observés pendant une période donnée rapportés à la population exposée au risque pendant cette période.

Indice de masse corporelle (IMC, *body mass index*) : Outil pour évaluer le risque de complications liées à une insuffisance pondérale ou à un surpoids. Il s'agit d'un rapport entre le poids et la taille (le poids en kilogrammes divisé par la taille en mètres au carré).

Insatisfaction corporelle (*Body dysatisfaction*) : Degré d'acceptation d'une personne vis-à-vis de la taille et de la forme de son propre corps, mesuré par l'écart entre le corps perçu et le corps désiré.

Insomnie (*Insomnia*) : Insuffisance ou absence de sommeil.

Insuffisance coronaire (*Coronary artery disease*) : Se produit lorsque les artères coronaires sont incapables de fournir le besoin de sang oxygéné au cœur.

Insuffisance rénale (*Renal failure*) : Réduction de la capacité des reins à assurer la filtration et l'élimination des produits de déchet du sang, à contrôler l'équilibre du corps en eau et en sels, et à régulariser la pression sanguine.

Insuffisance respiratoire (*Respiratory failure*) : Se produit lorsque les poumons sont incapables d'assurer leurs fonctions, résultant d'une faible concentration d'oxygène ou d'une concentration élevée de gaz carbonique dans le sang.

Insulinorésistance (*Insulin resistance*) : Résistance à l'insuline.

Interdisciplinaire (*Interdisciplinary*) : Qui concerne l'interaction de deux ou plusieurs disciplines ou spécialités à la fois, organisées en fonction d'un projet à réaliser ou d'un problème à résoudre.

Intrapsychique (*Intrapsychica*) : Appartient à ce qui se passe à l'interne du psychique.

Jeûne (*Fasting*) : Arrêt total de l'action de se nourrir, avec le maintien ou non de la consommation d'eau.

Kinésiologie (*Kinesiology*) : Pratique professionnelle au niveau de la santé, spécialisée en activité physique, qui utilise le mouvement du corps à des fins de prévention, de traitement et de performance. Le kinésiologue évalue et intervient sur la dynamique du mouvement humain et ses déterminants à tous les stades de la vie, tant sur les plans fonctionnels que de la haute performance, en s'appuyant sur ses fondements biopsychosociaux incluant ses capacités d'adaptation/réadaptation dans une perspective de santé globale. Le kinésiologue réalise ses interventions autant auprès d'individus qu'auprès de groupes. Son moyen privilégié est l'activité physique selon une approche personnalisée.

Kleptomanie (*Kleptomania*) : Pathologie qui amène une personne à commettre des vols d'une manière impulsive.

Lanugo (*Lanugo*) : Mince duvet qui apparaît au niveau du visage, des bras et du dos des personnes atteintes d'un trouble du comportement alimentaire.

Laxatif (*Laxative*) : Substance qui est ingérée dans le but d'accélérer l'évacuation des selles.

Leptine (*Leptin*) : Hormone qui indique au cerveau qu'il a atteint la satiété; qu'il n'est plus nécessaire de manger.

LH et FHS : Hormones sexuelles féminines dites gonadotrophines comprenant la FSH (Follicle Stimulating Hormone), la LH (luteinizing hormone) responsable du cycle menstruel.

Lithiase biliaire (*Cholelithiasis*) : Calculs qui se forment dans la vésicule biliaire pouvant obstruer la sécrétion de bile.

Lobe frontal (*Frontal lobe*) : Situé devant le lobe pariétal et le lobe temporal, le lobe frontal est responsable de la coordination motrice volontaire. Il assure également la coordination musculaire et les mouvements rythmiques de la tête et du cou. Le lobe frontal intervient également dans les fonctions du langage et de la planification. Délimité par la scissure de Rolando et par la scissure sylvienne, il représente près du tiers de l'hémisphère cérébral et se divise en trois parties : le cortex moteur, le cortex prémoteur et le cortex préfrontal.

Lobe temporal (*Temporal lobe*) : Le lobe temporal est une partie du cerveau s'étendant de chaque côté du crâne, en arrière des tempes. Il est situé derrière le lobe frontal et en dessous du lobe temporal. Le lobe temporal est le siège de plusieurs structures exerçant des fonctions sensorielles comme une partie de l'audition, du goût, de l'ouïe, mais aussi celles du langage, que ce soit la parole ou la compréhension. Il a aussi des rôles dans la vision, la mémoire, les émotions. En cas d'atteinte du lobe temporal, certaines de ces fonctions pourront être plus ou moins déficientes.

Maladies endocriniennes (*Endocrine diseases*) : Trouble relié au système endocrinien. Ce système sécrète les hormones du corps, nécessaire à son fonctionnement. Un trouble qui s'y relie peut engendrer des conséquences à long terme sur le corps.

Maladies métaboliques (*Metabolic diseases*) : Trouble au niveau de la capacité du corps à fabriquer de l'énergie et de se maintenir en vie. Un TCA amène une diminution de l'apport de nutriment ce qui peut engendrer des problèmes au niveau du fonctionnement du corps.

Malnutrition (*Malnutrition*) : État nutritionnel qui s'écarte de la normale définie par les physiologistes et qui est la conséquence d'une alimentation mal équilibrée en quantité et/ou en qualité.

Manuel Diagnostique et Statique des Troubles Mentaux (*Diagnostic Manual of Mental Disorders and Statistic*) : Outil de classification qui représente le résultat actuel des efforts poursuivis depuis une trentaine d'années aux États-Unis pour définir le plus précisément les troubles mentaux. Il a été publié par l'Association américaine de psychiatrie.

Masse grasse (*Fat*) : Masse de l'ensemble des cellules adipeuses du corps humain.

Média (*Media*) : Moyen de communication destiné à diffuser auprès d'une personne ou d'un groupe de personnes des informations de nature sonore, écrite ou visuelle.

Mérycisme (*Rumination*) : Trouble se caractérisant par une régurgitation qui ramène la nourriture à la bouche de l'enfant

Métabolisme de base (*Base metabolism*) : Énergie minimale dont le corps a besoin pour survivre quotidiennement au niveau métabolique (cellules, température corporelle, fonctions physiologiques). Dépends de l'âge, du sexe, du poids et de la taille.

Mesure (*Measure*) : Correspond à l'attribution d'un indice à un objet.

Mesure ipsative (*Ipsative measure*) : Échelle d'évaluation se référant à une norme individuelle définie par la confrontation de plusieurs mesures du même individu ou du même groupe.

Méta-analyse (*Meta-analysis*) : Utilisation statistique pour combiner des résultats provenant d'études importantes, qui visent à répondre à une même question de recherche.

Morbidité (*Morbidity*) : Fréquence d'une maladie ou de tout autre trouble de santé dans une population donnée.

Muqueuse duodénale (*Duodenal mucosa*) : Couche de cellules qui recouvre l'intérieur du duodénum, c'est-à-dire le premier segment de l'intestin grêle qui se situe après l'estomac.

Muqueuse gastrique (*Gastric mucosa*) : Couche de cellules qui recouvre l'intérieur de l'estomac et qui sécrète les sucs gastriques.

Mythomanie (*Mythomania*) : Pathologie qui amène une tendance au mensonge et à la fabulation.

Neurotransmetteur (*Neurotransmitters*) : Substance chimique créée par le corps qui permet la transmission de l'influx nerveux entre les neurones au niveau des synapses.

Neuropsychologie (*Neuropsychology*) : Étude des fonctions psychologiques supérieures et de leurs relations avec la neurologie.

Noyau accumbens (*Nucleus accumbens*) : Le noyau accumbens, qui constitue avec l'aire tegmentale ventrale le maillon central du circuit de la récompense, est l'une des structures cérébrales les plus impliquées dans la dépendance aux drogues. Le noyau accumbens met en relation le système limbique, siège des émotions, et les noyaux gris centraux, qui aident à planifier un mouvement ou un raisonnement. Le noyau accumbens serait impliqué dans le contrôle de nos motivations. De plus, on sait que la consommation fréquente d'une drogue augmente énormément la quantité du neurotransmetteur principal dans cette région, la dopamine.

Obésité (*Obesity*) : Surcharge de tissu adipeux qui se traduit par un indice de masse corporelle (IMC) égal ou supérieur à 30 kg/m², qui constitue un risque pour la santé de l'individu.

Occidentalisation (*Occidentalisation*) : Processus de changements économiques, sociaux et politiques résultant de l'exposition à des valeurs et des pratiques occidentales.

Œstradiol (*Oestradiol*) : Hormone responsable de la fertilité et des caractères sexuels secondaires chez la femme.

Orthostatique (*Orthostatic*) : Chute de la pression artérielle systolique d'au moins 20 mm de mercure lors du passage en position debout et se traduit par une sensation de malaise après un lever brutal ou un alitement prolongé.

Ostéodensitométrie (*Bone densitometry*) : Examen médical qui utilisé pour mesurer la densité minérale osseuse (DMO). Il sert à évaluer le risque de fracture en lien avec l'ostéoporose.

Ostéoporose (*osteoporosis*) : Caractérisée par une fragilité excessive du squelette, due à une diminution de la masse osseuse et à l'altération de la microarchitecture osseuse.

Parotide (*Parotide*) : Inflammation des glandes salivaires.

Pensées dichotomiques (*Dichotomous Thoughts*) : Mode de pensée extrémiste à la base du perfectionnisme qui amène la crainte de l'imperfection. Dans le cas d'un TCA, l'individu aura une fixation sur son poids et son image corporelle de manière à poser des actions extrêmes pour éviter l'imperfection relative à eux.

Périmylolyse (*Perimylolysis*) : Atteinte de l'émail dentaire par les régurgitations acides.

Périnatalité (*Perinatal*) : Moment qui précède et qui suit la naissance.

Période péripubertaire (*Peripubertal period*) : Période qui se situe autour de la puberté, c'est-à-dire avant, pendant et après. C'est un moment crucial pour le développement de la croissance d'une personne. Un TCA pourrait limiter l'apport de certains nutriments essentiels à un bon développement, créant des conséquences à long terme.

Pica (*Pica*) : Trouble se caractérisant par l'ingestion répétée et sans dégoût de substances non nutritives

Pluridisciplinaire (*Multidisciplinary*) : Qui concerne quelques disciplines plus ou moins voisines ou quelques spécialités distinctes qui sont exploitées parallèlement, sans lien nécessaire entre elles.

Polydipsie (*Polidipsia*) : Sensation de soif exagérée qui incite à boire beaucoup.

Pompage (*Pumping*) : Ingestion d'eau préalable.

Potassium (*Potassium*) : Nutriment impliqué dans l'équilibre hydroélectrolytique du corps. Cet équilibre régule le rythme cardiaque, et intervient dans la conduction de l'influx nerveux et la contraction musculaire.

Potomanie (*Potomania*) : Pathologie principalement psychiatrique qui se caractérise par un besoin irrépressible de boire de l'eau. Cette consommation excessive d'eau, jusqu'à 10 litres ou plus par jour, peut devenir mortelle, car l'organisme ne peut pas tout assimiler.

Pratique physique (*Physical practice*) : Activité qui exige des contractions musculaires et qui augmente la dépense énergétique. Exemple : jardiner, se laver, marcher, cuisiner.

Pratique sportive (*Sport*) : Pratique d'une activité physique qui est structurée par des règlements et des périodes d'entraînement et de jeu.

Première enfance (*Infancy*) : Désigne une période dans la vie d'un humain où il se passe certains développements. La période de la première enfance, pendant laquelle les organes se développent et qu'il y a une acquisition importante des aptitudes psychomotrices, se situe entre le 29e jour et deux ans. Également, la personnalité affective se forme.

Prévalence (*Prevalence*) : Nombre total de cas observés (nouveaux et anciens) à un moment donné sur la population dont sont issus ces cas.

Prévention (*Prevention*) : Ensemble de mesures utilisées pour éviter qu'une situation arrive ou pour éviter son qu'elle ne s'aggrave. Il existe trois types de prévention, soit :

- **Primaire (*Primary*) :** Actions et mesures utilisées afin de prévenir et d'éviter la maladie ou le trouble. Par exemple, pour éviter qu'un TCA se développe, de la sensibilisation peut être faite de manière à favoriser l'estime de soi.

- **Secondaire (*Secondary*) :** Actions et mesures utilisées afin d'éviter l'évolution de la maladie ou du trouble lorsqu'ils sont déjà présents chez une personne. Lorsqu'une personne est atteinte d'un TCA, de l'éducation peut être faite pour l'aider à réapprendre à vivre normalement.

- **Tertiaire (*Tertiary*) :** Actions et mesures utilisées afin de réduire au maximum les invalidités fonctionnelles suivant la maladie ou trouble. En plus de veiller à la guérison du TCA, des mesures sont prises pour contrer les conséquences physiologiques du TCA, comme la dénutrition.

Progestérone (*Progesterone*) : Hormone responsable de la fertilité et des caractères sexuels secondaires chez la femme.

Pronostic (*Prognosis*) : Prédiction d'une probable évolution prochaine et/ou l'issue ou les issues finale(s) d'une psychopathologie.

Protéinurie (*Proteinuria*) : Présence de protéine dans l'urine.

Psychanalytique (*Psychoanalytic*) : Caractérise une thérapie qui explore l'inconscient du patient.

Psychiatrie biologique (*Biological psychiatry*) : Science qui utilise les connaissances biologiques pour le traitement des maladies mentales.

Psychiatrie psychodynamique (*Psychodynamic psychiatry*) : Science qui utilise les changements d'état à titre d'intervention.

Psychogène (*Psychogenic*) : Maladie ou trouble d'origine psychique seulement, c'est-à-dire sans lésion physique. Un TCA se passe au niveau de la pensée, et les actions qui sont posées ont un impact physique.

Psychologie positive (*Positive psychology*) : Étude des processus et des conditions qui mènent au fonctionnement optimal des personnes, groupes et organisations.

Psychomotricité (*Psychomotor*) : Pratique fondée sur les activités neuromotrices, la dimension sensoriperceptivo-motrice et affective, la dimension cognitive et la dimension de l'identité.

Psychopathologie (*Psychopathology*) : Science qui étudie les troubles mentaux.

Psychosomatique (*Psychosomatic*) : Relatif à un trouble physique d'origine mentale.

Questionnaire autorapporté (*Self-reported questionnaire*) : Manière de recueillir de l'information auprès des individus remplissant eux-mêmes le questionnaire.

RCI (*Reliable Change Index*) : Index de changement significatif permettant de caractériser l'évolution entre deux états cliniques.

Réalité virtuelle (*Virtual reality*) : Ensemble de logiciels et matériels permettant de simuler de manière réaliste une interaction avec des objets virtuels qui sont des modélisations informatiques d'objets réels.

Régime draconien (*Draconian regime*) : Restriction alimentaire qui amène une perte de poids rapide chez une personne. Par exemple, un individu atteint d'un TCA pourrait avoir recours à ce type de régime pour diminuer son apport calorique, et par conséquent son poids.

Rechute (*Relapse*) : Retour des symptômes d'une maladie pendant la période de convalescence. Par exemple, changement d'une rémission partielle ou complète à un TCA clinique.

Rémission (*Remission*) : Atténuation ou disparition provisoire des symptômes d'une maladie.

Rémission complète (*Complete remission*) : Période durant laquelle la patiente anorexique ne présente plus de symptômes anorexiques.

Récurrence (*Recurrence*) : Nouvel épisode anorexique qui a lieu seulement après un rétablissement.

Restriction alimentaire (*Food restriction*) : Action de limiter l'apport de nourriture dans le but de perdre du poids. Dans le cas d'un TCA, cette action peut être utilisée pour provoquer une perte de poids.

Rétablissement (*Recovery*) : Correspond aux mêmes critères que la rémission complète, mais sur une durée de 12 mois.

Satiété (*Satiety*) : Sensation d'avoir suffisamment mangé, qui est présente jusqu'au moment où la faim se fait ressentir.

Schéma corporel (*Body scheme*) : Représentation plus ou moins consciente que l'individu a de son propre corps en tant qu'entité statique et dynamique : position dans l'espace, posture respective des divers segments, mouvements qu'il exécute, contact avec le monde environnant.

Score clinique général (*General clinical score*) : Mesure qui caractérise d'un point de vue biologique, psychologique et social l'état clinique d'une patiente à un instant précis, mais ne tient pas compte de la variabilité de l'évolution.

Sérotonine (*Serotonine*) : Neurotransmetteur jouant un rôle primordial dans le fonctionnement du cerveau, essentiellement en ce qui concerne l'humeur, l'émotivité, le sommeil ou encore la faim. Un TCA peut troubler la sérotonine, ce qui peut engendrer ces conséquences.

Sialomégalie (*Sialomegaly*) : Dysfonctionnement des glandes salivaires.

Signe de Russell (*Russell sign*) : Callosités sur le dos de la main en rapport avec les traumatismes répétés des incisives supérieures sur la main introduite dans la bouche.

Sophrologie (*Sophrology*) : Méthode de traitement des maladies psychiques et des états de douleur, basée sur des changements d'état de conscience proches de l'hypnose. Par exemple, dans le cas d'un TCA, la sophrologie favorisera la compréhension de la source du trouble pour le traiter.

Standardisation relative à l'entretien (*Standardization regarding maintenance*) : Processus par lequel on réfère un indice à une norme afin d'en comprendre le sens intégré dans un tout représentatif (p. ex., plus l'entretien est standardisé, plus il réfère à une norme, plus il est reproductible)

Stéroïde anabolisant (*Anabolic steroid*) : Substance créée par l'homme qui augmente la masse musculaire significativement.

Suralimentation (*overeating*) : La suralimentation est définie comme le fait de manger plus de nourriture que ce dont le corps a besoin soit de façon compulsive (c.-à-d. liée à une perte de contrôle) ou hédonique (c.-à-d. pour le plaisir) (Lowe & Butryn, 2007).

Système limbique (*Limbic System*) : Le système limbique est une zone du cerveau composée de la circonvolution du corps calleux, partie antérieure de ce celui-ci située entre les deux hémisphères cérébraux, et les hippocampes. Le système limbique joue notamment un rôle dans de nombreuses réactions métaboliques de l'organisme, dans les réactions émotionnelles, dans la régulation du fonctionnement de nombreux organes autonomes et dans les repères spatiaux. Des atteintes de ce système limbique auront donc pour conséquence, des troubles dans ces fonctions.

Structures efférentes (*Efferent structures*) : Voie motrice qui cheminent les réponses du système nerveux central vers les effecteurs (muscles squelettiques et lisses).

Thérapie interpersonnelle : thérapie se concentrant sur quatre domaines de difficultés interpersonnelles soit le deuil, les conflits de rôles interpersonnels, les transitions de rôles et les déficits interpersonnels.

Lombalgie (*Lower back pain*) : Douleur chronique ou aiguë qui se situe au bas du dos, au niveau des lombaires.

Suivi autorapporté (*Monitoring self-reported*) : Le sujet rapporte lui-même l'évolution des faits.

Syndrome (*Syndrome*) : Ensemble de signes et symptômes d'un état pathologique.

Syndrome culturel (*Cultural syndrome*) : Ensemble de signes et de symptômes – excluant les notions de cause à effets – qui ont une signification particulière et qui sont restreints à un nombre limité de cultures.

Syndrome de Boerhaave (*Boerhaave syndrome*) : Rupture spontanée de l'œsophage.

Syndrome de l'apnée du sommeil (*Sleep Apnea syndrome*) : Obstruction du pharynx due à un relâchement musculaire qui provoque des ronflements et rend la respiration plus difficile pendant la nuit.

Taxométrie (*Taxometry*) : Système de classification basé sur des échelles ou des mesures. Par exemple, la classification des TCA se fait à l'aide d'un continuum de sévérité allant de l'anorexie mentale à la boulimie. Une personne présentant un TCA se retrouve quelque part sur ce continuum et non dans une catégorie.

Tension artérielle systolique (*Systolic blood pressure*) : réfère à la valeur de la pression dans l'artère brachiale au moment où le cœur se contracte.

Tension artérielle diastolique (*Diastolic blood pressure*) : réfère à la valeur de la pression dans l'artère brachiale lorsque le cœur est au repos entre deux contractions.

Testostérone (*Testosterone*) : Hormone responsable de la fertilité et des caractères sexuels secondaires chez l'homme.

Thalamus (*Thalamus*) : Noyau volumineux de la base du cerveau servant de relais des voies sensitives sensorielles vers le cortex (partie superficielle) du cerveau. Le thalamus est situé dans la partie moyenne du diencéphale, structure située entre les hémisphères cérébraux et le mésencéphale qui contient également l'épithalamus, l'hypothalamus et le sous-thalamus, et qui entoure le troisième ventricule. Le thalamus contient les centres nerveux responsables des réflexes optiques et auditifs, de l'équilibre, et de la posture.

Transdisciplinaire (*Transdisciplinary*) : Qui permet l'intégration de connaissances ou de compétences dans un ensemble de disciplines et rend possible leur décloisonnement.

Troubles anxieux (*Anxiety disorder*) : Caractérisés par une anxiété problématique qui affecte le fonctionnement de la personne. Présents sous différentes formes, comme un trouble de panique, une phobie sociale, une phobie spécifique, un trouble de stress post-traumatique, un trouble obsessionnel-compulsif ou un trouble anxieux généralisé.

Trouble de l'alimentation de la première ou de la deuxième enfance (*Feeding disorder of infancy or early childhood*) : Incapacité persistante du nourrisson ou de l'enfant à manger de façon appropriée.

Trouble du comportement alimentaire (*Eating disorder*) : Perturbation grave et persistante des comportements alimentaires associée à un comportement de contrôle de poids qui dégrade significativement la santé physique et le fonctionnement psychosocial d'une personne.

TCA clinique (*Clinical eating disorder*) : Individu présentant un TCA et qui a tous les critères énoncés par le DSM.

TCA subclinique (*Subclinical eating disorder*) : Individu présentant un TCA, mais qui ne présente qu'une partie des critères du DSM; mais au moins deux.

TCA non spécifiés (*Eating disorder not otherwise specified*) : Troubles de comportements alimentaires qui ne correspondent pas aux critères et à la définition de la boulimie et de l'anorexie mentale.

Troubles cardiaques (*Heart condition*) : Englobent une multitude de maladies liées à un mauvais fonctionnement du cœur ou des vaisseaux sanguins qui l'alimentent. Un TCA réduit l'apport calorique, ce qui peut amener à long terme des troubles cardiaques suite à une diminution du muscle.

Troubles de l'humeur (*Mood disorder*) : Instabilité de l'humeur non maîtrisable qui amène l'individu atteint à se sentir dépressif, exalté ou les deux. Les troubles de l'humeur se présentent sous différentes formes comme la dépression majeure, un trouble de bipolarité, un trouble cyclothymique ou un trouble dysthymique.

Troubles obsessionnels compulsifs (*Obsessive compulsive disorder*) : Troubles qui apparaissent lorsqu'un comportement adopté pour diminuer l'anxiété devient obsessionnel. L'individu atteint de ce trouble est préoccupé par des craintes irrationnelles qu'il tente de chasser de son esprit en adoptant des comportements ritualisés compulsifs qu'il répète sans cesse.

Troubles de la personnalité (*Personality disorder*) : Déviation des traits de caractère d'un individu qui crée un comportement qui se stabilise et qui perdure dans le temps. Ceci entraîne de la souffrance psychologique et des problèmes au niveau des relations interpersonnelles. Le trouble se manifeste minimalement dans deux des domaines suivants, soit au niveau apprentissage, émotionnel, interpersonnel et contrôle des impulsions.

Typologie (*Typology*) : Science qui étudie les relations entre les caractères morphologiques et les traits psychologiques des individus.

Ventricules (*Ventricles*) : Les ventricules cérébraux sont numérotés d'un à quatre, mais le premier et le deuxième sont volontiers appelés ventricules latéraux. Chaque ventricule latéral est creusé dans la profondeur de chacun des deux hémisphères cérébraux. Ayant grossièrement la forme d'un fer à cheval, les ventricules comprennent une branche supérieure, dénommée corne frontale, localisée dans le lobe frontal de l'hémisphère; une branche inférieure, appelée corne temporale, située dans le lobe temporal; la partie postérieure du fer à cheval, réunissant les branches inférieure et supérieure, est dénommée carrefour. Une petite excroissance postérieure, communiquant avec le carrefour et située dans le lobe occipital, est appelée corne occipitale. Le troisième ventricule est situé sur la ligne médiane de l'encéphale, dans le diencéphale (partie centrale du cerveau, entre les deux hémisphères). Il communique de chaque côté avec un ventricule latéral par un orifice, le trou de Monro. Le quatrième ventricule se trouve sous le troisième ventricule, entre le cervelet, en arrière, et le tronc cérébral, en avant. Il communique avec le troisième ventricule par un fin canal, l'aqueduc de Sylvius, et avec les espaces liquidiens situés à la surface de l'encéphale, sous les méninges, par trois orifices : le trou de Magendie et les deux trous de Luschka. Vers le bas, le quatrième ventricule se prolonge par le canal de l'épendyme, au centre de la moelle épinière.

Vitesse de sédimentation (*Sedimention rate*) : Diminution de production de fibrinogène par le foie.

Voie thalamo-amygdalienne (*Thalamo-amygdala pathway*) : voie qui se rend du thalamus vers l'amygdale.

Voie thalamo-cortico-amygdalienne (*Thalamo-cortical-amygdala pathway*) : voie qui débute au niveau du thalamus en passant par le cortex et en se terminant dans l'amygdale.

Références

Office des professions du Québec (2013). Loi modifiant le Code des professions et d'autres dispositions législatives dans le domaine de la santé mentale et des relations humaines – Guide explicatif. Québec : Gouvernement du Québec.

Ordre des psychoéducateurs et psychoéducatrices du Québec, 2014. *L'évaluation psychoéducative de la personne en difficulté d'adaptation. Lignes directrices.* Montréal.

Lowe, M. R., & Butryn, M. L. (2007). Hedonic hunger: a new dimension of appetite? *Physiology & behavior, 91*(4), 432-439.

Bibliographie

Sous-module 1a

Audrey Hepburn. (2013). Dans *Wikipédia*. Récupéré le 15 septembre 2013 de http://fr.wikipedia.org/w/index.php?title=Audrey_Hepburn&oldid=99455575.

Brown, T. A. et Barlow, D. H. (2005). Dimensional versus categorical classification of mental disorders in the fifth edition of the diagnostic and statistical manual of mental disorders and beyond: Comment on the special section. *Journal of Abnormal Psychology, 114,* 556-556.

Fairburn, C. G. et Harrison, P. J. (2003). Eating disorders. *Lancet, 361,* 407-416.

Garner, D. M. (1993). Pathogenesis of anorexia nervosa. *Lancet, 341,* 1631-1635.

Guitton, F. A. (2011). *Anorexie mentale : Les vrais coupables.* Nice, France : Europe éditions.

Hervais, C. (2007). *Marylin: Grandeur et fragilité des « toxicos » dans la bouffe.* Récupéré le 15 septembre 2013 de http://www.boulimie.fr/articles/les-stars-boulimiques/marilyn-grandeur-et-fragilite.

Histoire naturelle des troubles de l'alimentation, les TCA à travers les âges; histoire de l'anorexie mentale. Récupéré le 15 septembre 2013 de http://www.anorexieboulimie.fr/version_fr/historique.html.

McHugh, P. R. et Slavney, P. R. (1998). *The perspectives of psychiatry* (2nd ed.). Baltimore, MD: Johns Hopkins University Press.

Meehl, P. E. (1992). Factors and taxa, traits and types, differences of degree and differences in kind. *Journal of Personality, 60,* 117-174.

Nylander, l. (1971). The feeling of being fat and dieting in a school population. *Acta Socio-Medica Scandinavia, 1,* 17-26.

Raimbault, G. et Eliacheff, C. (2001). *Les indomptables. Les figures de l'anorexie* (4e éd). Paris, FR: Odile Jacob.

Reznek, L. R. (1991). *The philosophical defense of psychiary.* London, UK: Routledge.

Widiger, T.A. et Samuel, D. B. (2005). Diagnostic categories or dimensions? A question for the diagnostic and statistical manual of mental disorders - fifth edition. *Journal of Abnormal Psychology, 114,* 494-504.

Widakowich, C., Van Wettere, L., Jurysta, F., Linkowski, P. et Hubain, P. (2013) L'approche dimensionnelle versus l'approche catégorielle dans le diagnostic psychiatrique : aspects historiques et épistémologiques. *Annales Médico psychologiques, 171*(5), 300-305.

Williamson, D.A., Gleaves, D.H. et Stewart, T. M. (2005). Categorial versus dimensional models of eating disorders: An examination of the evidence. *International Journal of Eating Disorders, 37,* 1-10.

Sous-module 1b

Bochereau, D., Clervoy, P., Corcos, M. et Girardon, N. (1999). Troubles des conduites alimentaires. L'anorexie mentale de l'adolescence. *Presse Médicale, 28,* 89-99.

Bruch, H. (1961). Conceptual confusion in eating disorders. *Journal of Nervous and Mental Disease, 133,* 187-194.

Bruch, H. (1962). Perceptual and conceptual disturbances in anorexia nervosa. *Psychosomatic Medicine, 24,* 46-54.

Bruch, H. (1973). *Eating disorders.* New York, NY: Basic Books.

Bruch, H. (1978). *The golden cage: The enigma of anorexia nervosa.* New York, NY: Vintage Books.

Bruch, H. (2005). Conversations avec des anorexiques. Paris, France : Payot.

Chabrol, H. (1998). *Que sais-je : L'anorexie et la boulimie de l'adolescente* (3e éd). Paris, FR : PUF.

Feighner, J. P., Robins, E., Fuze, S. B., Woodruff, R. A., Winokur, G. et Munoz, R. (1972). Criteria for use in psychiatric research. *Archives of General Psychiatry, 26,* 56-63.

Gleaves, D. H., Lowe, M. R., Green, M. R., Cororve, M. B. et Williams, T. L. (2000). Do anorexia and bulimia nervosa occur on a continuum? A taxometric analysis. *Behavior Therapy, 31,* 195-219.

Hay, P. et Fairburn, C. G., (1998). The validity of the DSM-IV scheme for classifying bulimic eating disorders. *International Journal of Eating Disorders, 23,* 7-16.

Holmgren, S., Humble, K., Norring, C., Roos, B.-E., Rosmark, B. et Sohlberg, S. (1983). The anorectic bulimic conflict. *International Journal of Eating Disorders, 2*, 3-14.

Meyer, J. E. et Feldman, H. (1965). Anorexia Nervosa. *Proceeding of a Symposium Göttinger*, 24-25 april 1965, Stuggart, G.Thienne Verlag (Ed.).

Mintz, L. B. et Betz, N.E. (1988). Prevalence and correlates of eating disordered behaviors among undergraduate women. *Journal of Counseling Psychology, 35*, 423-428.

Mintz, L. B., O'Halloran, M. S., Mulholland, A. M. et Schneider, P. A. (1997). Questionnaire for eating disorder diagnoses: Reliability and validity of operationalizing DSM-IV criteria into a self-report format. *Journal of Counseling Psychology, 44*, 63-79.

Morgan, H. G. et Russell, G. M. F. (1975). Value of family background and clinical features as predictors of long term outcome in anorexia nervosa: Four-year follow-up study of 41 patients. *Psychological Medicine, 5*, 355-371.

Nemiah, J.C. (1950). Anorexia nervosa. *Medicine, 29*, 225-268.

Nylander, l. (1971). The feeling of being fat and dieting in a school population. *Acta Socio-Medica Scandinavia, 1*, 17-26.

Ousley, L. B. (1986). *Differences among bulimic subgroups, binge-eaters, and normal eaters in a female college population*. Unpublished doctoral dissertation, University of Florida.

Raimbault, G. et Eliacheff, C. (2001). *Les indomptables. Les Figures de l'anorexie* (4e éd). Paris, FR: Odile Jacob.

Robin, J., Silberstein, L. R. et Striegel-Moore, R. H. (1985). Women and weight: A normative discontent. In Sonderegger T.B. (Ed.), *Nebraska symposium on motivation: Psychology and gender* (vol. 32, pp. 267-307). Lincoln, NE : University of Nebraska Press.

Russell, G. M. (2004). Thoughts on the 25th anniversary of bulimia nervosa. *European Eating Disorders Review, 12*(3), 139-152.

Russell, G. F. M. (1970). Anorexia nervosa: Its identity as an illness and diets treatment. In Price, J.H. (Ed), *Modern trends in psychological medicine* (vol. 2). London, UK: Butterworths.

Russell, G. F. M. (1979). Bulimia nervosa: An ominous variant of anorexia nervosa. *Psychological Medicine, 9*, 429-448.

Scarano, G.M. et Kalodner-Martin, C. R. (1994). A description of the continuum of eating disorders: Implications for intervention and research. *Journal of Counseling Psychology, 72*, 356-361.

Sheehan, H. L. (1937). Post-partum necrosis of the anterior pituitary. *Journal of Pathology and Bacteriology, 45*, 189-214.

Simmonds, M. (1916) "Ueber Kachexie hypophysaren Ursprungs" (Origins more Cachexia hypophysaria). *Deutsche Medizinische Wochenschrift, 1*, 190-191.

Stice, E. et Agras, W. S. (1999). Subtyping bulimic women along dietary restraint and negative affect dimensions. *Journal of Consulting and Clinical Psychology, 67*, 460-469.

Tylka, T. L. et Subich, L. M. (2003). Revisiting the latent structure of eating disorders: Taxometric analyses with non-behavioral indicators. *Journal of Counseling Psychology, 50*, 276-286.

Sous-module 1c

Beaumont, P. J. V., Garner, D. M. et Touyz, S. W. (1994). Diagnoses of eating or dieting disorders: What may we learn from past mistakes? *International Journal of Eating Disorders, 16*, 349-362.

Bruch, H. (1973). *Eating disorders*. New York, NY: Basic Books.

Bunnell, D. W., Shenker, I. R., Nussbaum, M.P., Jacobson, M.S. et Cooper, P. (1990). Subclinical versus formal eating disorders: Differentiating psychological features. *International Journal of Eating Disorders, 9*, 357-362.

Button, E. J. et Whitehouse, A. (1981). A subclinical anorexia nervosa. *Psychological Medicine, 11*, 509-516.

Chabrol, H. (1998). *Que sais-je : L'anorexie et la boulimie de l'adolescente* (3e éd). Paris, FR : PUF.

DeCosta, M. D. et Halmi, K. A. (1990). *Classifications of anorexia nervosa: The questions of subtypes*. Unpublished manuscript, New York Hospital-Cornell Medical Center, White Plains.

Fairburn, C. G. et Harrison, P. J. (2003). Eating disorders. *Lancet, 361*, 407-416.

Garner, D. M., Garfinkel, P. E. et Olmsted, M. P. (1983). An overview of the socio-cultural factors in the development of anorexia nervosa. In Darby, P.L., Garfinkel, P. E., Garner, D. M. et Coscina, D. V. (Eds.). *Anorexia nervosa: Recent developments* (pp. 65-82). New York, NY: Alan R. Liss, Inc.

Garner, D. M., Garner, M. V. et Rosen, L. W. (1993). Anorexia nervosa "Restricters" who purge: Implications for subtyping anorexia nervosa. *International Journal of Eating Disorders, 13*, 171-185.

Garner, D. M., Olmsted, M. P. et Garfinkel, P. E. (1983). Does anorexia nervosa occur on a continuum? Subgroups of weight-preoccupied women and their relationship to anorexia nervosa. *International Journal of Eating Disorders, 2*, 11-20.

Garner, D. M., Olmsted, M. P., Polivy, J. et Garfinkel, P. E. (1984). Comparison between weight-preoccupied women on anorexia nervosa. *Psychosomatic Medicine, 46*, 225-266.

Haslam, N. (2003). Categorial versus dimensional models of mental disorder: The taxometric evidence. *Australian and New Zealand Journal of Psychiatry*, *37*, 696-704.

Holmgren, S., Humble, K., Norring, C., Roos, B.-E., Rosmark, B. et Sohlberg, S. (1983). The anorectic bulimic conflict. *International Journal of Eating Disorders*, *2*, 3-14.

Lowe, M. R. et Eldredge, K. L. (1993). The role of impulsiveness in normal and disordered eating. In McCown, W., Shure, M. et Johnson, J. (Eds.), *The impulsive client: Theory, researh, and treatment* (pp. 185-224). Washington, DC: American Psychological Association.

Lowe, M. R., Gleaves, D. H., Di-Simone-Weiss, R. T., Furgueson, C., Gayda, C. A., Kolsky, P. A., Neal-Walden, T., Nelsen, L. A. et McKinney, S. (1996). Restraint, dieting, and the continuum model of bulimia nervosa. *Journal of Abnormal Psychology*, *105*, 508-517.

Lowenkopf, E. L. (1982). Anorexia nervosa: Some nosological considerations. *Comprehensive psychiatry*, *23*, 233-240.

Mintz, L. B. et Betz, N. E. (1988). Prevalence and correlates of eating disordered behaviors among undergraduate women. *Journal of Counseling Psychology*, *35*, 423-428.

Mintz, L. B., O'Halloran, M. S., Mulholland, A. M. et Schneider, P. A. (1997). Questionnaire for Eating Disorder Diagnoses: Reliabilit and validity of operationalizing DSM-IV criteria into a self-report format. *Journal of Counseling Psychology*, *44*, 63-79.

Mitchell, J. E. (1992). Subtyping of builima nervosa. *International Journal of Eating Disorders*, *11*, 327-332.

Robin, J., Silberstein, L. R. et Striegel-Moore, R. H. (1985). Women and weight: A normative discontent. In Sonderegger T. B. (Ed.), *Nebraska symposium on motivation: Psychology and gender* (vol. 32, pp. 267-307). Lincoln, NE: University of Nebraska Press.

Russell, G. F. M. (1979). Bulimie nervosa: An ominous variant of anorexia nervosa. *Psychological Medecine*, *9*, 429-448.

Scarano, G. M. et Kalodner-Martin, C. R. (1994). A description of the continuum of eating disorders: Implications for intervention and research. *Journal of Counseling Psychology*, *72*, 356-361.

Stein, D. M. et Laakso, W. (1988). Bulimia: A historical perspective. *International Journal of Eating Disorders*, *7*, 201-210.

Stuart K., Herb K. (1998). Aimez-vous le DSM? Le triomphe de la psychiatrie américaine. Neuropsychiatrie : Tendances et débats 1999, 4, 65-67. Repéré à http://www.neuropsychiatrie.fr/extranet/upload/article/84184635_65-67%20Stuart%20Kirk.pdf.

Tylka, T. L. et Subich, L. M. (1999). Exploring the construct validity of the eating disorder continuum. *Journal of Counseling Psychology*, *46*, 268-276.

Waller, N.G. et Meehl, P. E. (1998). *Multivariate taxometric procedures: Distinguishing types from continua*. Newberry Park, CA: Sage.

Walsh, B. T. (1992). Diagnostic criteria for eating disorders in DSM-IV: Work in progress. *International Journal of Eating Disorders*, *11*, 301-304.

Wilfley, D. E., Agras, W. S., Telch, C. F., Rossiter, E. M., Schneider, J. A., Cole, A. G., Sifford, L. et Raeburn, S. D. (1993). Group Cognitive-Behavioral therapy and group interpersonal psychotherapy for the nonpurging bulimic individual: A controlled comparison. *Journal of Consulting and Clinical Psychology*, *61*, 296-305.

Wilson, G. T. (1991). Diagnostic criteria for bulimia nervosa. *International Journal of Eating Disorders*, *11*, 315-319.

Wilson, T. G. et Walsh, B. T. (1991). Eating disorders in the DSM-IV. *Journal of Abnormal Psychology*, *100*, 362-365.

Sous-module 2a

Alvin, P. (2001). Anorexie et boulimie à l'adolescence. Rueil-Malmaison, FR: Doin.

Chatoor, I., Hirsh, R., Ganiban, J. et al. (1998). Diagnosing infantile anorexia: the observation of mother infant interactions. Journal of the American Academy of Child and Adolescent Psychiatry, 37, 959-967.

Gull, W. W. (1874). Anorexia Nervosa (Apepsia Hysterica, Anorexia Hysterica). Clinical Society's Transactions, 7, p.22-28.

Huchard, H. et Axenfeld, A. (1883). Traité des névroses. (2e éd.). Paris, France : Baillière.

Lasègue, C. (1873). De l'anorexie hystérique. Archives of General Medicine, 21, 385-403.

Morton, R. (1694). Phthisiologia or, a Treatise of Consumptions. London, UK: Smith and Walford.

Pennachio, H. (2008). Étudiants : l'anorexie et la boulimie, pour vos T.P.E., récupéré le 10 octobre 2013 de http://www.anorexie-et-boulimie.fr/articles-301-etudiants-nbsp-l-anorexie-et-la-boulimie-pour-vos-t-p-e.htm.

Poinso, F., Vieillard, M., Dafonseca, D et Sarles, J. (2006). Les anorexies infantiles : de la naissance à la première enfance. Archives de pédiatrie, 13(5), 464-472. doi:10.1016/j.arcped.2006.01.02.

Sirolli, L. (2006). Les troubles du comportement alimentaire : de la naissance à l'adolescence. Paris, France : Eyrolles.

Sous-module 2b

Crisp, A. (1965). Clinical and therapeutic aspects of anorexia nervosa: A study of 30 cases. *Journal of Psychosomatic Research*, *9*, 67-78.

Frampton, I. (2013). Russell (1979): bulimia nervosa - an ominous variant of anorexia nervosa. *Advances in Eating Disorders: Theory, Research and Practice*, *1* (1), 103–107.

Garner, D. M. et Garfinkel, P. E. (1997). *Handbook of treatment for eating disorders, 2nd ed.* New York, NY: The Guilford Press.

Gull, W. W. (1874). Anorexia Nervosa (Apepsia Hysterica, Anorexia Hysterica). *Clinical Society's Transactions*, *7*, p.22-28.

James, R. (1743). *A medicinal dictionary*, New York: Harper and Bros.

Nemiah, J. C. (1950). Anorexia nervosa. *Medicine*, *29*, 225-268.

Russell, G. F. M. (1979). Bulimia nervosa: An ominous variant of anorexia nervosa. *Psychological Medicine*, *9*, 429-448.

Waterlow, J. C. (1972). Classification and definition of protein-caloric malnutrition. *British medical journal*, *3*, 566-569.

Sous-module 2c

Bratman, S. (1997). Obsession with dietary perfection can sometimes do more harm than good, says one who has been there, *Yoga Journal*.

Brytek-Matera, A. (2012). Orthorexia nervosa – an eating disorder, obsessive-compulsive disorder or disturbed eating habit? *Archives of Psychiatry and Psychotherapy*. *1*, 55-60.

Donini, L., Marsili, D., Graziani, M., Imbriale, M. et Cannella, C. (2004). Orthorexia nervosa: a preliminary study with a proposal for diagnosis and an attempt to measure the dimension of the phenomenon. *Eating and Weight Disorders*, *9*(2), 151–157.

Moquin, C. et Guérin, J. (2011). Maigrir fait grossir! *Actualité médicale*, *32*, 62-68.

Mosley, P. E. (2009). Bigorexia: Bodybuilding and Muscle Dysmorphia. *European Eating Disorders Review*, *17* (3), 191-198.

Pope, H. G., Gruber, A. J., Choi, P., Olivardia, R. et Phillips, K.A. (1997). Muscle dysmorphia. An underrecognized form of body dysmorphic disorder. *Psychosomatics*, *38* (6), 548-557.

Striegel-Moore, R. et al. (2006). Should night syndrome be included in the DSM? *International Journal of Eating Disorders*, *39* (7), 544-549.

Stunkard, A. J. (1959). Eating Patterns and Obesity, *Psychiatric Quarterly*, *33* (2), 284-289. doi:10.1007/BF01575455.

Tylka,T. L. et Subich, L. M. (1999). Exploring the construct validity of the eating disorder continuum. *Journal of Counseling Psychology*, *46*, 268-276.

Sous-module 3a

American Psychiatric Association. (2013). *Diagnostic and statistical manual of mental disorders DSM-5 (5ᵉ éd.)*. Arlington, VIRG: American Psychiatric Publishing.

Arnoult, A. (2006). *Le traitement médiatique de l'anorexie mentale, entre presse d'information générale et presse magazine de santé*. Récupéré à http://www.memoireonline.com/09/08/1526/le-traitement-mediatique-de-l-anorexie-mentale.html.

Askevold, F. (1983). The diagnosis of anorexia nervosa. *International Journal of Eating Disorders*, *2*, 39-43.

Beaumont, P. J. V., Garner, D. M. et Touyz, S. W. (1994). Diagnoses of eating or dieting disorders: What may we learn from past mistakes? *International Journal of Eating Disorders*, *16*, 349-362.

Bunnell, D. W., Shenker, I. R., Nussbaum, M.P., Jacobson, M.S. et Cooper, P. (1990). Subclinical versus formal eating disorders: Differentiating psychological features. *International Journal of Eating Disorders*, *9*, 357-362.

Cassel, M. (2002). UI researcher receives grant to study connectivity in the brain. *UI Health Care News*.

Chabrol, H. (1998). *Que sais-je : L'anorexie et la boulimie de l'adolescente* (3ᵉ éd.). Paris, FR : PUF.

Chauvaud, F., & Auzolle, C. (2011). *L'ennemie intime : la peur : perceptions, expressions, effets*. Presses universitaires de Rennes.

DeCosta, M. D. et Halmi, K. A. (1990). *Classifications of anorexia nervosa: The questions of subtypes*. Unpublished manuscript, New York Hospital-Cornell Medical Center, White Plains.

Eddy, K., Dorer, D., Franko, D., Tahilani, K., Thompson-Brenner, H., & Herzog, D. (2008). Diagnostic Crossover in Anorexia Nervosa and Bulimia Nervosa: Implications for DSM-V. *AJP*, *165*(2), 245-250. doi:10.1176/appi.ajp.2007.07060951.

Garner, D. M., Garner, M. V. et Rosen, L. W. (1993). Anorexia nervosa "Restricters" who purge: Implications for subtyping anorexia nervosa. *International Journal of Eating Disorders*, *13*, 171-185.

Garner, D. M., Olmsted, M. P. et Garfinkel, P. E. (1983). Does anorexia nervosa occur on a continuum? Subgroups of weight-preoccupied women and their relationship to anorexia nervosa. *International Journal of Eating Disorders, 2,* 11-20.

Inoue, Y. (2015). Sleep-related eating disorder and its associated conditions. *Psychiatry and Clinical Neurosciences,* 1323-1316.

Jaccard, D. "La peur, origines et solutions". [en ligne]. [http://www.denisjaccard.ch/pdf/les_peurs.pdf].

LeDoux, J. (1997). Parallel memories: Putting emotions back into the brain: A talk with J. LeDoux.

L'Institut de Recherche en Santé du Canada (IRSC). (n.d.). Quand la peur prend les commandes [en ligne]. [http://lecerveau.mcgill.ca/flash/d/d_04/d_04_p/d_04_p_peu/d_04_p_peu.html].

Lombardo, C., Battagliese, G., Baglioni, C., David, M; Violani, C., & Riemann, D., 2014. Severity of insomnia, disordered eating symptoms, and depression in female university students *Clinical Psychologist,* 18(3) pp. 108-115.

Lowe, M. R. et Eldredge, K. L. (1993). The role of impulsiveness in normal and disordered eating. In McCown, W., Shure, M. et Johnson, J. (Eds.), *The impulsive client: Theory, researh, and treatment* (pp. 185-224). Washington, DC: American Psychological Association.

Martineza, G., Cook-Darzens, S., Chastea, P., Mourena, M-C., Doyen, C. (2014). L'anorexie mentale à la lumière du fonctionnement neurocognitif : nouvelles perspectives théoriques et thérapeutiques. *L'Encéphale, 40*(2), 160–167.

Marty, A. (n.d.). "Neurosciences des émotions ". "Neurosciences ". [en ligne]. [www.neur-one.fr/Emotions.pdf].

"La peur ". [en ligne]. [http://www.redpsy.com/guide/peur.html].

"La peur une émotion de base ". [en ligne].[http://www.hypnose-fr.com/peur.php].

"Peur ". Dans Larousse. 2012. [en ligne]. [http://www.larousse.com/en/dictionnaires/francais].

Pike, K.M. (1998). Long-term course of anorexia nervosa: response, relapse, remission, and recovery. *Clinical Psychology Review, 18,* 447-475.

Pomerleau, G., (2001). Anorexie et Boulimie, *Comprendre pour agir. Gaëtan Morin,* 212.

Wilfley, D. E., Agras, W. S., Telch, C. F., Rossiter, E. M., Schneider, J. A., Cole, A. G., Sifford, L. et Raeburn, S. D. (1993). Group Cognitive-Behavioral therapy and group interpersonal psychotherapy for the nonpurging bulimic individual: A controlled comparison. *Journal of Consulting and Clinical Psychology, 61,* 296-305.

Wilson, G. T. (1991). Diagnostic criteria for bulimia nervosa. *International Journal of Eating Disorders, 11,* 315-319.

Wilson, T. G. et Walsh, B. T. (1991). Eating disorders in the DSM-IV. *Journal of Abnormal Psychology, 100,* 362-365.

Sous-module 3b

American Psychiatric Association. (2013). *Diagnostic and statistical manual of mental disorders DSM-5 (5e éd.).* Arlington, VIRG: American Psychiatric Publishing.

Beaumont, P. J. V., Garner, D. M. et Touyz, S. W. (1994). Diagnoses of eating or dieting disorders: What may we learn from past mistakes? *International Journal of Eating Disorders, 16,* 349-362.

Brown, J. D. (1998). *The Self.* Boston: McGraw-Hill.

Bruch, H. (1971). Family transactions in eating disorders. *Comprehensive Psychiatry, 12*(3), 238-248.

Bunnell, D. W., Shenker, I. R., Nussbaum, M.P., Jacobson, M.S. et Cooper, P. (1990). Subclinical versus formal eating disorders: Differentiating psychological features. *International Journal of Eating Disorders, 9,* 357-362.

Chabrol, H. (1998). *Que sais-je : L'anorexie et la boulimie de l'adolescente* (3e éd.). Paris, FR : PUF.

DeCosta, M. D. et Halmi, K. A. (1990). *Classifications of anorexia nervosa: The questions of subtypes.* Unpublished manuscript, New York Hospital-Cornell Medical Center, White Plains.

Fairburn, C. G., et Brownell, K. D. (2002). *Eating disorders and obesity: Acomprehensive handbook.* New-York: Guilford Press.

Fox, K.R. (1997). *The physical self: From motivation to well-being.* Champaign: Human Kinetics.

Garner, D. M., Garner, M. V. et Rosen, L. W. (1993). Anorexia nervosa "Restricters" who purge: Implications for subtyping anorexia nervosa. *International Journal of Eating Disorders, 13,* 171-185.

Garner, D. M., Olmsted, M. P. et Garfinkel, P. E. (1983). Does anorexia nervosa occur on a continuum? Subgroups of weight-preoccupied women and their relationship to anorexia nervosa. *International Journal of Eating Disorders, 2,* 11-20.

Harter, S. (1996). Historical roots of contemporary issues involving the self-concept. In B.A. Bracken (Eds.), *Handbook of self-concept. Developmental, social, and clinical considerations* (pp. 1-37). New York, NY: Wiley.

Hervais, C. (2007). *Les toxicos de la bouffe : la boulimie vécue et vaincue.* Paris : Payot & Rivages.

Hervais, C. (2005). *Jane Fonda : de la boulimie à l'authenticité.* Récupéré à http://www.boulimie.fr/articles/les-stars-boulimiques/janefonda-lauthenticite.

Holmgren, S., Humble, K., Norring, C., Roos, B.-E., Rosmark, B. et Sohlberg, S. (1983). The anorectic bulimic conflict. *International Journal of Eating Disorders, 2,* 3-14.

L'Ecuyer, R. (1978). *Le concept de soi*. Paris, FR: Presses Universitaires de France.

Lowe, M. R. et Eldredge, K. L. (1993). The role of impulsiveness in normal and disordered eating. In McCown, W., Shure, M. et Johnson, J. (Eds.), *The impulsive client: Theory, researh, and treatment* (pp. 185-224). Washington, DC: American Psychological Association.

Marsh, H.W. (1997). The measurement of physical self-concept: A construct validation approach. In K.R. Fox (Eds.), *The physical self* (pp. 27-58). Champaign, IL: Human Kinetics.

Shavelson, R. J., Hubner, J. J., & Stanton, G. (1976). Self-concept: validation of construct interpretations. *Review of Educational Research, 46*(3), 407-441.

Stein, D. M. et Laakso, W. (1988). Bulimia: A historical perspective. *International Journal of Eating Disorders, 7*, 201-210.

Wilfley, D. E., Agras, W. S., Telch, C. F., Rossiter, E. M., Schneider, J. A., Cole, A. G., Sifford, L. et Raeburn, S. D. (1993). Group Cognitive-Behavioral therapy and group interpersonal psychotherapy for the nonpurging bulimic individual: A controlled comparison. *Journal of Consulting and Clinical Psychology, 61*, 296-305.

Wilson, G. T. (1991). Diagnostic criteria for bulimia nervosa. *International Journal of Eating Disorders, 11*, 315-319.

Wilson, T. G. et Walsh, B. T. (1991). Eating disorders in the DSM-IV. *Journal of Abnormal Psychology, 100*, 362-365.

Sous-module 3c

American Psychiatric Association. (2013). Diagnostic and statistical manual of mental disorders DSM-5 (5e éd.). Arlington, VIRG: American Psychiatric Publishing.

Beaumont, P. J. V., Garner, D. M. et Touyz, S. W. (1994). Diagnoses of eating or dieting disorders: What may we learn from past mistakes? *International Journal of Eating Disorders, 16*, 349-362.

Button, E. J. et Whitehouse, A. (1981). A subclinical anorexia nervosa. *Psychological Medicine, 11*, 509-516.

Chabrol, H. (1998). *Que sais-je : L'anorexie et la boulimie de l'adolescente* (3e éd.). Paris, FR : PUF.

Cottraux, J. (2004). *Les thérapies cognitives et comportementales*. Paris, FR : Masson.

Dlife. (7 décembre 2012) Night eating syndrome (Vidéo). Récupéré à https://www.youtube.com/watch?v=RpfVdYkVicI.

Ekman, P. (1972). Universals and Cultural Differences in Facial Expressions of Emotions. In Cole, J. (Ed.), Nebraska Symposium on Motivation(pp. 207-282). Lincoln, NB: University of Nebraska Press.

Ekman, P. (1982). *Emotion in the human face*. New York, États-Unis: Cambridge University Press.

Fairburn, C. G., et Brownell, K. D. (. (2002). *Eating disorders and obesity: Acomprehensive handbook*. New-York: Guilford Press.

Garner, D. M., Olmsted, M. P. et Garfinkel, P. E. (1983). Does anorexia nervosa occur on a continuum? Subgroups of weight-preoccupied women and their relationship to anorexia nervosa. *International Journal of Eating Disorders, 2*, 11-20.

Kessler, H., Schwarze, M., Filipic, S., Traue, H. C., & von Wietersheim, J. (2006). Alexithymia and facial emotion recognition in patients with eating disorders. *International Journal Of Eating Disorders, 39*(3), 245-251.

Kooiman, C.G., Spinhoven, P., & Trijsburg, R.W. (2002). The assessment of alexithymia A critical review of the literature and a psychometric study of the Toronto Alexithymia Scale-20. *Journal of Psychosomatic Research, 53*, 1083-1090.

Nemiah, J.C., Sifneos, P.E. (1970). Affect and fantasy in patients with psychosomatic disorders. In O. W. Hill (Ed.): *Modern trends in psychosomatic medicine*, 2. London, England: Butterworth.

Pilon, G. & Gaudreau-Pollender, M. (2012). Orthorexie : Quand l'alimentation passe de l'« oral » à la « morale ». *Psychologie Québec, 29*(5), 33-35.

Råstam, M., Gillberg, C., Gillberg, I., & Johansson, M. (1997). Alexithymia in anorexia nervosa: a controlled study using the 20-item Toronto Alexithymia Scale. *Acta Psychiatr Scand, 95*(5), 385-388. doi:10.1111/j.1600-0447.1997.tb09650.x.

Sirolli, L. (2006). *Les troubles du comportement alimentaire : de la naissance à l'adolescence*. Paris, France : Eyrolles.

Stice, E (2002). Risk and Maintenance Factors for Eating Pathology: A Meta-Analytic Review. *Psychological Bulletin, 128*(5), 825–848.

Taylor, G. J., Bagby, R. M., & Parker, J. D. (1999). *Disorders of affect regulation: Alexithymia in medical and psychiatric illness*. Cambridge University Press.

Treasure, J., Schmidt, U., & Van Furth, E. (2005). *Eating disorders. Chichester*, UK: Wiley.

Walker-Andrews, A. S. (1997). Infants' perfection of expressive behaviors: Differentiation of multimodal information. *Psychological bulletin, 121*, 437-456.

Zonnevylle-Bender, M., van Goozen, S., Cohen-Kettenis, P., van Elburg, A., & van Engeland, H. (2004). Emotional functioning in adolescent anorexia nervosa patients: a controlled study. *European Child & Adolescent Psychiatry, 13*(1), 28-34.

Sous-module 4a

Rigaud, D. (2003). *Anorexie, boulimie et compulsions. Les troubles du comportement alimentaire*. Cher: Marabout.

Menzies, J. (2012). My brain made me do it, and my gut didn't help. *Journal of Neuroendocrinology, 24*(9), 1272-1273. doi: 10.1111/j.1365-2826.2012.02344.x.

Fairburn, C. G. et Brownell, K. D. (2002). *Eating disorders and obesity: A comprehensive handbook*. (2ᵉ éd.). New York, NY: Guilford Press.

Apfeldorfer, G. (1993). *Je mange donc je suis : surpoids et troubles du comportement alimentaire*. Paris, France : Payot et Rivages.

Perellò, M. et Zigman, J. M. (2012). The role of ghrelin in reward-based eating. *Biological Psychiatry, 72*(5), 347-353. doi: 10.1016/j.biopsych.2012.02.016.

Dubost, M. (2006). La nutrition. Montréal : Chenelière Éducation.

Sous-module 4b

Alvin, P. (2001). *Anorexie et boulimie à l'adolescence*. Rueil-Malmaison, FR : Doin.

Apfeldorfer, G. (1993). Je mange donc je suis : surpoids et troubles du comportement alimentaire. Paris, France : Payot et Rivages.

Brusset, B. (1998). *Psychopathologie de l'anorexie mentale*. Paris, FR : DUNOD.

Chabrol, H. (1991). *L'anorexie et la boulimie de l'adolescente*. Paris : Presses Universitaires de France.

Combe, C. (2004). *Comprendre et soigner la boulimie*. Paris, France : DUNOD.

Corcos, M. (2005). Le corps insoumis. Psychopathologie des troubles des conduites alimentaires. Paris, FR : DUNOD.

Flament, M. et Jeammet, P. (2000) *La boulimie; réalités et perspectives*. Paris, France : Masson.

Guillemot, A. et Laxenaire, M. (1997). *Anorexie mentale et boulimie* (2ᵉ édition). Paris, FR : Masson.

Jeammet, P. (2004). Anorexie et Boulimie. Les paradoxes de l'adolescence. Paris, FR : Hachette.

Rigaud, D. (2003). Anorexie, boulimie et compulsions. Les troubles du comportement alimentaire. Cher : Marabout.

Sous-module 4c

Berdah, C. (2008, juillet). Probiotiques, ballon gastrique et chirurgie bariatrique. Communication présentée au *Symposium CREGG de la Commission motricité digestive et nutrition* (p. 49-54). Paris, France.

Cooper, Z. et Fairburn, C. G. (2003). Refining the definition fo binge eating disorder and non purging bulimia nervosa, *International Journal of Eating Disorders, 34*, 89-95.

Giusti, V. (2006). Le parcours thérapeutique du patient obèse. Revue médicale Suisse, 59, 31206. Récupéré du site de la revue : http://revue.medhyg.ch/article.php3?sid=31206.

Goldschmidt, A. B., Hilbert, A., Manwaring, J. L., Wilfley, D. E., Pike, K. M., Fairburn, C. G., & Striegel-Moore, R. H. (2010). The significance of overvaluation of shape and weight in binge eating disorder. Behaviour research and therapy, 48(3), 187-193.

Izydorczyk, B. (2013). Selected psychological traits and body image characteristics in females suffering from binge eating disorder. *Archives of Psychiatry and Psychotherapy, 15*(1), 19-33.

Lowe, M. R., & Butryn, M. L. (2007). Hedonic hunger: a new dimension of appetite? Physiology & behavior, 91(4), 432-439.

Marcus, M. D., Smith, D., Santelli, R. et Kaye, W. (1992). Characterization of eating disordered behavior among obese binge eaters. *International Journal of Eating Disorders, 12*, 249-255.

Masheb, R. M., & Grilo, C. M. (2002). On the relation of flexible and rigid control of eating to body mass index and overeating in patients with binge eating disorder. International Journal of Eating Disorders, 31(1), 82-91.

Spitzer, R. L., Devlin, M., Walsh, B. T, Hasin, D., Wing, R., Marcus, M., Stunkard, A., Wadden, T., Yanovski, S., Agras, S., Mitchell, J. et Nonas, C. (1991). Binge eating disorder: To be or not to be in DSM IV. *International Journal of Eating Disorders, 10*, 627-629.

Spitzer, R.L., Devlin, M., Walsh, B.T, Hasin, D., Wing, R., Marc-IVus, M., Stunkard, A., Wadden, T., Yanovski, S., Agras, S., Mitchell, J. et Nonas, C. (1992). Binge eating disorder: A multisite field trial of the diagnostic criteria. *International Journal of Eating Disorders, 11*, 191-203.

Spitzer R. L., Stunkard, A., Yanovski, S., Marcus, M., Wadden, T., Wing, R., Mitchell, J. et Hasin D. (1993). Binge eating disorder should be included in DSM-IV: A reply to Fairburn et al.'s. The classification of recurrent overeating: The binge eating disorder proposal. *International Journal of Eating Disorders, 13*, 161-169.

Striegel-Moore, R. H. et Franko, D. L., (2003). Epidemiology of Binge Eating Disorder. *International Journal of Eating Disorders, 34*, 19-29.

Volery, M. et Golay, A. (2001). Comment détecter des troubles du comportement alimentaires chez des patients obèses? *Revue médicale Suisse, 647*, 21508. Récupéré du site de la revue : http://revue.medhyg.ch/article.php3?sid=21508.

White, M. A., Masheb, R. M., & Grilo, C. M. (2009). Regimented and lifestyle restraint in binge eating disorder. International Journal of Eating Disorders, 42(4), 326-331.

Wilfley, D. E., Wilson, G. T. et Agras, W. S. (2003). The clinical significance of binge eating disorder. *International Journal of Eating Disorders, 34*, 96-106.

Wilson, G. T., Nonas, C. A. et Rosenblum, G. D. (1993). Assessment in binge eating in obese patients. *International Journal of Eating Disorders, 13*, 25-33.

Yanovski, S. Z. (2003). Binge eating disorder and obesity in 2003: Could treating and eating disorder have a positive effect on the obesity epidemic? *International Journal of Eating Disorders, 34*, 117-120.

Sous-module 5a

Ahrberg, M., Trojcam D., Nasrawi, N. et Vocks, S. (2011). Body image disturbance in binge eating disorder: A review. *European Eating Disorders Review. 19(5)*, 375-381.

Bell, L. et Rushforth, J. (2008). *Overcoming Body Image Disturbance*. New-York: Taylor et Francis.

Bonci, C. M., Bonci, J. L., Granger, L. R., Johnson, C. L., Malina, R. M., Milne, L.W., Ryan, R. R. et Vanderbunt, E. M. (2008). National Athletic Trainers' Association Position Statement: Preventing, Detecting, and Managing Disordered Eating in Athletes. *Journal of Athletic Training, 43*, 80-108.

Britz, B., Siegfried, W., Ziegler, A., Lamertz, C., Herpertz-Dahlmann, B. M., Remschmidt, H. et al. (2000). Rates of psychiatric disorders in a clinical study group of adolescents with extreme obesity and in obese adolescents ascertained via a population based study. *International Journal of Obesity, 24*, 1701-1714.

Cash, T. et Deagle, E. (1997). The nature and extent of body-image disturbances in anorexia nervosa and bulimia nervosa: A meta-analyse. *International Journal of Eating Disorders, 22*, 107-125.

Chen, H. et Jackson, T. (2008). Prevalence and sociodemographic correlates of eating disorder endorsements among adolescents and young adults from China. *European Eating Disorders Review, 16(5)*, 375-385.

Chen, Z. F., Mitchell, J. E., Li, K., Yu, W. M., De Lan, Y. et al. (1992). The prevalence of anorexia nervosa and bulimia nervosa among freshman medical college students in China, *International Journal of Eating Disorders, 12*, 209–214.

Davison, T. E. et McCabe, M. P. (2006). Adolescent body image and psychosocial functioning. *The Journal of Social Psychology, 146(1)*, 15-30.

Eagles, J., Johnston, M., Hunter, D., Lobban, M. et Millar, H. (1995). Increasing incidence of anorexia nervosa in the female population of northeast Scotland. *American Journal of Psychiatry, 152*, 1266-1271.

Farrell, C., Shafran, R. et Lee, M. (2006). Empirically evaluated treatments for body image disturbance: A review. European Eating Disorders Review, 14(5), 289–300.

Flament, M.F. (1995). Épidémiologie des troubles des conduites alimentaires. In F. Rouillon, J. P. Lépine et J. L. Terra. (Eds.), *Épidémiologie psychiatrique* (pp. 238-241). Paris, FR: Ellipse.

Forbes, G. B., Jung, J., Vaamonde, J. D., Omar, A., Paris, L. et Formiga, N. S. (2012). Body dissatisfaction and disordered eating in three cultures: Argentina, Brazil, and the U.S. *Sex Roles, 66(9-10)*, 677-694.

George, J. B. E. et Franko, D. L. (2010). Cultural issues in eating pathology and body image among children and adolescents. *Journal of Pediatric Psychology*, 231-242.

Hoek, H., Bartelds, A., Bosveld, J., van der Graaf, Y., Limpens, V.E., Maiwald, M. et Spaaij, C.J. (1995). Impact of urbanization on detection rates of eating disorders. *American Journal of Psychiatry, 152*, 1272-1278.

Hund, A. R. et Espelage, D. L. (2006). Childhood emotional abuse and disordered eating among undergraduate females: Mediating influence of alexithymia and distress. *Child Abuse and Neglect, 30*, 393–407.

Jones, J., Bennett, S., Olmsted, M. P., Lawson, M. L. et Rodin, G. (2001). Disordered eating attitudes and behaviors in teen aged girls: A school-based study. *Canadian Medical Association Journal. 165*, 547-552.

Kendler, K. S., McLean, C., Neale, M., Kessler, R., Heath, A. et Eaves, L. J. (1991). The genetic epidemiology of bulimia nervosa. *American Journal of Psychiatry, 148*, 1627-1637.

Keski-Rahoken, A. et al. (2009). Incidence and outcomes of bulimia nervosa: a nationwide population-based study. *Psychological Medicine, 39(5)*, 823-831.

Lahortiga-Ramos, F., Irala-Estevez, J., Cano-Prous, A., Gual-Garcia, P., Matinez-Gonzales, Perez-Gaspar, M. A. et Cervera-Enguix, S. (2005). Incidence of eating disorders in Navarra (Spain). *European Psychiatry, 20(2)*, 179-185.

Lucas, A. R., Beard, C. M., O'Fallon, W. M. et Kurland, L. T. (1988). Anorexia nervosa in Rochester, Minnesota: a 45-year study. *Mayo Clinic Proceedings, 63*, 433-442.

Maniglio, R. (2009). The impact of child sexual abuse on health: A systematic review of reviews. *Clinical Psychology Review, 29*, 647-657.

Marcus, M. D. et Kalarchian, M. A. (2003), Binge eating in children and adolescents. *International Journal of Eating Disorders*, *34*, S47–S57.

Masten, A.S. (2006). Developmental psychopathology: Pathways to the future. *International Journal of Behavioral Development*, *30*, 47–54.

McVey, G., Tweed, S., Blackmore, E. (2004). Dieting among preadolescent and young adolescent females. *Canadian Medical Association Journal*, *170*, 1559-1561.

Milos, G., Spindler, A., Schnyder, U., Martz, J., Hoek, H. et Willi, J. (2004). Incidence of severe anorexia nervosa in Switzerland: 40 years of development. *International Journal of Eating Disorders*, *36*, 118-119.

Mitchell, J. E., Hatsukami, D., Eckert E. D. et Pyle R. L. (1985). Characteristics of 275 patients with bulimia. *American Journal of Psychiatry*, *42*, 482–485.

Nielsen S. (1990). The epidemiology of anorexia nervosa in Denmark from 1973-1987: a nationwide register study of psychiatric admission. *Acta Psychiatrica Scandinavica*, *81*, 507-514.

Opéra national de Paris. *Admissions de 11 à moins de 13 ans*. (2013). Récupéré le 21 janvier 2014 de http://www.operadeparis.fr/les-artistes/l-ecole-de-danse/admissions/de-11-moins-de-13-ans.

Perjean, A. (2011). *La restauration de l'image corporelle chez les adolescentes anorexiques à travers la danse*(Mémoire, Haute École Robert Schuman). Récupéré de Memoire Online : http://www.memoireonline.com/01/12/5106/m_La-restauration-de-l-image-corporelle-chez-les-adolescentes-anorexiques-a-travers-la-danse.html.

Preti, A., Usai, A., Miotto, P., Petretto, D. R. et Masala, C. (2008). Eating disorders among professional fashion models. *Psychiatry Research*, *159*(1-2), 86-94.

Puper-Ouakil, D., Michel, G., Baup, N. et Mouren-Simeoni, M. C. (2002). Aspects psychopathologiques de l'exercice intensif chez l'enfant et l'adolescent : mise au point à partir d'une situation clinique. *Annales Médico psychologiques*, *160*, 543-549.

Shannon, R. (2004). Eating Disorders in Adolecent Males. *Professional School Counseling*, *8* (1).

Smink, F. R. E., Van Hoeken, D. et Hock, H. W. (2012). Epidemiology of eating disorders: incidence, prevalence and mortality rates. *Current Psychiatry Reports* (14), 406-414.

Szumska, I., Tury, F., Csoboth, C. T., Réthelyi, J., Purebl, G. et Hajnal, A. (2005). The prevalence of eating disorders and weight-control methods among young women: A Hungarian representative study. *European Eating. Disorders Review, 13*, 278–284.

Thompson, J. K., Coovert, M. D., Richards, K. J., Johnson, S. et Cattarin, J. (1995). Development of body image, eating disturbance, and general psychological functioning in female adolescents: Covariance structure modeling and longitudinal investigations. *International Journal of Eating Disorders*, *18*(3), 221–236.

Turnbull, S., Ward, A., Treasure, J., Jick, H. et Derby, L. (1996). The demand for eating disorder care. An epidemiological study using the general practice research database. *British Journal of Psychiatry*, *169*, 705-712.

van Hoeken, D., Seidell, J. et Hoek, H.W. Epidemiology. In: Treasure, J., Schmidt, U., van Furth, E., editors. Handbook of Eating Disorders, 2nd ed. Chichester: Wiley, 2003, pp. 11-34.

Vellisca González, M. Y., Hernández, S. O. et Latorre Marín, J. I. (2012). Distortion of body perception in patients with early vs. late onset anorexia nervosa, *Clínica y Salud*, *23*(2), 111-121.

Villarroel, A. M., Penelo, E., Portell, M. et Raich, R.M. (2012). Childhood sexual and physical abuse in Spanish female undergraduates: Does it affect eating disturbances? *Europen Eating Disorders Review*, *20*(1), e32-e41.

Zittoun, C. et Fischler, C. (1992). Bulimia and epidemiology. *Encephale*, *18*(4), 406-412.

Sous-module 5b

Ambrose, M. et Deisler, V. (2011). *Investigating eating disorders (Anorexia, Bulimia, and Binge Eating): Real Facts for Real Lives*. Berkeley Heights: Enslow Publishers, Inc.

Arcelus, J., Mitchell, A. J., Wales, J. et Nielsen, S. (2011). Mortality rates in patients with anorexia nervosa and other eating disorders: A meta-analysis of 36 studies. *Archives of General Psychiatry*, *68*(7), 724-731.

Arthuis, M. et Duché, D. J. (2002). Diagnostic et traitement des troubles des conduites alimentaires des adolescents : anorexie mentale et boulimie nerveuse. Repéré à *www.academie-medecine.fr/Upload/anciens/rapports_99_fichier_lie.rtf*.

Baker, J. H., Mitchell, K. R., Neale, M. C. et Kendler, K. S. (2010). Eating disorder symptomatology and substance use disorders: Prevalence and shared risk in a population based twin sample. *International Journal of Eating Disorders*, *43*(7), 648-658.

Binford, R. B. et Le Grange, D. (2005). Adolescents with bulimia nervosa and eating disorder not otherwise specified-purging only. *International Journal of Eating Disorders*, *38*, 157-161.

Blinder, B. J., Cumella, E. J. et Sanathara, V. A. (2006). Psychiatric comorbidities of female inpatients with eating disorders. *Psychosomatic Medicine*, *68*, 454–462.

Bulik, C. (1995). Anxiety disorders and eating disorders: a review of their relationship. *New Zealand Journal of Psychology, 24*, 51–62.

Carter, J. C., Blackemore, E., Sutandar-Pinnock, K. et Woodside, D. B. (2004). Relapse in anorexia nervosa: A survival analysis. *Psychological Medicine, 34*, 671-679.

Carter, J. C., Mercer-Lynn, K. B., Norwood, S. J., Bewell-Weiss, C. V., Crosby, R. D., Woodside, D. B. et Olmsted, M. P. (2012). A prospective study of predictors of relapse in anorexia nervosa: Implications for relapse prevention. *Psychiatry Research, 200*, 518-523.

Châtillon, M.-P. *Anorexie et boulimie : l'autodestruction.* (s. d.) Repéré le 29 novembre 2013 de http://www.amabilia.com/contenu/societes/sec08_260e.html

Couturier, J. et Lock, J. (2006). What is recovery in adolescent anorexia nervosa. *International Journal of Eating Disorders, 39*, 550-555.

Crisp, A. H., (2006). Anorexia nervosa in males: Similarities and differences to anorexia nervosa in females. *European Eating Disorder Review, 14*, 163–167.

Dare, C., Eisler, I., Russell, G. F. M., Treasure, J. et Dodge, E. (2001). Psychological therapies for adult patients with anorexia nervosa: A randomized controlled trial of outpatient treatments. British Journal of Psychiatry, *British Journal of Psychiatry, 178*, 216-221

Eagles, J., Johnston, M., Hunter, D., Lobban, M. et Millar, H. (1995). Increasing incidence of anorexia nervosa in the female population of northeast Scotland. *American Journal of Psychiatry, 152*, 1266-1271.

Finfgeld, D. L. (2002) Anorexia nervosa: Analysis of long-term outcomes and clinical implications. *Archives of Psychiatric Nursing, 16*, 176-186.

Fisher, M. (2003). The course and outcomes of eating disorders in adults and in adolescents: a review. *Adolescence Medicine, 14*, 148-158

Frise, S., Steingart, A., Sloan, M., Cotterchio, M. et Kreiger, N. (2002). Psychiatric disorders and use of mental health services by Ontario women. *The Canadian Journal of Psychiatry, 47*(9), 849-856.

Garnier, A.-M., Mitriot, M., Vaslin, C., Métivier, R., Mutti, V. et Rouquette, C. (2005). *Psychiatrie et soins infirmiers : adolescents et adultes.* Paris : Éditions Lamarre.

Godart, N., Perdereau, F. et Jeammet, P. (2004). Données épidémiologique : anorexie chez l'adolescent. *Journal de Pédiatrie et de Puériculture, 17*, 327-330.

Grilo, C. M., Pagano, M. E., Stout, R. L., Markowitz, J. C., Ansell, E. B., Pinto, A., Zanarini, M. C., Yen, S. et Skodol, A. E. (2012). Stressful life events predict eating disorder relapse following remission: Six-year prospextive outcomes. *International Journal of Eating Disorders, 45*(2), 185-192.

Gueguen, J., Godart, N., Chambry, J., Brun-Eberentz, A., Foulon, C., Divac, S. N., Guelfi, J.-D., Rouillon, F., Falissard, B. et Huas, C. (2012). Severe Anorexia Nervosa in men: Comparison with severe AN in women and analysis of mortality. *International Journal of Eating Disorders, 45*(4), 537-545.

Halmi, C. A., Agras, W. S., Crow, S. J. et al. (2005). Predictors of treatment acceptance and completion in anorexia nervosa: Implications for future study designs. *Archives of General Psychiatry, 62*, 776-781.

Harris, E. C. et Barraclough, B. (1998). Excess mortality of mental disorder. *The British Journal of Psychiatry, 173*, 11-53

Hoek, H. W. (1993). Review of the epidemiological studies of eating disorders. *International Review of Psychiatry, 5*, 61-74.

Hoek, H., Bartelds, A., Bosveld, J., van der Graaf, Y., Limpens, V. E., Maiwald, M. et Spaaij, C. J. (1995). Impact of urbanization on detection rates of eating disorders. *American Journal of Psychiatry, 152*, 1272-1278.

Hoek, H. W. et van Hoeken, D. (2003). Rewiew of the prevalence and incidence of eating disorders. *International Journal of Eating Disorders, 34*, 383-396.

Hsu, L. K. (1988). The outcome of anorexia nervosa: A reappraisal. *Psychological Medicine, 18*, 807-812.

Hughes, E. K. (2011). Comorbid depression and anxiety in childhood and adolescent anorexia nervosa: Prevalence and implications for outcome. *Clinical Psychologist, 16*, 15-24.

Jacobi, C., Dahme, B. et Dittman, R. (2002). Cognitive-behavioural, fluoxetine and combined treatment for bulimia nervosa: Short and long-term results. *European Eating Disorders Review, 10*(30), 179-198.

Jeammet, P., Brechon, G., Payan, C., Gorge, A. et Fermanian, J. (1991). Le devenir de l'anorexie mentale : une étude prospective de 129 patientes évaluées au moins 4 ans après leur première admission. *Psychiatrie de l'Enfant, 34*, 381-442.

Löwe, B., Zippel, C., Buchholz, C., Dupont, Y., Reas, D.L. et Herzog, W. (2001). Long-term outcome of anorexia nervosa in a prospective 21-years follow-up study. *Psychological Medicine, 31*, 881-890.

Lucas, A. R., Beard, C. M., O'Fallon, W. M. et Kurland, L. T. (1988). Anorexia nervosa in Rochester, Minnesota: a 45-year study. *Mayo Clinic Proceedings, 63*, 433-442.

Meyer, C., Taranis, L. et Touyz, S. (2008). Excessive Exercise in the Eating Disorders: A Need for Less Activity from Patients and More from Researchers. *European Eating Disorders Review, 16*, 81-83.

Milos, G., Spindler, A., Schnyder, U., Martz, J., Hoek, H. et Willi, J. (2004). Incidence of severe anorexia nervosa in Switzerland: 40 years of development. *International Journal of Eating Disorders, 36*, 118-119.

Mitchell, J. E., Hatsukami, D., Eckert E.D. et Pyle R.L. (1985). Characteristics of 275 patients with bulimia. *American Journal of Psychiatry, 42*, 482–485.

Nielsen S. (1990). The epidemiology of anorexia nervosa in Denmark from 1973-1987: a nationwide register study of psychiatric admission. *Acta Psychiatrica Scandinavica, 81*, 507-514.

Papadopoulos, F. C., Ekborn, A., Brandt, L. et Ekselius, L. (2009). Excess mortality, causes of death and prognostic factors in anorexia nervosa. *The British Journal of Psychiatry, 194*(1), 10-17.

Pawluck, D. E. et Gorey, K. M. (1998). Secular trends in the incidence of anorexia nervosa: Integrative review of population based studies. *International Journal of Eating Disorders, 23*, 347-352.

Pike, K. M. (1998). Long-term course of anorexia nervosa: response, relapse, remission, and recovery. *Clinical Psychology Review, 18*, 447-475.

Shroff, H., Reba, L., Thornton, L., Tozzi, F., Klump, K., Berrettini, W.,…Bulik, C. (2006). Features associated with excessive exercise in women with eating disorders. *International Journal of Eating Disorders, 39*, 454-461. doi 10.1002/eat.

Steffen, K. J., Mitchell, J. E., Roerig, J. L. et Lancaster, K. L. (2007), The eating disorders medicine cabinet revisited: A clinician's guide to ipecac and laxatives. *International Journal of Eating Disorders, 40*:360–368.

Steinhausen, H. C. (2002). The outcome of anorexia nervosa in the 20th Century. *American Journal of Psychiatry, 159*, 1284-1293.

Steinhausen, H.-C. et Glanville, K. (1983). Follow-up studies of anorexia nervosa: A review of research findings. *Psychological Medicine, 13*, 239-249.

Stice, E., Marti, C. N. et Rohde, P. (2013). Prevalence, incidence, impairment, and course of the proposed DSM-5 eating disorder diagnoses in an 8-year prospective community study of young women. *Journal of Abnormal Psychology, 122*(2), 445-457. doi:10.1037/a0030679.

Strober, M., Freeman, R. et Morrell, W. (1997). The long term course of severe anorexia nervosa in adolescents: Survival analysis of recovery, relapse and outcome predictors over 10-15 years in a prospective study. *International Journal of Eating Disorders, 22*, 339–360.

Surgenor, L. J., Maguire, S. et Beumont, P. J. V. (2004). Drop-out from inpatient treatment for Anorexia Nervosa: Can risk factors be identified at point of admission?. *European Eating Disorders Review, 12*(2), 94-100.

Swinbourne, J., Hunt, C., Abbott, M., Russell, J., St Clare, T. et Touyz, S. (2012). The comorbidity between eating disorders and anxiety disorders: Prevalence in an eating disorder sample and anxiety disorder sample. Australia and New Zealand Journal of Psychiatry, 46 (2), 118- 131. Waller, G. (1997). Drop-out and failure to engage in individual outpatient cognitive behavior therapy for bulimic disorders. *International Journal of Eating Disorders, 22*(1), 35-41.

Tyrer, P, Gunderson, J., Lyons, M., Tohen, M. (1997). Extent of comorbidity between mental state and personality disorders. *Journal of Personality Disorders, 1*, 242–259.

Vaz-Leal, F. J., Santos, L. R., García-Herráiz, M. A., Monge-Bautista, M. and López-Vinuesa, B. (2011), Bulimia nervosa with history of anorexia nervosa: Could the clinical subtype of anorexia have implications for clinical status and treatment response?. *International Journal of Eating Disorders, 44*:212–219. doi: 10.1002/eat.20805.

Waller, G. (1997). Drop-out and failure to engage in individual outpatient cognitive beahavior therapy for bulimic disorders. *International Journal of Eating Disorders, 22*, 35-41.

Wiederman, M. W. et Pryor, T. (1996). Substance abuse among women with eating disorders. *International Journal of Eating Disorders, 20*, 163–168.

Wonderlich, S. A., Connolly, K. M. et Stice, E. (2003). Impulsivity as a Risk Factor for Eating Disorder Behavior: Assessment Implications with Adolescents. *International Journal of Eating Disorders, 36*(2), 172-182.

Zeeck, A., Hartmann, A., Buchholz, C. et Herzog, T. (2005). Drop outs from in-patient treatment of anorexia nervosa. *Acta Psychiatrica Scandinavica, 111*(1), 29-37.

Sous-module 5c

American Psychiatric Association. (1994). *Diagnostic and Statistical Manual of Mental Disorders (4th ed.)*. Washington, DC: A.P.A. (DSM IV).

Ansell, E., Grilo, C. et White, M. (2012). Examining the interpersonal model of binge eating and loss of control over eating in women. *The International Journal Of Eating Disorders, 45*(1), 43-50. doi:10.1002/eat.20897.

Basdevant, A., Pouillon, M., Lahlou, N., Le Barzic, M., Brillant, M. et Guy-Grand, B. (1995). Prevalence of binge eating disorder in different populations of French women. *International Journal of Eating Disorders, 18*, 309-315.

Cash, T. F., Fleming, E. C., Alindogan, J., Steadman, L., & Whitehead, A. (2002). Beyond body image as a trait: The development and validation of the Body Image States.

Crago, M. et Shisslak, C. M. (2003). Ethnic Differences in Dieting, Binge Eating, and Purging Behaviors Among American Females: A Review. *Eating Disorders: The Journal of Treatment & Prevention, 11*(4), 289-304.

Durand, V. M. et Barlow, D. H. (2002). *Psychopathologie une perspective multidimensionnelle* (1re éd.). Paris : De Boeck Université.

Fairburn, C.G., & Bohn, K. (2005). Eating disorder NOS (EDNOS): An example of the troublesome "not otherwise specified" (NOS) category in DSM–IV. *Behaviour Research and Therapy, 43*, 691–701.

Fairburn, C.G., Cooper, Z., & Shafran, R. (2003). Cognitive behaviour therapy for eating disorders: A "transdiagnostic" theory and treatment. *Behaviour Research and Therapy, 41*, 509–528.

Filaire, E., Rouveix, M. et Bouget, M., (2008), Troubles du comportement alimentaire chez le sportif, *Science et sports, 23*, pp.49-60.

Goldschmidt, A. B., Engel, S. G., Wonderlich, S. A., Crosby, R. D., Peterson, C. B., Le Grange, D., Tanofsky-Kraff, M., Cao, L. et Mitchell, J. E. (2012). Momentary affect surrounding loss on control and overeating in obese adults with and without binge eating disorder. *Obesity, 20*(6), 1206-1211.

Grilo, C. M., Masheb, R. M. et White, M. A. (2010). Significance of Overvaluation of Shape/Weight in Binge-eating Disorder: Comparative Study With Overweight and Bulimia Nervosa. *Obesity, 18*(3), 499-504.

Grilo, C. M., White, M. A. et Masheb, R. M. (2009). DSM-IV psychiatric disorder comorbidity and its correlates in binge eating disorder. *International Journal of Eating Disorders, 42*(3), 228-234.

Guerdjikova, A. I., McElroy, S. L., Kotwal, R., Stanford, K. et Keck, P. E. (2007). Psychiatric and metabolic characteristics of childhood versus adult-onset obesity in patients seeking weight management. *Eating behaviors, 8*(2), 266-276.

Hay, P. et Fairburn, C. (1998). The validity of the DSM-IV scheme for classifying bulimic eating disorders. *The International Journal Of Eating Disorders, 23*(1), 7-15.

Hudson, J. I., Hiripi, E., Pope, H. G. et Kessler, R. C. (2007) The Prevalence and Correlates of Eating Disorders in the National Comorbidity Survey Replication. *Biological psychiatry, 61*(3), 348-358.

Kinzl, J. F., Traweger, C., Trefalt, E., Mangweth, B. et Biedl, W. (1999). Binge eating disorder in females: A population-based investigation. *International Journal of Eating Disorders, 25*(3), 287-292.

Lecrubier, Y., Sheehan, D.V., Weiller, E., Amorim, P., Bonora, I., Sheehan, K.H., Janavs, J. et Dunbar, G.C. (1997). The Mini International Neuropsychiatric Interview (MINI). A short diagnostic structured interview: reliability and validity according to the CIDI. *European Psychiatry, 12*, 224-231.

Marcus, M. D., Smith, D., Santelli, R. et Kaye, W. (1992) Characterization of eating disordered behavior among obese binge eaters. *International Journal of Eating Disorders, 12*, 249–255.

Marques, L, Alegria, M., Becker, A. E., Chen, C-N., Fang, A., Chosak, A. et Diniz, J. B. (2011). Comparative prevalence, correlates of impairment, ans service utilization for eating disorders across U.S. ethnic groups: Implications for reducing ethnic disparities in health care access for eating disorders. *International Journal of Eating Disorders, 44*(50), 412-420.

Núñez-Navarro, A., Jiménez-Murcia, S., Álvarez-Moya, E., Villarejo, C., Díaz, I. S., Augmantell, C. M., Granero, R., Penelo, E., Krug, I. Tinahones, F. J., Bulik, C. M. et Fernández-Aranda, F. (2011), Differentiating purging and nonpurging bulimia nervosa and binge eating disorder. *International Journal of Eating Disorders, 44* (6), 488-496.

Regan, P. et Cachelin, F. (2006). Binge eating and purging in a multi-ethnic community sample. *The International Journal Of Eating Disorders, 39*(6), 523-526.

Spitzer R. L.,Devlin, M. J., Timothy Walsh, B., Hasin, D., Wing, R., Marcus, M.D, Stunkard, A.,Wadden, T.,Yanovski, S., Agras, S., Mitchell, J., Nonas, C. (1991). Binge eating disorder: to be or not to be in DSM-IV. *International Journal of Eating Disorders, 10*, 627-629.

Striegel-Moore, R. H., Cachelin, F. M., Dohm, F.-A., Pike, K. M., Wilfley, D. E. et Fairburn, C. G. (2001). Comparison of bonge eating disorder and bulimia nervosa in a community sample. *International Journal of Eating Disorders, 29*(2), 157-165.

Striegel-Moore, R.H., Franko,D. (2003). Epidemiology of Binge eating disorder. *International Journal of Eating Disorders, 34*, 19-29.

Stunkard, A. J., Faitha, M. S. et Allisona, K. C. Depression and obesity. *Biological psychiatry, 54*(3), 330-337.

Wilfley, D. E., Friedman, M. A., Dounchis, J. Z., Stein, R. I., Welch, R. R. et Ball, S. A. (2000). Comorbid psychopathology in binge eating disorder: Relation to eating disorder severity at baseline and following treatment. *Journal of Consulting and Clinical Psychology, 68*, 641–649.

Wonderlich, S.A., Joiner, T.E., Keel, P.K., Williamson, D.A., & Crosby, R.D. (2007). Eating disorder diagnoses. Empirical Approach to classification. *American Psychologist, 62*, 167-180.

Sous-module 6a

Blank, S. et Latzer, Y. (2004). The boundary-control model of adolescent anorexia nervosa: An integrative approach to etiology and treatment? *The American Journal of Family Therapy, 32*, 43-54.

Bloks, J., van Furth, E. et Hoek, H. (1999). *Behandelingsstrategieen bij anorexia nervosa (Treatment strategies of anorexia nervosa)*. Houten/Diegem, DE: Bohn Stafleu van Loghum.

Brownell, K. D. et Fairburn, C. G. (1995). *Eating disorders and obesity. A comprehensive handbook*. New York, NY: Guilford Press.

Bronfenbrenner, U. (1979). *The ecology of human development: Experiments by nature and design*. Cambridge, MA: Harvard University Press.

Bronfenbrenner, U. (1986). Ecology of the family as a context for human development: Research perspectives. *Developmental Psychology, 22*, 723-742.

Cicchetti, D. (1984). The emergence of developmental psychopathology. *Child Development, 55*, 1-7.

Engel, G. L. (1980). The Clinical Application of the Biopsychosocial Model. *American Journal of Psychiatry, 137*, 535–544.

Garfinkel, P. E. et Garner, D. M. (1982). *Anorexia Nervosa: A Multidimensional Perspective*. New York, NY: Brunner Mazel.

Garner, D. (1993). Pathogenesis of anorexia nervosa. *Lancet, 341*, 1631-1635.

Gillberg, C. et Rastam, M. (1998). The etiology of anorexia nervosa. In Hoek, W. H., Treasure, J. et Katzman, M. (Eds.), *The Integration of Neurobiology in the Treatment of Eating Disorders* (p. 127-141). Chichester, NH: Wiley Press.

Guillemot, A. et Laxenaire, M. (1997). *Anorexie mentale et boulimie* (2e édition). Paris, FR: Masson.

Jacobi, C., Hayward, C., de Zwaan, M., Kraemer, H. et Agras, W. (2004). Coming to terms with risk factors for eating disorders: Application of risk terminology and suggestions for a general taxonomy. *Psychological Bulletin, 130*, 19-65.

Kazdin, E., Kraemer, H. C., Kessler, F. C., Kupfer, D. J. et Offord, D. R. (1997). Contributions of risk-factor research to developmental psychopathology. *Clinical Psychology Rewiew, 17*, 375-406.

Kraemer, H. C., Kazdin, A. E., Offrd, D., Kessler, R., Jensen, P. et Kupfer, D. J. (1997). Coming to terms with the terms of risk. *Archives of General Psychiatry, 54*, 337-343.

Mrazek, P. J. et Haggerty, R. J. (1994). *Reducing risks for mental disorder: Frontiers of preventive intervention research*. Washington, DC: National Academy Press.

Polivy, J. et Herman, C. P. (2002). Causes of eating disorders. *Annual Review of Psychology, 53*, 187-213.

Raphael, F. J. et Lacey, J. H. (1994). The aetiology of eating disorders: A hypothesis of the interplay between social, cultural and biological factors. *European Eating Disorders Review, 2*, 143-154.

Russell, G. F. M. (1988). The diagnostic formulation in bulimia nervosa. In Garner, D.M. et Garfinkel, P.E. (Eds.), *Diagnostic issues in anorexia nervosa and bulimia nervosa* (p. 3-25). New York, NY: Brunner/Mazell.

Smolak, L. et Striegel-Moore, R.H. (1996). The implications of developmental research for eating disorders. In Smolak, L., Levine, M. P. et Striegel-Moore, R. (Eds.), *The developmental psychopathology of eating disorders*(p. 183–204). Mahwah, NJ: Lawrence Erlbaum.

Steiner, H. et Lock, J. (1998). Eating disorders in children and adolescents: A review of the past ten years. *Journal of the American Academy of Child and Adolescent Psychiatry, 37*, 352-359.

Steiner, H., Sanders, M. et Ryst, E. (1995). Precursors and risk factors of juvenile eating disorders. In Steinhausen, H.-C. (Ed.), *Eating Disorders in Adolescence: Anorexia and Bulimia Nervosa* (p. 95-125). New York, NY: De Gruyter.

Stice, E. (2002). Risk and Maintenance Factors for Eating Pathology: A Meta-Analytic Review. *Psychological Bulletin, 128*, 825-848.

Vannotti, M. (2002). « Modèle bio-médical et modèle bio-psycho-social », Le Cerfasy – Repéré le 2 novembre de http://www.cerfasy.ch/cours_modbmbps.php.

Von Bertalanffy, L. (1976). *General System theory: Foundations, Development, Applications*. New York, NY: George Braziller.

Vanderlinden, J. (2000). *Anorexia Nervosa overwinnen. (Overcome anorexia nervosa)*. Tielt, BE: Lannoo.

Sous-module 6b

Fairburn, C. G., Welch, S. L., Doll, H. A., Davies, B. A. et O'Connor, M.E. (1997). Risk factors for bulimia nervosa. *Archives of General Psychiatry, 54*, 509-517.

Garfinkel, P. E. et Garner, D. M. (1982). *Anorexia Nervosa: A Multidimensional Perspective*. New York, NY: Brunner Mazel.

Garner, D. (1993). Pathogenesis of anorexia nervosa. *Lancet, 341*, 1631-1635.

Hawkins, R.C., Fremouw, W.J. et Clement, P.F. (1984). *The binge purge syndrome: Diagnosis, treatment, and research*. New York: Springer.

McCarthy, M. (1990). The thin ideal, depression and eating disorders in women. *Behaviour Research and Therapy, 28*, 205-215.

Stice, E. (2002). Risk and Maintenance Factors for Eating Pathology: A Meta-Analytic Review. *Psychological Bulletin, 128*, 825-848.

Suisman, J. L., O'Connor, S. M., Sperry, S., Thompson, J., Keel, P. K., Burt, S. et Klump, K. L. (2012). Genetic and environmental influences on thin-ideal internalization. *International Journal of Eating Disorders, 45*(8), 942-948.

Sous-module 6c

Alvin, P. (2001). *Anorexie et boulimie à l'adolescence*. Rueil-Malmaison, FR : Doin.

Horde, P., (n.d.). Hypothermie. Récupéré le 6 août 2013 de : http://sante-medecine.commentca marche.net/faq/8595-hypothermie.

Katzman, D. K. (2005). Medical complications in adolescents with anorexia nervosa: A Review of the Litterature. *Interantional Journal of Eating Disorders, 37*, 52-59.

Lagardère Active (2000). Encyclopédie médicale Doctissimo. Récupéré le 6 août 2013 de http://www.doctissimo.fr/html/sante/encyclopedie/encyclopedie_medicale.htm.

Mehler, P. S. (2011). Medical complications of bulimia nervosa and their treatments. *International Journal of Eating Disorders, 44*(2), 95-104.

Ratnasuriya, R. H., Eisler, I., Szmukler, G. I. et Russell, G. F. M. (1991). Anorexia nervosa: Outcome and prognostic factors after 20 years. *British Journal of Psychiatry, 158*, 495-502.

Hypothermie. (s. d.). Dans Santé médecine. Repéré le 6 août 2013 de http://sante-medecine.commentcamarche.net/faq/8595-hypothermie.

Sous-module 7a

Deurenberg, P., Yap, M. et van Staveren, W. (1998). Body mass index and percent body fat: a meta analysis among different ethnic groups. *International Journal Of Obesity & Related Metabolic Disorders, 22*(12), 1164.

Fairburn, C.G., & Brownell, K.D. (2002). *Eating disorders and obesity: A comprehensive handbook* (2nd ed.). New York, NY: Guilford.

Goodwin, G. M., Fairburn, C. G. and Cowen, P. J. (1987). Dieting changes serotonergic function in women, not men: implications for the aetiology of anorexia nervosa? *Psychological Medicine, 17*, 839–842.

Gordon, C. et Gergen, K. J. (1968). The self in social interaction: *Classic and contemporary perspectives*. New York, NY: Wiley.

Gordon, K. H., Perez, M. et Joiner Jr., T. E. (2002). The Impact of Racial Stereotypes on Eating Disorder Recognition. *International Journal of Eating Disorders, 32* (2), 219-224.

Klinkby Stoving, R., Andries, A., Brixen, K., Bilenberg, N. et Horder, k. (2011). Gender differences in outcome of eating disorders: A retrospective cohort study. *Psychiatry research, 186*(2-3), 362-366.

Klinkby Stoving, R., Andries, A., Brixen, K., Flyvbjerg, A., Horder, K. et Frystyk,J. (2009). Leptin, ghrelin, and endocannabinoids: Potential therapeutic targets in anorexia nervosa. *Journal of psychiatry research, 43*(7), 671-679.

Norgan, N. G. (1994). Population differences in body composition in relation to BMI. *European Journal of Clinical Nutrition, 48*, S10-S27.

Pascual, A., Etxebarria, I., Orte, I. et Ripalda, A. (2012). Gender differences in adolescence in emotional variables relevant to eating disorders. *International Journal of Psychology et Psychological Therapy, 12*(1), 59-68.

Raevuori, A. et al. (2008). Lifetime anorexia nervosa in young men in the community: Five cases and their co-twins. *International Journal of Eating Disorders, 41*(5), 458-463.

Silverman, J. A. (1997). Anorexia Nervosa: Historical Perspective on Treatment in Garner, D. M. and Garfinkel, P. E. (eds.) Handbook of Treatment for Eating Disorders. NewYork: Guilford Press.

Stice, E. (1994). Review of the evidence for sociocultural model of bulimia nervosa and exploration of the mechanisms of action. *Clinical Psychology Review, 14*, 1-29.

Sous-module 7b

Afflelou, S. (2009). Place de l'anorexia athletica chez la sportive intensive. Archives de pédiatrie, 16, 88-92.

Alberti, M., Galvani, C., El Ghoch, M., Capelli, C., Lanza, M., Calugi, S. et Grave, R. (2013). Assessment of Physical Activity in Anorexia Nervosa and Treatment Outcome. *Medicine & Science In Sports & Exercise, 45*(9), 1643-1648. doi:10.1249/MSS.0b013e31828e8f07.

Beals, K. A., Brey, R. A. et Gonouy, J. B. (1999). Understanding the female athlete triad: Eating Disorders, Amenhorrea, and Osteoporosis. *Journal of School Health*, *69*, 337-340.

Bratland-Sanda, S., Martinsen, E. W., Rosenvinge, J. H., Rø, Ø., Hoffart, A. et Sundgot-Borgen, J. (2011). Exercise dependence score in patients with longstanding eating disorders and controls: The importance of affect regulation and physical activity intensity. *European Eating Disorders Review*, *19*(3), 249-255. doi:10.1002/erv.971.

Bratland-Sanda, S., Sundgot-Borgen, J., Rø, Ø., Rosenvinge, J. H., Hoffart, A. et Martinsen, E. W. (2010). "I'm not physically active - I only go for walks" : Physical activity in patients with longstanding eating disorders. *International Journal Of Eating Disorders*, *43*(1), 88-92. doi:10.1002/eat.2075.

Bratland-Sanda, S., Sundgot-Borgen, J., Rø, Ø., Rosenvinge, J. H., Hoffart, A. et Martinsen, E. W. (2010). Physical activity and exercise dependence during inpatient treatment of longstanding eating disorders: An exploratory study of excessive and non-excessive exercisers. *International Journal Of Eating Disorders*, *43*(3), 266-273.

Carrera, O., Adan, R. H., Gutierrez, E., Danner, U. N., Hoek, H. W., Elburg, A. et Kas, M. H. (2012). Hyperactivity in Anorexia Nervosa: Warming Up Not Just Burning-Off Calories. *Plos ONE*, *7*(7), 1-7. doi:10.1371/journal.pone.0041851.

Filaire, E., Rouveix, M., Bouget, M. et Pannafieux, C. (2007). Prévalence des troubles du comportement alimentaire chez le sportif. *Science et Sports*, *22*, 135-142.

Garcia Hejl, C. et al. (2008). Addiction au sport et anorexie, Pathologie Biologie, 56, 43-45.

Klein, D., Mayer, L. S., Schebendach, J. et Walsh, B. (2007). Physical activity and cortisol in Anorexia Nervosa. *Psychoneuroendocrinology*, *32*(5), 539-547. doi:10.1016/j.psyneuen.2007.03.007.

Monthuy-Blanc, J., Maïano, C. et Therme, P. (2010). Prevalence of eating disorders symptoms in non-elite ballet dancers and basketball players: An exploratory and controlled study among French adolescent girls. *Revue d'Épidémiologie et de Santé Publique*, *58*, 415-424.

Monthuy-Blanc, J., Maïano, C., Morin, A.J.S. et Stephan, Y. (2012). Physical self-concept and disturbed eating attitudes and behaviors in athlete and non-athlete adolescent girls: A mediation analysis. *Body Image*, *9*, 373-380.

Mosley, P. E. (2009). Bigorexia: Bodybuilding and muscle dysmorphia. *European eating disorders review*, *17*, 191-198.

Pope, H. G., Gruber, A. J. et Choi, P. (1997) Muscle dysmorphia. An underrecognized form of body dysmorphic disorder. *Psychosomatics*, *38*, 548-557.

Sherman, R. T. et Thompson, R. A. (1993). Effects of race and thinness demand on prevalence of eating disturbance among women athletes. Poster session presented at the annual meeting of the Midwestern Psychological Association, Chicago.

Zermati, J.-P. (2012) *Teddy Riner, médaillé d'or, 131 kilos : trop lourd pour être en bonne santé?* Repéré le 29 novembre 2013 de http://leplus.nouvelobs.com/contribution/603148-teddy-riner-medaille-d-or-131-kilos-trop-lourd-pour-etre-en-bonne-sante.html.

Sous-module 7c

American Psychological Association (2003). Guidelines on multicultural education, training, research, practice, and organizational change for psychologists. American Psychologist, 58, 377-402 cité dans Warren, C., Castillo, L. et Gleaves, D. (2010). The sociocultural model of eating disorders in Mexican American women: behavioral acculturation and cognitive marginalization as moderators. *Eating Disorders*, *18*(1), 43-57. doi:10.1080/10640260903439532.

Dans la vraie vie Barbie est anorexique. (2011). Dans *Slate*. Récupéré le 5 septembre 2013 de http://www.slate.fr/lien/37121/barbie-anorexique.

Feinson, M. C. et Meir, A. (2012). Disordered eating and religious observance: A focus on ultra-orthodox Jews in an adult community study. *International Journal Of Eating Disorders*, *45*(1), 101-109. doi:10.1002/eat.20895

Gordon, R. A. (2004). Commentary: Towards a Clinical Ethnography. *Culture, Medicine et Psychiatry*, *28*(4), 603-606. doi:10.1007/s11013-004-1070-x.

Huppert J. D., Siev J et Kushner E. S. (2007). When religion and obsessive compulsive disorder collide: Treating scrupulosity in Ultra-Orthodox Jews. *Journal of Clinical Psychology*, *63*, 925-941.

Jung, J. et Forbes, G. B. (2007). Body dissatisfaction and disordered eating among college women in China, South Korea, and the United States: Contrasting predictions from sociocultural and feminist theories. *Psychology Of Women Quarterly*, *31*(4), 381-393. doi:10.1111/j.1471-6402.2007.00387.x.

Garner, D. M., Garfinkel, P. E., Schwartz, D. et Thompson, M. (1980). Cultural expectations of thinness in women. Psychological Reports, 47, 483-491 cité dans Keel, P. K. et Klump, K. L. (2003). Are Eating Disorders Culture-Bound Syndromes? Implications for Conceptualizing Their Etiology. *Psychological Bulletin*, *129*(5), 747-769.

Grabe, S. et Hyde, J. S. (2006). Ethnicity and body dissatisfaction among women in the United States: A meta-analysis. *Psychological Bulletin*, *132*, 622-640.

Greenberg, D. R. et LaPorte, D. J. (1996). Racial differences in body type preferences of men for women. International Journal of Eating Disorders, 19, 275-278 cité dans Grabe, S. et Hyde, J. (2006). Ethnicity and body dissatisfaction among women in the United States: a meta-analysis. *Psychological Bulletin*, *132*(4), 622-640.

Haworth-Hoppeoner. (2002). The Critical Shapes of Body Image: The Role of Culture and Family in the Production of Eating Disorders. *Journal of Marriage and the Family, 62*, 212-227.

Katz, J. H. (1985). The sociopolitical nature of counseling. The Counseling Psychologist, 13, 615-624 cité dans Warren, C., Castillo, L. et Gleaves, D. (2010). The sociocultural model of eating disorders in Mexican American women: behavioral acculturation and cognitive marginalization as moderators. *Eating Disorders, 18*(1), 43-57. doi:10.1080/10640260903439532.

Keel, P. et Klump, K. L. (2003). Are Eating Disorders Culture-Bound Syndromes? Implications for Conceptualizing Their Etiology, *Psychological Bulletin, 29* (5), 747–769.

Kempa, M. L., Thomas, A. J. (2000). Culturally sensitive assessment and treatment of eating disorders. *Eating Disorders, 8*, 17-30.

Palazzoli, M. S. (1985). Anorexia Nervosa: A Syndrome of the Affluent Society. *Journal of Strategic and Systemic Therapies, 4*, 12-16 cité dans Gordon, R. A. (2004). Commentary: Towards a Clinical Ethnography. Culture, Medicine & Psychiatry, 28(4), 603-606. doi:10.1007/s11013-004-1070-x.

Prince, R. (1983). Is Anorexia Nervosa a Culture-Bound Syndrome? *Transcultural Psychiatric Research, 20*, 299-301 cité dans Keel, P. K. et Klump, K. L. (2003). Are Eating Disorders Culture-Bound Syndromes? Implications for Conceptualizing Their Etiology. *Psychological Bulletin, 129*(5), 747-769.

Stice, E. (1994). Review of the evidence for a sociocultural model of bulimia nervosa and an exploration of the mechanisms of action. *Clinical Psychology Review, 14*, 633-661 cité dans Guy, C., Yuko, Y., Michael, B. et Kevin J., T. (2005). L'influence des facteurs socioculturels sur l'image du corps : Une méta-analyse *Clinical Psychology : Science and Practice, 12* (4), 421-433.

Stice, E. (2002). Risk and maintenance factors for eating pathology: A meta-analytic review. *Psychological Bulletin, 128*, 825-848 cité dans Guy, C., Yuko, Y., Michael, B. et Kevin J., T. (2005). L'influence des facteurs socioculturels sur l'image du corps : Une méta-analyse, *Clinical Psychology : Science and Practice, 12* (4), 421-433.

Stice, E. et Whitenton, K. (2002). Risk factors for body dissatisfaction in adolescent girls: A longitudinal investigation. *Developmental Psychology, 38*, 669–678 cité dans Guy, C., Yuko, Y., Michael, B. et Kevin J., T. (2005). L'influence des facteurs socioculturels sur l'image du corps : Une méta-analyse. *Clinical Psychology: Science and Practice, 12* (4), 421-433.

Thompson, J. K. et Stice, E. (2001). Thin ideal internalization: Mounting evidence for a new risk factor for body image disturbance and eating pathology. *Current Directions in Psychological Science, 10*, 181-183 cité dans Guy, C., Yuko, Y., Michael, B. et Kevin J., T. (2005). L'influence des facteurs socioculturels sur l'image du corps : Une méta-analyse. *Clinical Psychology: Science and Practice, 12* (4), 421-433.

Thompson, J. K., Heinberg, L. J., Altabe, M. et Tantleff-Dunn, S. (1999). Exacting beauty: Theory, assessment, and treatment of body image disturbance. Washington, DC: American Psychological Association cité dans Jung, J. et Forbes, G. B. (2007). Body dissatisfaction and disordered eating among college women in China, South Korea, and the United States: Contrasting predictions from sociocultural and feminist theories. *Psychology Of Women Quarterly, 31*(4), 381-393. doi:10.1111/j.1471-6402.2007.00387.x.

Walsh, B. et Devlin, M. J. (1998). Eating disorders: Progress and problems. *Science, 280* (5368), 1387-1390. doi:10.1126/science.280.5368.1387.

Wiseman, C., Gray, J., Moismann, J. et Ahrens, A. (1992). Cultural expectations of thinness in women: An update. *International Journal of Eating Disorders, 11*, 85-89 cité dans Keel, P. K. et Klump, K. L. (2003). Are Eating Disorders Culture-Bound Syndromes? Implications for Conceptualizing Their Etiology. *Psychological Bulletin, 129*(5), 747-769.

Sous-module 8a

American Psychiatric Association. (2013). *Diagnostic and statistical manual of mental disorders DSM-5 (5e éd.).* Arlington, VIRG: American Psychiatric Publishing.

Arnoult, A. (2006). *Le traitement médiatique de l'anorexie mentale, entre presse d'information générale et presse magazine de santé.* Récupéré à http://www.memoireonline.com/09/08/1526/le-traitement-mediatique-de-l-anorexie-mentale.html.

Askevold, F. (1983). The diagnosis of anorexia nervosa. *International Journal of Eating Disorders, 2*, 39-43.

Beaumont, P. J. V., Garner, D. M. et Touyz, S. W. (1994). Diagnoses of eating or dieting disorders: What may we learn from past mistakes? *International Journal of Eating Disorders, 16*, 349-362.

Bunnell, D. W., Shenker, I. R., Nussbaum, M.P., Jacobson, M.S. et Cooper, P. (1990). Subclinical versus formal eating disorders: Differentiating psychological features. *International Journal of Eating Disorders, 9*, 357-362.

Chabrol, H. (1998). *Que sais-je : L'anorexie et la boulimie de l'adolescente* (3e éd.). Paris, FR : PUF.

DeCosta, M. D. et Halmi, K. A. (1990). *Classifications of anorexia nervosa: The questions of subtypes.* Unpublished manuscript, New York Hospital-Cornell Medical Center, White Plains.

Garner, D. M., Garner, M. V. et Rosen, L. W. (1993). Anorexia nervosa "Restricters" who purge: Implications for subtyping anorexia nervosa. *International Journal of Eating Disorders, 13,* 171-185.

Garner, D. M., Olmsted, M. P. et Garfinkel, P. E. (1983). Does anorexia nervosa occur on a continuum? Subgroups of weight-preoccupied women and their relationship to anorexia nervosa. *International Journal of Eating Disorders, 2,* 11-20.

Lowe, M. R. et Eldredge, K. L. (1993). The role of impulsiveness in normal and disordered eating. In McCown, W., Shure, M. et Johnson, J. (Eds.), *The impulsive client: Theory, researh, and treatment* (pp. 185-224). Washington, DC: American Psychological Association.

Pike, K.M. (1998). Long-term course of anorexia nervosa: response, relapse, remission, and recovery. *Clinical Psychology Review, 18,* 447-475

Wilfley, D. E., Agras, W. S., Telch, C. F., Rossiter, E. M., Schneider, J. A., Cole, A. G., Sifford, L. et Raeburn, S. D. (1993). Group Cognitive-Behavioral therapy and group interpersonal psychotherapy for the nonpurging bulimic individual: A controlled comparison. *Journal of Consulting and Clinical Psychology, 61,* 296-305.

Wilson, G. T. (1991). Diagnostic criteria for bulimia nervosa. *International Journal of Eating Disorders, 11,* 315-319.

Wilson, T. G. et Walsh, B. T. (1991). Eating disorders in the DSM-IV. *Journal of Abnormal Psychology, 100,* 362-365.

Sous-module 8b

American Psychiatric Association. (2013). *Diagnostic and statistical manual of mental disorders DSM-5 (5ᵉ éd.).* Arlington, VIRG: American Psychiatric Publishing.

Beaumont, P. J. V., Garner, D. M. et Touyz, S. W. (1994). Diagnoses of eating or dieting disorders: What may we learn from past mistakes? *International Journal of Eating Disorders, 16,* 349-362.

Brown, J. D. (1998). *The Self.* Boston: McGraw-Hill.

Bunnell, D. W., Shenker, I. R., Nussbaum, M.P., Jacobson, M.S. et Cooper, P. (1990). Subclinical versus formal eating disorders: Differentiating psychological features. *International Journal of Eating Disorders, 9,* 357-362.

Chabrol, H. (1998). *Que sais-je : L'anorexie et la boulimie de l'adolescente* (3ᵉ éd). Paris, FR : PUF.

DeCosta, M. D. et Halmi, K. A. (1990). *Classifications of anorexia nervosa: The questions of subtypes.* Unpublished manuscript, New York Hospital-Cornell Medical Center, White Plains.

Fairburn, C. G., et Brownell, K. D. (. (2002). *Eating disorders and obesity: Acomprehensive handbook.* New-York: Guilford Press.

Fairburn, C. G., Cooper, Z., & Shafran, R. (2003). Cognitive behaviour therapy for eating disorders: a "transdiagnostic" theory and treatment. *Behaviour Research & Therapy, 41*(5), 509.

Fox, K.R. (1997). *The physical self: From motivation to well-being.* Champaign: Human Kinetics.

Garner, D. M., Garner, M. V. et Rosen, L. W. (1993). Anorexia nervosa "Restricters" who purge: Implications for subtyping anorexia nervosa. *International Journal of Eating Disorders, 13,* 171-185.

Garner, D. M., Olmsted, M. P. et Garfinkel, P. E. (1983). Does anorexia nervosa occur on a continuum? Subgroups of weight-preoccupied women and their relationship to anorexia nervosa. *International Journal of Eating Disorders, 2,* 11-20.

Harter, S. (1996). Historical roots of contemporary issues involving the self-concept. In B.A. Bracken (Eds.), *Handbook of self-concept. Developmental, social, and clinical considerations* (pp. 1-37). New York, NY: Wiley.

Holmgren, S., Humble, K., Norring, C., Roos, B.-E., Rosmark, B. et Sohlberg, S. (1983). The anorectic bulimic conflict. *International Journal of Eating Disorders, 2,* 3-14.

L'Ecuyer, R. (1978). *Le concept de soi.* Paris, FR: Presses Universitaires de France.

Lowe, M. R. et Eldredge, K. L. (1993). The role of impulsiveness in normal and disordered eating. In McCown, W., Shure, M. et Johnson, J. (Eds.), *The impulsive client: Theory, researh, and treatment* (pp. 185-224). Washington, DC: American Psychological Association.

Marsh, H.W. (1997). The measurement of physical self-concept: A construct validation approach. In K.R. Fox (Eds.), *The physical self* (pp. 27-58). Champaign, IL: Human Kinetics.

Shavelson, R.J., Hubner, J.J., & Stanton, G. (1976). Self-concept: validation of construct interpretations. *Review of Educational Research, 46*(3), 407-441.

Stein, D. M. et Laakso, W. (1988). Bulimia: A historical perspective. *International Journal of Eating Disorders, 7,* 201-210.

Wilfley, D. E., Agras, W. S., Telch, C. F., Rossiter, E. M., Schneider, J. A., Cole, A. G., Sifford, L. et Raeburn, S. D. (1993). Group Cognitive-Behavioral therapy and group interpersonal psychotherapy for the nonpurging bulimic individual: A controlled comparison. *Journal of Consulting and Clinical Psychology, 61,* 296-305.

Wilson, G. T. (1991). Diagnostic criteria for bulimia nervosa. *International Journal of Eating Disorders, 11,* 315-319.

Wilson, T. G. et Walsh, B. T. (1991). Eating disorders in the DSM-IV. *Journal of Abnormal Psychology, 100,* 362-365.

Sous-module 8c

Beaumont, P. J. V., Garner, D. M. et Touyz, S. W. (1994). Diagnoses of eating or dieting disorders: What may we learn from past mistakes? *International Journal of Eating Disorders, 16*, 349-362.

Button, E. J. et Whitehouse, A. (1981). A subclinical anorexia nervosa. *Psychological Medicine, 11*, 509-516.

Chabrol, H. (1998). *Que sais-je : L'anorexie et la boulimie de l'adolescente* (3e éd). Paris, FR: PUF.

Ekman, P. (1982). *Emotion in the human face.* New York, États-Unis : Cambridge University Press.

Garner, D. M., Olmsted, M. P. et Garfinkel, P. E. (1983). Does anorexia nervosa occur on a continuum? Subgroups of weight-preoccupied women and their relationship to anorexia nervosa. *International Journal of Eating Disorders, 2*, 11-20.

Hervais, C. (2007). *Les toxicos de la bouffe : la boulimie vécue et vaincue.* Paris : Payot & Rivages.

Hervais, C. (2005). *Jane Fonda : de la boulimie à l'authenticité.* Récupéré à http://www.boulimie.fr/articles/les-stars-boulimiques/janefonda-lauthenticite.

Kessler, H., Schwarze, M., Filipic, S., Traue, H. C., & von Wietersheim, J. (2006). Alexithymia and facial emotion recognition in patients with eating disorders. *International Journal Of Eating Disorders, 39*(3), 245-251.

Kooiman, C.G., Spinhoven, P., & Trijsburg, R.W. (2002). The assessment of alexithymia A critical review of the literature and a psychometric study of the Toronto Alexithymia Scale-20. *Journal of Psychosomatic Research, 53*, 1083-1090.

Nemiah, J.C., Sifneos, P.E. (1970). Affect and fantasy in patients with psychosomatic disorders. In O. W. Hill (Ed.): *Modern trends in psychosomatic medicine*, vol 2. London, England: Butterworth.

Sirolli, L. (2006). *Les troubles du comportement alimentaire : de la naissance à l'adolescence.* Paris, France : Eyrolles.

Treasure, J., Schmidt, U., & Van Furth, E. (2005). *Eating disorders.* Chichester, UK: Wiley.

Sous-module 9a

Agras, W. (2014). Report of the National Institutes of Health Workshop on Overcoming Barriers to Treatment Research in Anorexia Nervosa.

Canadian Pharmacists Association (2015). Compendium of Pharmaceuticals and Specialties (CPS).

Carter, N., Webb, C., Findlay, S., Grant, C., & Blyderveen, S. (2012). The Integration of a Specialized Eating Disorders Nurse on a General Inpatient Pediatric Unit. Journal Of Pediatric Nursing, 27(5), 549-556. doi:10.1016/j.pedn.2011.06.014.

Doyen, C., Le Heuzey, M., Cook, S., Flého, F., & Mouren-Siméoni, M. (1999). Anorexie mentale de l'enfant et de l'adolescente : nouvelles approches thérapeutiques. Archives De Pédiatrie, 6(11), 1217-1223. doi:10.1016/s0929-693x(00)86307-1.

Golan, M. (2013). The journey from opposition to recovery from eating disorders: multidisciplinary model integrating narrative counseling and motivational interviewing in traditional approaches. Journal of eating disorders, 1(1), 19.

Haute Autorité de Santé (2012). Anorexie mentale : prise en charge. Recommandations juin 2010. Journal de pédiatrie et de puériculture, 25(1), 30-47.

Lamas, C., Shankland, R., Nicolas, I. et Guelfi, J. (2012). Les troubles des conduites alimentaires. Paris : Elsevier Masson.

Larivière, C. et Savoie, A. (2002). *Bilan de l'implantation et du fonctionnement des équipes multidisciplinaires de travail dans le réseau de la santé et des services sociaux au Québec.*

Monthuy-Blanc, J., Gagnon-Girouard, M., Langlois, F., St-Pierre, L., Plouffe, L., Dupont, A., Ouellet, M. (2015). Intervention en TCA dans la région Mauricie et Centre-du-Québec. Trois-Rivières, CA : Université du Québec à Trois-Rivières.

Mourey, F. et Outata, S. (2005). Contexte et concept. Interprofessionnalité en gérontologie, Centre-du-Québec. Trois-Rivières, CA : Université du Québec à Trois-Rivières.

OPQ, 2005.

Ozier, A. D., & Henry, B. W. (2011). Position of the American Dietetic Association: nutrition intervention in the treatment of eating disorders. Journal of the American Dietetic Association, 111(8), 1236-1241.

Ramjan, L. M. (2004). Nurses and the "therapeutic relationship": Caring for adolescents with anorexia nervosa. Journal of Advanced Nursing, 45, 495–503.

Roguet, I. (2015). Dictionnaire Le Vidal. FR: Vidal.

Ryan, V., Malson, H., Clarke, S., Anderson, G., & Kohn, M. (2006). Discursive constructions of eating disorders nursing': an analysis of nurses' accounts of nursing eating disorder patients. European Eating Disorders Review, 14(2), 125-135. doi:10.1002/erv.666.

Stahl, S. (2007). Psychopharmacologie essentielle : le guide du prescripteur. Paris, France : Médecine-Sciences Flammarion.

Stahl, S. (2010). Psychopharmacologie essentielle : bases neuroscientifiques et applications pratiques (2ᵉ éd.). Paris, France : Médecine Sciences Publications.

Stahl, S (2011). Essential psychopharmacology: the prescriber's guide (4ᵉ éd.). Cambridge, UK: Cambridge University Press.

Stahl, S. (2013). Stahl's essential psychopharmacology: neuroscientific basis and practical application (4ᵉ éd.). Cambridge, UK: Cambridge University Press.

Treasure, J., Schmidt, U. et Furth, E. (2005). The essential handbook of eating disorders. Hoboken, NJ: Wiley.

Van Ommen, J., Meerwijk, E., Kars, M., van Elburg, A., & van Meijel, B. (2009). Effective nursing care of adolescents diagnosed with anorexia nervosa: the patients' perspective. Journal Of Clinical Nursing, 18(20), 2801-2808. doi:10.1111/j.1365-2702.2009.02821.x.

Wright, K. (2010). Therapeutic relationship: Developing a new understanding for nurses and care workers within an eating disorder unit. International Journal Of Mental Health Nursing, 19(3), 154-161. doi:10.1111/j.1447-0349.2009.00657.x.

Yvon, L., Doyen, C., Asch, M., Cook-Darzens, S., & Mouren, M. (2009). Traitement de l'anorexie mentale du sujet jeune en unité d'hospitalisation spécialisée : recommandations et modalités pratiques. Archives De Pédiatrie, 16(11), 1491-1498. doi:10.1016/j.arcped.2009.07.022.

Sous-module 9b

Doyen, C., Le Heuzey, M., Cook, S., Flého, F., & Mouren-Siméoni, M. (1999). Anorexie mentale de l'enfant et de l'adolescente : nouvelles approches thérapeutiques. Archives De Pédiatrie, 6(11), 1217-1223. doi:10.1016/s0929-693x(00)86307-1.

Gicquel, L., Pham-Scottez, A. et Satori, N. (2008). La prise en charge des troubles des conduites alimentaires chez les adultes. Psychiatrie, (257), 29-34.

Girouard, M., Langlois, F., St-Pierre, L., Plouffe, L., Dupont, A., Ouellet, M. (2015). Intervention en TCA dans la région Mauricie et Centre-du-Québec. Trois-Rivières, CA : Université du Québec à Trois-Rivières.

Haute Autorité de Santé (2012). Anorexie mentale : prise en charge. Recommandations juin 2010. Journal de pédiatrie et de puériculture, 25(1), 30-47.

Léonard, T. (2008). Thérapies comportementales et cognitives de l'anorexie mentale. Nutrition clinique et métabolisme 21, 172–178.

Monthuy-Blanc, J., Gagnon, Euller-Ziegler, L., & Ziegler, G. (2001). Qu'est-ce qu'une approche multidisciplinaire? Définition, cadre de soins, problématique. Revue du rhumatisme, 68(2), 126-130.

Ozier, A. (2011). Position of the American Dietetic Association: Nutrition Intervention in the Treatment of Eating Disorders. Journal of the American Dietetic Association, 1236-1241.

RTS. (2005, 26 avril). ABE spécial régimes : stop! Arrêtez tout, c'est dangereux! [Vidéo en ligne]. Récupéré de http://www.rts.ch/emissions/abe/1096206-abe-special-regimes-stop-arretez-tout-c-est -dangereux.html.

Yvon, L., Doyen, C., Asch, M., Cook-Darzens, S. et Mouren, M. C. (2009). Traitement de l'anorexie mentale du sujet jeune en unité d'hospitalisation spécialisée : recommandations et modalités pratiques. Archives de pédiatrie, 16 (11), 1491–1498.

Sous-module 9c

AATQ. (n.d.). Art-thérapie. Récupéré le 18 février 2015 de http://www.aatq.org/arttherapy.

ABA périodique de l'association boulimie anorexie. (2010). Créer pour mieux se connaître [Pdf]. Récupéré de http://www.boulimie-anorexie.ch/attachments/File/Publications/ABA_Periodique_OH_2010.pdf.

Art-thérapie. (n.d.). Dans Wikipédia. Récupéré le 28 juillet 2014 de http://fr.wikipedia.org/wiki/Art-th%C3%A9rapie

Dubois A.M. (2010). Art-thérapie et addiction, l'exemple des troubles du comportement alimentaire. Annales Médico-Psychologiques, 168, 538-541.

Bonsack, C., Rexhaj, S., & Favrod, J. (2015, February). Psychoéducation : définition, historique, intérêt et limites. In Annales Médico-psychologiques, revue psychiatrique, 143.

Deslauriers, J. P. et Hurtubise, Y. (2007). Introduction au travail social. Québec : Les Presses de l'Université Laval.

Dutil, É., Bier, N., & Gaudreault, C. (2007). Le Profil du Loisir, un instrument prometteur en ergothérapie. Canadian Journal of Occupational Therapy, 74(4), 326-336.

Drover, G., & Kerans, P. (1993). New approaches to welfare theory.

Gaucher-Hamoudi, O., Carrot, G., & Faury, T. (2011). Anorexie, boulimie et psychomotricité. Heures de France.

Jennissen, T., & Lundy, C. (2011). One hundred years of social work: *A history of the profession in English Canada, 1900–2000*. Wilfrid Laurier Univ. Press.

Monthuy-Blanc, J. et Dupont, A. (2015, Mai). Une équipe transdisciplinaire au service de l'intervention en TCA : un nouveau défi. Communication présentée à la journée de formation multi-niveaux sur l'interdisciplinarité dans les troubles du comportement alimentaire, Trois- Rivières, Québec.

Ordre des psychoéducateurs et psychoéducatrices du québec. (2015). Étudiant et candidat – La profession. Document téléaccessible à l'adresse http://www.ordrepsed.qc.ca/fr/etudiant-et-candidat/la-profession/.

OTSTCFQ (2012). *Référentiel de compétences des travailleuses sociales et des travailleurs sociaux*. Montréal : OTSTCFQ.

Ordre des psychoéducateurs et psychoéducatrice du Québec. (2015). Le psychoéducateur. Répéré à http://www.ordrepsed.qc.ca/fr/grand-public/le-psychoeducateur/.

Renou, M. (2005). *Psychoéducation : une conception, une méthode*. Science et culture.

Spettigue, W., Maras, D., Obeid, N., Henderson, K. A., Buchholz, A., Gomez, R., & Norris, M. L. (2015). A Psycho-Education Intervention for Parents of Adolescents With Eating Disorders: A Randomized Controlled Trial. *Eating disorders, 23*(1), 60-75.

Turcotte, D. et Deslauriers, J.-P. (2014). *Méthodologie de l'intervention sociale personnelle*. Québec : Les Presses de l'Université Laval.

Sous-module 10a

Bouvard, M., et Cottraux, J. (2010). *Protocoles et échelles d'évaluation en psychiatrie et psychologie; Méthodologie, outils d'évaluation validés, principales pathologies*. Paris, France : Masson.

Bryant-Waugh, R. J., Cooper, P. J., Taylor, C. L. et Lask, B. D. (1996) The use of the Eating Disorder Examination with children: a pilot study. *International journal of eating disorders*, 19, 391-397.

Fairburn, C. G., Cooper, Z. et O'Connor, M. (2008). *Eating Disorder Examination (16.0D)*. In Fairburn CG. Cognitive Behavior Therapy and Eating Disorders. New York, NY: Guilford Press.

First, M. B., Gibbon, M., Spitzer, R. L., Williams, J. B. W. et Benjamin, L. S. (1997). *Structured Clinical Interview for DSM-IV Axis II Personality Disorders (SCID-II)*. Washington, D.C.: American Psychiatric Press.

Grawitz, M. (2001). *Méthodes des sciences sociales* (11e éd). Paris, France : Dalloz.

Sous-module 10b

Bouvard, M. et Cottraux, J. (2002). *Protocoles et échelles d'évaluation en psychiatrie et psychologie; Méthodologie, outils d'évaluation validés, principales pathologies*. Paris, France : Masson.

Criquillon-Doublet, S., Divac, S., Dardennes, R. et Guelfi, J. D. (1995). Le « Eating Disorder Inventory » (EDI). In. J. D. Guelfi, V. Gaillac et R. Dardennes. *Psychopathologie quantitative* (pp. 249-260). Paris, FR : Masson.

Garner, D. M. (1991). *Eating Disorder Inventory-2; Professional Manual*. Odessa, FL : Psychological Assessment Resources.

Garner, D. M. et Garfinkel, P. E. (1979). The Eating Attitudes Test: An index of the symptoms of anorexia nervosa. *Psychological Medicine*, 9, 273-279.

Garner, D., M, Olmstead, M. et Polivy, J. (1983). Development and validation of a multidimensional eating disorder inventory for anorexia nervosa and bulimia. *International Journal of Eating Disorders 2*(2), 15–34.

Leichner, P., Steiger, H., Puentes-Neuman, G., Perreault, M. et Gottheil, N. (1994). Validation d'une échelle d'attitudes alimentaires auprès d'une population québécoise francophone. *Revue Canadienne de Psychiatrie*, 39, 49-54.

Maïano, C., Morin, A. J. S., Monthuy-Blanc, J., et Garbarino, J.-M. (2009). The Body Image Avoidance Questionnaire: Assessment of its Construct Validity in Community Sample of French Adolescents. *International Journal of Behavioral Medicine, 16*, 125-135.

Morgan J. F., Reid F. et Lacey, J. H. (1999). The SCOFF questionnaire: assessment of a new screening tool for eating disorders. *BMJ, 319*(7223), 1467–1468.

Morgan, H. G. et Hayward, A. E. (1988). Clinical assessment of anorexia nervosa – the Morgan-Russell outcome assessment schedule. *British Journal of Psychiatry, 152*, 367-371.

Morgan, H.G., & Russell, G.M.F. (1975). Value of family background and clinical features as predictors of long term outcome in anorexia nervosa: Four-year follow-up study of 41 patients. *Psychological Medicine, 5*, 355-371.

Pieron, H. (1979). *Vocabulaire de la psychologie* (6e éd). Paris, France : Presses universitaires de France.

Rieger, E., Touyz, S., Schotte, D., Beumont, P., Russell, J., Clarke, S., ...Griffiths, R. (2000). Development of an instrument to assess readiness to recover in anorexia nervosa. *International Journal of Eating Disorders, 20*, 387-396.

Smith, M., et Thelen, M., H. (1984). Development and validation of a test for bulimia. *Journal of Consulting and Clinical Psychology, 52*(5), 863-872.

Sous-module 10c

Alberti, M., Galvani, C., El Ghoch, M., Capelli, C., Lanza, M., Calugi, S. et Dalle Grave, R. (2013). Assessment of physical activity in anorexia nervosa and treatment outcome. *Medicine and Science in Sports and Exercise, 45*(9), 1643-1648.

Bratland-Sanda, S., Sundgot-Borgen, J., Ro, O., Rosenvinge, J. H., Hoffart, A. et Martinsen, E. W. (2010). Physical Activity and Exercise Dependence During Inpatient Treatment of Longstanding Eating Disorders: An Exploratory Study of Excessive and Non-Excessive Exercisers, *International Journal of Eating Disorders, 43*, 266-273.

Bruch, H. (1961). Conceptual confusion in eating disorders. *Journal of Nervous and Mental Disease, 133*, 187-194.

Callahan, S., Rousseau, A, et al. (2003). Les troubles alimentaires : présentation d'un outil de diagnostic et résultats d'une étude épidémiologique chez les adolescents. *L'encéphale, 19*, 239-247.

Carrera, O., Adan, R. H., Gutierrez, E., Danner, U. N., Hoek, H. W., Elburg, A. et Kas, M. H. (2012). Hyperactivity in Anorexia Nervosa: Warming Up Not Just Burning-Off Calories. *Plos ONE, 7*(7), 1-7. doi:10.1371/journal.pone.0041851.

Cash, T. F. et Pruzinsky, T. (1990). *Body image: Development, deviation and change.* New York, NY: Guilford.

Cash, T. F. et Somlak, L. (2011). *Body Image: a handbook of science, practice, and prevention* (2nd ed.). New-York, NY: Guilford.

Ferrer-Garcia, J. et Gutiérrez-Maldonado. (2012) The use of vitual reality in the study, assessment and treatment of body image in eating disorders and nonclinical samples: A review of the literature. *Body image, 9*, 1-11.

Ferrer-Garcia, M., & Gutiérrez-Maldonado, J. (2008). Body image assessment software: Psychometric data. *Behavior Research Methods, 40*(2), 394-407.

Jarry, K. L., Ip, K. (2005). The effectiveness of stand-alone cognitive–behavioural therapy for body image: a meta-analysis. *Body Image, 2*, 317–331.

Klein, D., Mayer, L., Schebendach, J. et Walsh, B. (2007). Physical activity and cortisol in Anorexia Nervosa. *Psychoneuroendocrinology, 32*(5), 539-547.

Monthuy-Blanc, J., Bouchard, S. et Annie, A. (2012). *Virtual reality: A new assessment of body dissatisfaction.* Communication orale présentée à la 20th International Conference of Jubilee Congress on Eating Disorders, Alpbach, 18-20 octobre.

Perpiñá, C., Baños, R., Botella, C., & Marco, J. H. (2001). Virtual reality as a therapy tool: A case study on body image alteration disorders. *Revista Argentina de Clínica Psicológica, 10*, 227-241.

Pratt, D.R., Zyda, M., & Kelleher, K. (1995). Virtual reality: In the mind of the beholder. *IEEE Computer, 28*(7), 17-19.

Riva, G., Bacchetta, M., Baruffi, M., Rinaldi, S., & Molinari, E. (1998). Experiential Cognitive Therapy: A VR Based approach for the assessment and treatment of eating disorders. In G. Riva, B. K. Wiederhold et al (eds.), *Virtual Environments in clinical psychology and neuroscience: Method and techniques in advanced patient-therapist interaction.* (pp. 120-135). Amsterdam: IOS Press.

Riva, G., & Gaudio, S. (2017). Locked to a wrong body: Eating disorders as the outcome of a primary disturbance in multisensory body integration. *Consciousness and Cognition.*

Tisseau J. In vivo, in vitro, in silico, in virtuo. 1st *Workshop on SMA in Biology at meso or macroscopic scales*, Paris, July 2, 2008. Laboratoire de physique nucléaire et de hautes énergies.

Wiederhold, B.K., & Bouchard, S. (2014). In Advances in Virtual Reality and Anxiety Disorders. New York: Springer.

Sous-module 11a

Audet, E. (2013). *La femme la plus maigre au monde et l'anorexie.* Repéré le 13 octobre 2013 du site de La Presse : http://www.lapresse.ca/videos/international/201301/04/46-1-la-femme-la-plus-maigre-au-monde-et-lanorexie.php/efe2b102ce5649f18627b38955b191be.

Expertise Collective INSERM. (2002). *Troubles mentaux. Dépistage et prévention chez l'enfant et l'adolescent.* Paris, FR : Editions INSERM.

Fairburn, C. G., Cooper, Z., Doll, H. A., Norman, P. A. et O'Connor, M. E. (2000). The natural course of bulimia nervosa and binge eating disorders in young women, *Archives of General Psychiatry, 57*, 659–665.

Smolak, L., Muren, S. K. et Thompson, K. (2005). Sociocultural Influences and Muscle Building in Adolescent Boys, *Psychology of Men & Masculinity, 6*(4), 227-239.

Stice, E., et Shaw, H. (2004). Eating disorder prevention programs: a meta-analytic review. *Psychological Bulletin, 130*, 206-277.

Wilfley, D. E., Welch, R. R., Stein, R. I., Spurrell, E. B., Cohen, L. R. et Saelens, B. E. (2002). A randomized comparison of group cognitive-behavioral therapy and group interpersonal psychotherapy for the treatment of overweight individuals with binge eating disorder. *Archives of General Psychiatry, 59*, 713–721.

Sous-module 11b

Bland, C. J., Meurer, L. N. et Maldonado, G. (1995). A systematic approach to conducting a non-statistical meta-analysis of research literature. *Academic Medicine, 70,* 642-653.

Hornak, N. J., Hornak, N. E. et Cappert, T. A. (2004). The Athletic Trainers and Eating Disorders, Part 1: Recognition and Prevention. *Athletic Therapy Today, 9*(4), 42-43.

Monthuy-Blanc, J., Maïano, C. et Therme, P. (2010). Prevalence of eating disorders symptoms in non-elite ballet dancers and basketball players: An exploratory and controlled study among French adolescent girls. *Revue d'épidémiologie et de Santé Publique, 58,* 415–424.

Rhea, D. J., Jambor, E. A. et Wiginton, K. (1996). Preventing eating disorders in female athletes, *Journal of Physical Education, Recreation and Dance, 67,* 66-68.

Stice. E. et Shaw, H. (2004). Eating disorder prevention programs: A meta-analytic review. *Psychological Bulletin, 30,* 206–227.

Sous-module 11c

Buchholz, A., Mack, H., McVey, G., Feder, S. et Barrowman, N. (2008). BodySense: an evaluation of a positive body image intervention on sport climate for female athletes. *Eating Disorders, 16,* 308-321.

Diobri Gestion Marketing. (2010). *Analyse économique du système sportif fédéré québécois.* Récupéré le 11 février 2014 du site de SportsQuébec : http://www.sportsquebec.com/admin/Browse/files/PDF/publications/modelesportquebec.pdf.

Doray, G. et Chaumette, P. (2001). *Évaluation de l'implantation du programme « Bien dans sa tête, bien dans sa peau » dans la région de Québec – l'An 1, de septembre 2000 à août 2001.* Beauport, Québec : Direction de la santé publique. Régie régionale de la santé et des services sociaux de Québec.

Éducation internationale. (s.d.). *Le système scolaire québécois.* Récupéré le 12 février 2014 de http://www.education-internationale.com/qui-sommes-nous/le-systeme-educatif-quebecois/.

Équilibre. (s.d.). *Bien dans sa tête, bien dans sa peau.* Récupéré le 22 novembre 2013 de http://www.equilibre.ca/programmes-et-ateliers/bien-dans-sa-tete-bien-dans-sa-peau/.

Institut national de santé publique du Québec. (2010). *Réussite éducative, santé, bien-être : agir efficacement en contexte scolaire. Synthèse de recommandations.* Québec : Gouvernement du Québec.

Ministère de l'Éducation, du Loisir et du Sport. (2004). *Programme de formation de l'école québécoise.* Québec : Gouvernement du Québec.

Monthuy-Blanc, J., Maïano, C. et Therme, P. (2010). Prevalence of eating disorders symptoms in non-elite ballet dancers and basketball players: An exploratory and controlled study among French adolescent girls. *Revue d'épidémiologie et de Santé Publique, 58,* 415–424.

Stice. E. et Shaw, H. (2004). Eating disorder prevention programs: A meta-analytic review. *Psychological Bulletin, 130,* 206–227.

Sous-module 12a

Anderson, M. L., Reilly, E. E., Schaumberg, K., Dmochowski, S., Anderson, D. A. (2015). Contributions of mindful eating, intuitive eating, and restraint to BMI, disordered eating, and meal consumption in college students. *Eat Weight Disord.* doi: 10.1007/s40519-015-0210-3.

Anderson, M. L., Reilly, E. E., Schaumberg, K., Dmochowski, S., Anderson, D. A. (2015). Contributions of mindful eating, intuitive eating, and restraint to BMI, disordered eating, and meal consumption in college students. *Eat Weight Disord.* doi: 10.1007/s40519-015-0210-3.

Bronfenbrenner, U. (2005). *Making human beings human – Bioecological perspectives on human development.* Calfornie: Sage Publications.

Brownley, K. A., Berkman, N. D., Sedway, J. A., Lohr, K. N., & Bulik, C. M. (2007). Binge Eating Disorder treatment: A systematic review of randomized controlled trials. *International Journal of Eating Disorders, 40,* 337–348.

Cadena-Schlam, L., López-Guimerà, G. (2015). Intuitive eating: an emerging approach to eating behavior. *Nutrición hospitalaria, (31)*3, 995-1002. doi: 10.3305/nh.2015.31.3.7980.

Carlson, L. E., Speca, M., Patel, K. D., & Goodey, E. (2003). Mindfulness-based stress reduction in relation to quality of life, mood, symptoms of stress, and immune parameters in.

Cook-Darzens, S. (2014) Approches familiales des troubles du comportement alimentaire de l'enfant et de l'adolescent. Édition érès. 375p.

Couture, S., 2010. *Le rôle du sentiment d'efficacité personnelle, de l'insatisfaction corporelle et de l'alexithymie dans l'étiologie et le maintien des troubles des conduites alimentaires* (thèse de doctorat inédite). Université de Montréal, Montréal, QC.

Crafti, N., Knowles, A. & Woolhouse, H. (2012) Adding Mindfulness to CBT Programs for Binge Eating: A Mixed-Methods Evaluation. *Eating Disorders. 20* (4), 321-339.

Dalai Lama & Goleman, D. (2003). *Destructive emotions: How can we overcome them?* New York, NY: Bantam Books

Denny, K. N., Loth, K., Eisenberg, M. E., Neumark-Sztainer, D. (2013). Intuitive eating in young adults. Who is doing it, and how is it related to disordered eating behaviors. *Appetite, 60,*13-19. doi: 10.1016/j.appet.2012.09.029.

Grilo, C. M., Masheb, R. M., Wilson, G. T., Gueorguieva, R., & White, M. A. (2011). Cognitive-behavioral therapy, behavioral weight loss, and sequential treatment for obese patients with binge-eating disorder: A randomized controlled trial. Journal of Consulting and Clinical Psychology, 79, 675–685.

Hayes, S. C., Follette, V. M., & Linehan, M. M. (2004). *Mindfulness and acceptance: Expanding the cognitive-behavioral tradition.* New York: Guilford Press.

Kabat-Zinn, J., Lipworth, L. and Burney, R. The clinical use of mindfulness meditation for the self-regulation of chronic pain. *J. Behav. Med.* (1985) 8:163-190.

Kielhofner, G. (2004). *Conceptual foundations of occupational therapy, 3ième édition.* Philadelphia: F.A. Davis Compagny.

Kristeller, J., Wolever, R. Q., & Sheets, V. (2014). Mindfulness-based eating awareness training (MB-EAT) for binge eating: A randomized clinical trial. Mindfulness, 5(3), 282-297.

Kuyken, W., Hayes, R., Barrett, B., Byng, R., Dalgleish, T., Kessler, D., ... & Causley, A. (2015). Effectiveness and cost-effectiveness of mindfulness-based cognitive therapy compared with maintenance antidepressant treatment in the prevention of depressive relapse or recurrence (PREVENT): a randomised controlled trial. *The Lancet, 386*(9988), 63-73.

Le Grange, D., & Lock, J. (2011). *Eating Disorders in Children and Adolescents: A Clinical Handbook*: Guilford Publications.

Linehan, M. (2000). Manuel d'entraînement aux compétences pour traiter le trouble de personnalité état-limite. Genève : Éditions Médecine et Hygiène.

Lock, J., & Le Grange, D. (2005). Family-based treatment of eating disorders. *International Journal of Eating Disorders, 37*(S1), S64-S67.

Lock, J., & Le Grange, D. (2005). Family-based treatment of eating disorders. *International Journal of Eating Disorders, 37*(S1), S64-S67. doi:10.1002/eat.20122.

Loeb, K. L., Le Grange, D., & Lock, J. (2015). *Family Therapy for Adolescent Eating and Weight Disorders*: New Applications: Taylor & Francis.

Mathieu, J. (2009). What Should You Know about Mindful and Intuitive Eating? *Journal of the American Dietetic Association, 109*(12), 1982,1985,1987. doi: 10.1016/j.jada.2009.10.023.

Miller, J. J., Fletcher, K., & Kabat-Zinn, J. (1995). Three-year follow-up and clinical implications of a mindfulness meditation-based stress reduction intervention in the treatment of anxiety disorders. *General Hospital Psychiatry, 17*, 192–200.

Nef, F. (2013). La boulimie : des théories aux thérapies. Mardaga.

Rachman, S., (2015). The evolution of behaviour therapy and cognitive behaviour therapy. Behaviour Research and Therapy, 64, 1–8.

Rachman, S., (2015). The evolution of behaviour therapy and cognitive behaviour therapy. Behaviour Research and Therapy, 64, 1–8.

Reid, D, Farragher, J, Ok, C. (2013). Exploring Mindfulness With Occupational Therapists Practicing in Mental Health Contexts. *Occupational Therapy in Mental Health, 29* (3): 279-92.

Roth, B., & Creaser, T. (1997). Mindfulness meditation-based stress reduction: Experience with a bilingual inner-city population. *The Nurse Practitioner, 22*, 150–176.

Segal, Z. V., Williams, J. M. G., & Teasdale, J. D. (2002). *Mindfulness-based Cognitive Therapy for depression: A new approach to preventing relapse.* New York NY: Guilford Press.

Segal, Z. v., Williams, M. G., & Teasdale,D. (2002). *La thérapie cognitive basée sur la pleine conscience de soi : Une nouvelle approche pour prévenir la rechute dépressive.* DeBoeck, Bruxelles.

Shapiro, J. R., Berkman, N. D., Brownley, K. A., Sedway, J. A., Lohr, K. N., & Bulik, C. M. (2007). Bulimia nervosa treatment: A systematic review of randomized controlled trials. *International Journal of Eating Disorders, 40*, 321–336

Treasure, J., Smith, G., & Crane, A. (2007). *Skills-based learning for caring for a loved one with an eating disorder: The new Maudsley method*: Routledge.

Van Dyke, N., & Drinkwater, E. J. (2014). Relationships between intuitive eating and health indicators: literature review. *Public Health Nutr, 17*(8), 1757-1766. doi:10.1017/S1368980013002139.

Wilson, G. T. (1996). Acceptance and change in the treatment of eating disorders and obesity. *Behavior Therapy, 27*, 417–439.

Zindel V. Segal J. Mark G. Williams, John D. Teasdale, préfacé par C. André et Matthieu Ricard, De Boeck (2006). *La thérapie basée sur la pleine conscience pour la dépression. Une nouvelle approche pour prévenir la rechute.* p. 50.

Sous-module 12b

Byerly, M., Fisher, R., Whatley, K., Holland, R., Varghese, F., Carmody, T., Magouirk, B., & Rush, A.J (2005). A comparison of electronic monitoring vs clinician rating of antipsychotic adherence in outpatients with schizophrenia. *Psychiatry Research, 133*, 129-133.

Byerly, M., Fisher, R., Whatley, K., Holland, R., Varghese, F., Carmody, T., Magouirk, B., & Rush, A.J (2005). A comparison of electronic monitoring vs clinician rating of antipsychotic adherence in outpatients with schizophrenia. *Psychiatry Research, 133*, 129-133.

Csikszentmihali, M., & Larson, R. (1987). Validity and reliability of the experience-sampling method. *Journal of Nervous and Mental Disease, 175*, 526-536.

Green, A.S., Rafaeli, E., Bolger, N., Shrout, P.E., Reis, H.T. (2006). Paper or plastic? Data equivalence in paper and electronic diaries. *Psychological Methods, 11*, 87–105.

Kop, W., Verdino, R., Gottdiener, J., O'Leary, S., Bairey Merz, C., & Krantz, D. (2001). Changes in heart rate and heart rate variability before ambulatory ischemic events. *Journal of the American College of Cardiology, 38*, 742-749.

Korotitsch, W.J. & Nelson-Gray, R.O. (1999). An overview of self-monitoring research in assessment and treatment. *Psychological Assessment, 2*, 415-25.

Perrine, M.W., Mundt, J.C, Searles, J.S, & Lester, L.S. (1995). Validation of daily self-reported alcohol consumption using Interactive Voice Response (IVR) technology. *Journal of Studies on Alcohol, 56*, 487-490.

Reis, H.T., & Wheeler, L. (1991). Studying social interaction with the Rochester Interaction Record. In M.P. Zanna (Eds.), *Advances in Experimental Social Psychology* (pp. 270-318). San Diego, CA: Academic.

Shiffman, S., Paty, J.A., Gnys, M., Kassel, J.D., & Hickcox, M. (1996). First lapses to smoking: Within subjects analyses of real-time reports. *Journal of Consulting and Clinical Psychology, 64*, 366-79.

Treasure, J., Schmidt, U., & Macdonald, P. (Eds.). (2009). *The clinician's guide to collaborative caring in eating disorders: The new Maudsley method*. Routledge. Verbrugge, L.M. (1980). Health diaries. Medical Care, 18, 73-79.

Verbrugge, L.M. (1980). Health diaries. *Medical Care, 18*, 73-79.

Sous-module 12c

DiClemente, C. C. et Prochaska, J. O. (1998). Toward a comprehensive, transtheoretical model of change: Stages of change and addictive behaviors. Treating addictive behaviors (2nd ed.). Applied clinical psychology, pp. 3-24. New York, NY, U.S.: Plenum Press.

Guarda, A. S. (2008). Treatment of anorexia nervosa: insights and obstacles. *Physiology & behavior*, 94(1), 113-120.

Monthuy-Blanc, J., Gagnon-Girouard, M-P., Thibault, I., Langlois, F., St-Pierre, L., Dupont, A, Blier, C., Plouffe, L., Ouellet, M., Lavoie, G. & Gaudet, V. (2016, Mai). *Programme d'intervention intégratif, dimensionnel et transdisciplinaire des TCA : le π-LoriCorps*, UQTR, Trois-Rivières, Québec.

Miller, R.M. et Rollnick, S. (2006). *L'entretien motivationnel : aider la personne à engager le changement*. Paris, FR : interEdition-Dunod.

Orchard, R. (2003). With you, not against you: applying motivational interviewing to occupational therapy in anorexia nervosa. *British Journal of Occupational Therapy*, 66 (7).

Pelletier, O. (2015, Mars). *Journée d'introduction à l'approche motivationnelle : comment susciter la motivation chez les clients?* Communication présentée aux étudiants et étudiantes de l'association des cycles supérieurs en psychologie de l'UQTR, Trois-Rivières, Canada.

Prochaska, J. O. et DiClemente, C. C. (1986). Toward a Comprehensive Model of Change. Treating Addictive Behaviors. Volume 13 of the series Applied Clinical Psychology pp 3-27.

Rossignol,V. (2001). *L'Entrevue motivationnelle : un guide de formation. Programme de recherche sur les addictions*. Centre de recherche de l'hôpital Rollnick, S., Miller, R.M., et Butler, C.C. (2009). *Pratique de l'entretien motivationnel : communiquer avec le patient en consultation*. Paris, FR : interEdition-Dunod.

Rollnick, S., Miller, R.M., et Butler, C.C. (2009). *Pratique de l'entretien motivationnel : communiquer avec le patient en consultation*. Paris, FR : interEdition-Dunod.